社外・社内・社交儀礼文書の
文例が満載!

すぐに使える ビジネス文書 実例集

ビジネス文書マナー研究会 著

ナツメ社

はじめに

ビジネスシーンの「文書術」

　めまぐるしく動くビジネスシーン。情報・コミュニケーションのツールが、ビジネスの成否を分けるともいわれます。現代はコミュニケーション手段が、郵便、電話、ＦＡＸ、Ｅメールと、さまざまにあります。わたしたちは、その手段をビジネスシーンの状況に応じて使い分ける知恵が求められているといえるでしょう。また、現代のビジネスでは、顔を合わせてのコミュニケーションが減ってきています。その分、ビジネス文書が担う役割は大きくなっています。

　文書の性格を見極めて、的確な内容をタイミングよく出すことが必要です。たった一つの文書がビジネスのビッグチャンスに結びつくこともあれば、その逆もあるわけです。

　ビジネス文書には、円満な取引関係の維持、発展、トラブルなど、さまざまな状況に対応するための知恵がたくわえられています。それを存分に活用することは、あなたの実力を大きくバックアップすることになります。ビジネス文書の文例・書式をマスターして、実際のビジネスシーンで有効に活用していただきたいというのが、本書の強い願いです。

■この本の構成と使い方

・本書は、ビジネスシーンで必要となるさまざまな文書を、大きく
　「社外文書」→P. 25
　「社内文書」→P.161
　「社交儀礼文書」→P. 273
　の3つに分けて、豊富な文例で紹介しています。
・各テーマごとに、「ここがポイント」でテーマを表現する上での大きな要点や注意点を列記しています。
・各テーマの文例には、それぞれの文例作成上の要点や注意点をポイント解説しています。
・文例の「書き換え」は、その内容を表現する書き方のバリエーションをできるだけ多く紹介しています。

目　次　CONTENTS

あ

か

さ

た

な

は

ビジネス文書の基本知識

ビジネス文書は3分類

ビジネス文書には、大きく分けて「社外文書」「社内文書」「社交儀礼文書」の3つの種類があります。それぞれで、内容・構成のポイントが違います。文書の性格の違いを頭に入れておきましょう。

1. 社外文書

取引先などに向けた実用的な文書です。通知、依頼、注文、請求などの用件が中心となる文書ですから、簡潔さと正確さが要求されます。文書のミスが取引のミスに直結します。

顧客に向けた文書の場合は、特に「お客様」を十分意識させるようなていねいさが必要です。

2. 社内文書

社内での連絡、通知、報告、届などの文書です。社内ですから、社外文書よりも、機能性を重視し、簡潔さと正確さが基本となります。ここは無難さと、組織内での道筋を誤らないことが重要です。

3. 社交儀礼文書

社外に向けた文書の一種ですが、ビジネスシーンでの「おつきあい」に欠かせないものです。あいさつ、案内、お礼などが中心の文書ですから、「礼を尽くした」表現を感じられることが大切です。

ビジネス文書がバックアップ

ビジネスシーンは、結果・評価の世界といえます。そこで、社内文書をサラリとこなし、社外文書と社交儀礼文書をじょうずにタイミングよく使っていくこと、それが肝心。あなたの実力を文書がバックアップすることになります。

「関係」で礼を失しないこと

ビジネス文書は私信ではありません。ビジネス文書で忘れてならないことは、相手と自分との関係、それは会社（組織）対会社（組織）の関係です。社内文書でも同じことで、いわば「立場」対「立場」の関係です。**その関係性にのっとった文書にすることが重要**です。それが互いの文書のベースに感じられることが、関係を築く・保つ・高めることになります。

意識は組織の「代表」

ビジネス文書では肩書きを明記して送ることが基本です。そのとき、その文書には差し出す本人の責任以外に、会社や組織全体の責任がかかっています。

文書は組織の「代表」であること、これを常に忘れない。それを意識することが文書作成のごく基本です。

「わかりやすい」文章

1. 結論ははじめに

文章の構成は「起→承→転→結」が一般的ですが、ビジネス文書では「結→起→承」を心がけることが重要です。**最初に相手に結論を伝え、次にその理由や経過、さらに説明を加えます**。文章の主旨を明確にすることが誤解を避けます。

2. 文章は短く、段落に分ける

できるかぎり**文章を短く切る**のがコツです。一文の長い文章は内容が錯綜《さくそう》してしまい、誤解を招くもとになります。そして、**内容ごとにいくつかの段落に**分けます。

読みやすく、見た目にも意味を把握しやすくなります。

3. 伝達事項は別記や箇条書き

複数の事項を明確に伝えるには**別記や箇条書きで整理**します。簡潔に表現できます。

4. 基本は1文書1件

複数の要件を1文書内に書き連ねないことです。主の要件と従の要件を混在させると、「ついでに」といった姿勢を感じさせ、相手に失礼になることがあります。

「わかりやすい」内容

あたりまえのことです。が、それが文書に表現されて相手に「伝わる」ことが大切です。

その基本は、

いつ	だれが
どこで	なにを
なぜ	どのように
だれに	いくらで

の要素です。この要素から文書の内容に不要ものがあれば落としていきます。

礼にかなった構成

1. 定型スタイルにならう

ビジネス文書には**定型のスタイルがあり、それにならうのがいちばん**です。定型のスタイルは長い間使われてきただけに、完成度も高いし、ビジネスシーンで認知されている安心感があります。

●基本スタイルは

社外文書→P.28

社内文書→P.164

社交儀礼文書→P.276

2. 落とせない表現

ビジネス文書の表現には、**決まり文句**があります。「貴社ますますご隆盛のこととお喜び申し上げます」「お引き立てを賜りますようお願い申し上げます」といったものです。この決まり文句を使うことが文書全体に流れをつくり出します。

●便利な慣用句構成法→P.22

3. 頭と結びは「拝啓」「敬具」

本文の頭語は「拝啓」、結語は「敬具」が基本です。トラブルや緊急の文書では、前略を使います。

社内文書では不要です。

4. 時候のあいさつ

「早春の候」「盛夏《せいか》の候」といった季節を感じさせる短い句を入れてあいさつします。

●時候のあいさつ例→P.23

●頭語と結語

	頭語	結語
基　本	拝啓	敬具
ていねいな場合	謹啓	敬具、敬白
前文省略の場合	前略	草々、早々
再信の場合	再啓	敬具
返信の場合	拝復	敬具

5. 相手の名は行末にしない

相手の会社名や氏名を行末に置くのは、失礼という考え方があります。気にする人もいることを頭に入れておきましょう。もちろん、**行をまたぐことは許されません**。

ここに注意

1. 文体は「です・ます」が基本

ビジネス文書は一般に「です・ます」調にします。報告や会議資料などは「だ・である」調が明解で簡潔なこともあり使われますが、基本は「です・ます」調です。

2. 誤字・脱字・数字に注意

ワープロソフト独特の変換間違いが増えています。さらに作成した文書を他にも利用するため、**同じ間違いを繰り返す**ことに。ビジネス文書では数字の扱いは特に注意が必要です。絶対にミスがないように。

3. 漢字を多用しないこと

意味が漢字でなくとも伝わる場合は、かなにしましょう。それだけで、読みやすくなります。

敬語をクリアー

敬語は、「ていねい語」「尊敬語」「謙譲語」の３つに分けられます。

「ていねい語」は、ご存じのように「です・ます・ございます」や「お願い」「ご返事」などの「お」「ご」をつけたかたち。文書で悩むのは、尊敬語と謙譲語の使い方でしょう。

尊敬語と謙譲語の使い分け法

1. 尊敬語（相手に敬意を表す）

社外向けの場合、自分や自社の人・物に対しては決して尊敬語は使いません。

●動詞に「お（ご）……になる」

●動詞に「れる・られる」をつける

●言う→「おっしゃる」、来る→「い

●人・事物・場所の呼称（呼び方）

対象	相手側	自分側
本人	○○様・貴殿・ 貴社○○様（ご一同様）	○○（姓）・私（私ども）・当社社員
上役	貴社社長・ご上司・貴部部長	当社社長・上司・部長
会社・銀行	貴社・御社・貴行	弊社・小社・当社・当社
お店	貴店・御店	弊店・当店
団体など	貴協会・貴会・貴組合・貴院	当協会・当会・当組合・当（本）院
学校	貴校・御校・貴学	当校・本校・本学
授受	ご査収《さしゅう》・ご検収《けんしゅう》・ご入手	拝受《はいじゅ》・受領・入手
文書・手紙	貴信《きしん》・貴書・ご書面・お手紙・ ご書状	書面・書状・手紙
名前	お名前・ご芳名《ほうめい》・ご尊名《そんめい》	名前・氏名
住所・場所	ご住所・御地《おんち》・貴地・そちら	住所・当地・当所・こちら
家	お宅・貴宅・貴邸	拙宅《せったく》・当家・当所・こちら
訪問	ご来社・ご来訪・お越し	おうかがい・ご訪問・参上
意見	ご意見・ご所感・ご意向	私見・卑見《ひけん》・所感・考え
気持ち	お気持ち・ご芳志《ほうし》・ご厚情《こうじょう》・ご厚志《こうし》	気持ち・寸志《すんし》・薄志《はくし》

らっしゃる」などの尊敬語を使う

●名詞の頭に「貴」「御」などをつける

2．謙譲語（自分の側の動作・人・物などのへりくだった表現）

●「いたします」「申し上げます」「（さ）せていただく」をつける

●名詞の頭に「小」「弊」「拝」をつける

●動作をあらわす敬語

基本の言い方	尊敬語（相手側の動作）	謙譲語（自分側の動作）
いる	いらっしゃる・おいでになる・おられる	おる
する	される・なさる	いたす・させていただく
会う	お会いになる・お会いなさる	お目にかかる・お会いいただく
見る	ご覧になる・ご高覧《こうらん》ください	拝見する・見せていただく
言う	おっしゃる・言われる・お話しになる	申す・申し上げる
聞く	お聞きになる・お聞きくださる	うかがう・拝聴《はいちょう》する・お聞きする
知る	お知りになる・ご存じになる	存じる・存じ上げる・承る
考える	お考えになる・ご高察《こうさつ》くださる	存ずる・存じ上げる・拝察《はいさつ》する
読む	お読みになる・お読みくださる	拝読《はいどく》する・読ませていただく
行く	いらっしゃる・おでかけになる	うかがう・参る・お訪ねする
来る	いらっしゃる・おいでになる・お越しになる	参る・あがる
与える	くださる・賜る	さし上げる・進呈《しんてい》する
受け取る	お受け取りになる・お納めになる	いただく・賜る・拝受《はいじゅ》する・受領する
送る	お送（贈）りになる・お送（贈）りくださる	お送（贈）りする・ご送付する・拝送《はいそう》する
尋ねる	お尋ねになる	うかがう・お尋ねする
食べる	召し上がる・あがる	いただく・頂戴《ちょうだい》する
買う	お買いになる・お求めになる	

便利な慣用句構成法

本文の構成は、前文のあいさつ→主文の起こし→主文→末文です。文書のテーマに合わせて選択して組み合わせれば、悩むことなく簡単にビジネス文書としてのかたちが整います。

●前文のあいさつ

貴社 御社 貴店 ○○各位 ○○様 貴殿 皆様	➡	ますます いよいよ いっそう 一段と には	➡	ご隆盛《りゅうせい》 ご繁栄 ご盛栄《せいえい》 ご発展 ご清祥《せいしょう》 ご清栄《せいえい》 ご活躍 ご健勝	➡	のこととの段 の由《よし》 のご様子	➡	お喜び申し上げます 拝察《はいさつ》いたします 何よりと存じます 大慶《たいけい》に存じます 慶賀《けいが》の至りに存じます

平素は 日頃は いつも 常々 このたびは 長年	➡	格別の ひとかたならぬ 特別の 過分の	➡	お引き立て ご高配《こうはい》 ご厚情《こうじょう》 ご愛顧 ご用命 ご支援 ご協力 ご指導 お力添え	➡	を賜り にあずかり をいただき くださり をこうむり	➡	厚くお礼申し上げます 心より感謝申し上げます 深謝《しんしゃ》申し上げます 誠にありがとうございます

●主文の起こし

さて　ところで　つきましては　突然ですが　じつは

●末文のあいさつ

まずは 取り急ぎ 略儀《りゃくぎ》ながら まずは右	➡	ごあいさつ ご案内 ご通知 ご連絡	➡	申し上げます いたします

今後とも なにとぞ	➡	よろしく いっそうの 変わらぬ	➡	お引き立て ご愛顧 ご支援 ご協力 ご指導	➡	を賜りますよう を賜りたく のほど くださいますよう	➡	お願い申し上げます お願いいたします

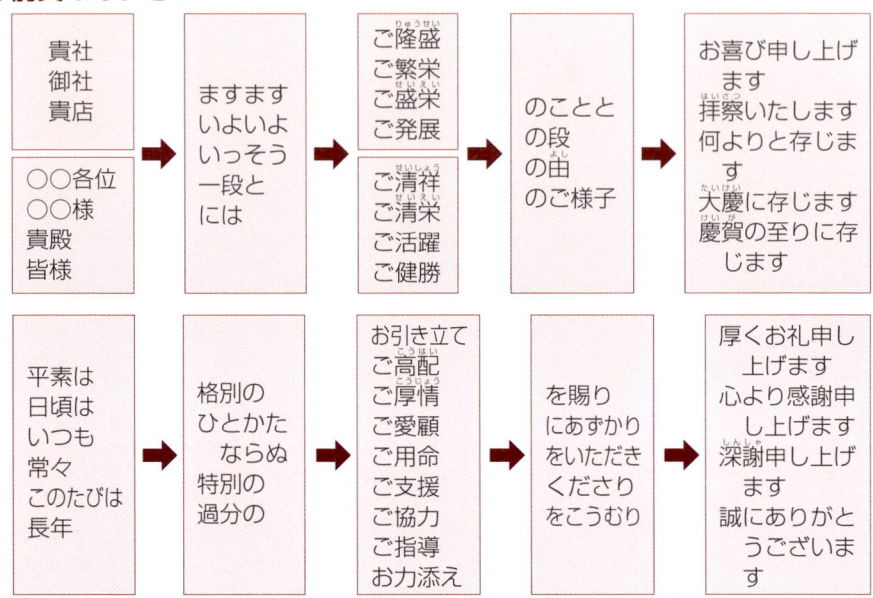

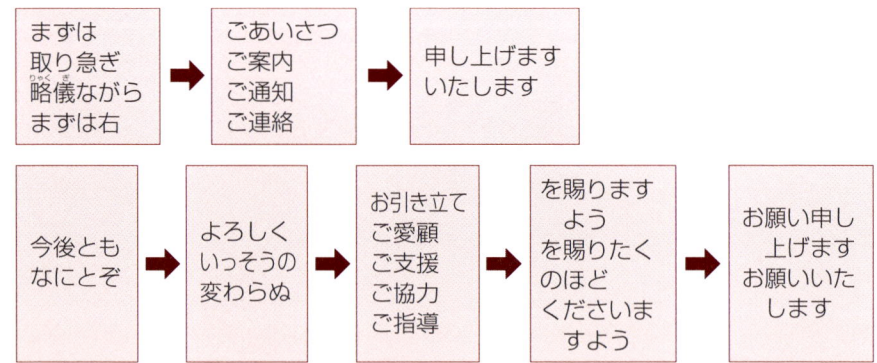

時候のあいさつ例

文書のテーマに合わせて選択して使います。苦情や督促の文書などで頭語を「前略」とした場合は、時候のあいさつを含む前文すべてを省きます。

なお、季節を問わずに使える言葉に「時下」という便利なものがあります。「拝啓　時下、貴社ますますご隆盛のことと存じます」のように使います。

●よく使う時候のあいさつ

1月	新春の候・初春の候・厳寒《げんかん》の候・寒さ厳しき折から・寒気厳しい折ですが・例年にない寒さですが
2月	春寒の候・残寒《ざんかん》の候・余寒《よかん》の候・向春《こうしゅん》の候・梅花《ばいか》の候・立春とは名ばかりの寒さで・余寒なお厳しい折から
3月	早春の候・春暖の候・春分の候・浅春《せんしゅん》の候・春まだ浅き今日この頃・水ぬるむ季節となり
4月	陽春の候・仲春《ちゅうしゅん》の候・春暖の候・桜花《おうか》の候・春たけなわの季節となり・春爛漫《はるらんまん》の季節を迎え
5月	新緑の候・若葉の候・薫風《くんぷう》の候・立夏の候・新緑が目に鮮やかな季節となり・風薫るさわやかな季節
6月	初夏の候・青葉の候・向暑《こうしょ》の候・入梅の候・麦秋《ばくしゅう》の候・あじさいの花が美しい季節・梅雨明けが待ち遠しいこの頃
7月	盛夏《せいか》の候・猛暑《もうしょ》の候・極暑《こくしょ》の候・炎暑《えんしょ》の候・梅雨もようやく明け・暑さことのほか厳しい折から
8月	残暑の候・残夏の候・秋暑《しゅうしょ》の候・立秋の候・残暑厳しき折・暑さなお厳しい毎日ですが
9月	初秋の候・新秋の候・清涼《せいりょう》の候・日増しに秋の気配が濃くなって・ひと雨ごとに秋が深まり
10月	秋冷《しゅうれい》の候・清秋《せいしゅう》の候・仲秋《ちゅうしゅう》の候・紅葉の候・深まり行く秋を感じるこの頃・灯火《とうか》親しむべき候となり
11月	晩秋の候・向寒《こうかん》の候・暮秋《ぼしゅう》の候・深秋《しんしゅう》の候・菊の香り高い季節・吹く風に冬の気配を感じる今日この頃
12月	初冬の候・寒冷《かんれい》の候・師走の候・年末を迎え・はや年の瀬となり・年内も余すところ後わずかとなり

封筒の表書きの基本

封筒の表書きはラベル印刷を使うことが多いのですが、手書きする場合もあるでしょう。封筒の表書きは、受け取る相手が最初に目にするところです。

間違いや誤字は禁物。気づいたら、修正液などで直さずに書き直すことです。明確に楷書《かいしょ》の文字で、ていねいに書きましょう。その印象は、とても大事です。

正式なあいさつ状など儀礼的なものは、洋封筒に入れ、表書きもラベル印刷などではなく、手書きするのが正式です。

例

●タテ長の封筒

❹切手

1000004

❶東京都千代田区大手町三-二
セントラルビル二階

❷株式会社〇〇商事　第一営業部

❸部長
島田明彦様

❶相手先住所　1、2行に収める。行を変えるときは区切りのよいところで行い、行頭を下げてつなげる。

❷あて先　会社や団体名は住所の書き出し位置より1字分ぐらい下げる。正式名称で書くのが礼儀。「㈱〇〇〇」や「㈲〇〇〇」などと省略しない。

❸役職名は、氏名の上に氏名より小さめに書く。「取締役営業本部長」のように、役職名が長い場合は、区切りのよいところで2行に分けて書く。

❹小額の切手を何枚も貼ったりしない。

●洋封筒

❹切手

1410031

❶東京都品川区西五反田一-五
IKスタービル三階

❷株式会社〇〇販売

❸代表取締役
社長
伊藤和美様

●ラベル印刷

〒100-0004
東京都千代田区大手町3-2
　　　セントラルビル2階

株式会社〇〇商事　❺第一営業部
❻部長　島田明彦様

❺数字は算用数字を使うが、相手先の部署名に合わせる。

❻役職名を行頭に置く。

※封筒にヨコ書きする場合も、同様のスタイルでバランスよく配す。

社外文書

社外文書作成の基本知識

取引先等へ出す文書

社外文書とは、取引先や顧客など会社の外部に向けた実用的な文書です。案内状、通知状、依頼状や注文状など、ビジネスに関する用件を通知するための文書を指します。

これらの文書は、次に示す2点に関するものがほとんどです。

①商取引やそれによって派生するビジネス用件に対して、さまざまな情報を提供したり、確認し合ったりする。

②商取引やそれによって派生する質問や苦情などに対し、適切な説明やお詫び、了解事項の確認を行う。

また、この文書の意味合いに欠かせないのが、口頭による伝達とは違って文書そのものが発信者・受信者の記録として残るということです。

さらに本書では、社外文書としていくつかの法的文書も取り上げました。これは、法的に有効なものですので、通常の社外文書作成以上に注意を払いましょう。トラブルを未然に防ぐと同時に、トラブルによるリスクを最小限にくい止めることを念頭に置いて作成しなければならないのです。

「情報」を正しく伝える

社外文書の第1の目的は、情報を正確に伝えることです。

したがって、18ページで簡単にふれましたが、複数の用件を書き連ねることは避け、基本は1文書1用件にとどめましょう（主たる用件と従たる用件を混同することは、「ついでに」といった意識や態度につながり、相手に対して失礼になりかねません）。さらに1文書1用件の場合でも、よけいな言葉はできるだけ避け、事実や伝達したい内容を簡潔にだれもが理解できる文章で誤解をさけることを心がけなければなりません。

また文書内容によっては、返事をもらいたい場合もしばしば出てきます。そのときは、返信用のはがきや切手等を同封するか、ファクシミリやメールの場合にはその旨を必ず文末に明記しておきましょう。

その際、相手に負担をかけることになりますので、「恐縮ですが」「お手数ですが」など相手へのねぎらいの気持ちを表明することを忘れないようにしましょう。それでも失礼にあたるようであれば、「後日改めて、返事をうかがうご連絡をいたします」などの添え書きにとどめます。

「発信者＝代表者」のつもりで

自らの肩書きを明記して社外に発信される文書ですので、その文書が持つ責任は発信者本人だけでなく会社全体が負う形になります。したがって、「なんだこの文書は！」と相手に思われないためにも、発信者は常に、自分は「組織の代表者」であることを念頭に置きましょう。

ですから、敬語の正しい使い方、形式的な前文や末文などでのあいさつのしかたも重要となってくるのです。

特に気をつけなければならないのは、初めての相手のときです。「初めまして」の気持ちを伝えるため、「突然お手紙をさし上げる失礼をお許しください」「拝啓　先日○山様から紹介を受け、お便りを初めてさし上げます」などのあいさつを、時候のあいさつなどに替えて述べましょう。また手紙の場合は、その封筒の差出名の近くに「○山様から紹介を受けた者です」「イベントのご招待」など簡単な自己紹介や手紙の内容を添え、相手の不信感をぬぐう配慮も必要です。

●FAX送信票の例

FAX送付のご案内

平成○年9月7日

栗○工業株式会社
佐藤祐介様

有限会社富安○○企画　山下　力
TEL/FAX　047-XXXX-1234
〒279-0012　千葉県浦安市○○3-2-1

FAX枚数…本状を含めて　8枚

拝啓　時下ますますご隆盛《りゅうせい》のこととお喜び申し上げます。

このたびは、商品番号F-116のご注文ありがとうございました。その見本としましてF-116一式を本日7日、急送便でお届けするよう手配いたしました。

また、パンフレットのコピーをこのFAXにてお送りいたします。

まずは、ご連絡まで。　敬具

●返信　お願いします。　必要ありません。

「発信日」「相手先」、発信者の「名前」「TEL/FAX番号」「住所」と「送信枚数」は必ず入れる。「返信の有無」や「Eメールアドレス」は、必要な場合に入れる。

社外文書の基本スタイル

社外文書は、一般に横書きで、「前付」「前文」「主文」「末文」で構成されています。内容によっては、「別記」が入ることもあります。

前付

「発信年月日」「あて名」「署名」は、正式な文書には欠かせないものです。

「発信年月日」は、文書を発信する日で西暦あるいは元号で書きます。

「あて名」は、相手の会社名、役職名、名前を頭をそろえて書きます。

「署名」は、会社名と、役職名、名前を書きます。住所や電話番号が必要になる場合もあります。

会社名、株式会社、有限会社などは、省略せずに書きましょう。

前文

用件を表す「件名（標題）」の次に書かれます。拝啓や謹啓などの「頭語」、「時候のあいさつ」などは、社外文書には欠かせません。その後、先方の安否、当方の近況、お世話になっていることへのお礼などの言葉が続きます。

主文

あいさつが終わってから、「さて」「ところで」「このたびは」などの起こしの語をはさんで、次から用件に入ります。用件は、礼を逸することなく、しかも要点を的確におさえて簡潔に書きましょう。

末文

用件を述べた後に、「まずは」「以上」などの起こしの語をはさんで、文の結びのあいさつと「敬具」「敬白」などの結語を書き、締めます。結語は頭語とペアになっていますので、注意しましょう（→P19）。

別記

イベントの開催を知らせる場合など、場所や日時など主文に関する細かい内容は、左右中央のあたりに「記」と記し、主文の後に書きます。その際、まちがいを避ける意味からも、大事な事柄はできるかぎり箇条書きにしましょう。

さらにつけ加えたい注意書きなどがあれば、その後に「なお」「さらに」などの起こしの語をはさんで追加します。そして、最後に「以上」と入れ、終わりとします。

●社外文書の例

前付
❶発信年月日
❷あて名
❸署名

❶20XX年5月20日

株式会社○富士商事
❷営業部長　坂田五郎殿

❸ブルー○○○株式会社
営業部長　吉野　保

❹件名

❹新製品特別イベントのご案内

前文
❺頭語
❻時候のあいさつ
❼お礼の言葉

❺拝啓❻時下ますますご盛栄《せいえい》のこととお喜び申し上げます。❼平素は格別のお引き立てを賜り、心よりお礼を申し上げます。

主文

さて、当社では本年春に発売しました新製品「ユニ○Xさん」の特別イベントを下記の通りに実施いたします。

このイベントは、発売以来ご好評をいただいています「ユニ○Xさん」がターゲットと想定しておりましたミドルエイジだけでなく、この3か月間で幅広い顧客層に認知され、さらなる販売に結びつくものと確信して催すものです。当社では、この機をとらえて、夏期ボーナス期に向け特別イベントを大々的に行います。

つきましては、ご多忙とは存じますが、貴店にもぜひこの特別イベントにご参加、ご協力いただけますようにご案内申し上げます。

末文
❽あいさつ❾結語

❽まずは、ご通知申し上げます。　❾敬具

別記

記

1. 実施期間　20XX年6月1日（水）～10日（金）
　午後2時～午後6時
2. 場　　所　新宿貿易○ビル1階
　（JR新宿駅下車徒歩5分：ご案内図同封）

なお、ご不明の点がございましたら、担当の千田良子まで（電話03-2222-XXXX）、ご連絡をお願いいたします。また、参加の有無につきましては、改めてこちらからうかがいに上がりますので、よろしくお願い申し上げます。

❿別記末尾

❿以上

案内する

新製品発表会／展示会／特別セール／
キャンペーン／リフォーム見学会／
企業懇親会／株主総会／会社説明会など

ここがポイント

■件名は「○○○○のご案内」。
■案内を送るタイミングに注意。遅すぎるのは礼を失する。
■日時、場所は別記にして明確に。開催場所の案内図を入れると親切。
■取引先、顧客にメリットを感じさせる内容を。

新製品発表会の案内

20XX年4月○日

株式会社○山商事
営業部長　渡辺一雄殿

株式会社花○製作所
営業部長　永井満

新製品発表会のご案内

拝啓　陽春の候、ますますご清祥《せいしょう》のこととお喜び申し上げます。日頃の格別なお引き立て、弊社一同、深く感謝いたしております。

さて、数年来、試作を重ねてまいりました新型ＤＣ「オパールＡ７」が、このたび完成し、生産の運びとなりました。❶従来製品より一段とコンパクトで、操作も簡便。有効画素容量と補正機能の充実度では画期的な製品と、まずは自讃している次第です。

つきましては、下記のとおりに発表会を催したいと存じます。お忙しい中恐縮ですが、Ａ何とぞご出席のほど、お願い申し上げます。　敬具

❷記

1. 日時　20XX年5月○日（火）
午後2時～4時
2. 場所　四谷○井会館3階
（JR四谷駅下車3分）

以上

❶従来製品との違いなど、新製品の特徴を簡潔に、できるだけ具体的にアピールする。

❷発表会の日時や場所などはわかりやすいように別記する。

書き換え

Ａ「6月初旬の発売を前に、関係各位にご参集いただきたく、よろしくお願い申し上げます」

ここに注意

・新製品への期待感をもたせて出席をうながすのだから、くどくどした説明は不要。宣伝がましくない冷静な文面に。

展示会の案内

お得意様各位

春の展示会開催のご案内

拝啓❶余寒《よかん》も少しばかりやわらぐ時節になりました。ますますご健勝のこととお喜び申し上げます。平素は格別のご愛顧を賜り、心よりお礼申し上げます。

さて、本年も恒例の春物展示会を下記のとおり開催いたします。今回は❷「くつろぎの一日」と題して、部屋着から訪問着、オフィス向けの新作まで、肩の凝らない、そよ風を誘うような優しい着心地の品々を豊富にご用意しました。

お誘い合わせの上、❸お気軽にご来場くだされればと存じます。お待ち申し上げております。　敬具

記

1. 日時　200XX年2月21日（金）
　午前10時～午後5時
2. 会場　幕張第○ビル3階大ホール
　（裏面地図をご参照ください）　以上

❶はじめに展示会にふさわしい季節感を盛り込む。

❷テーマをあげ、期待感を誘う。

❸足を運びやすいような雰囲気を伝える。

ここに注意

・展示会の雰囲気に合わせて、漢字、かな、カタカナの文章中の使い方にも気をくばる。

特別セールの案内

秋の特別セールのご案内

拝啓　秋冷《しゅうれい》の候、皆様にはますますご清栄《せいえい》のこととお喜び申し上げます。日頃は格別のお引き立てを賜り、厚くお礼申し上げます。

さて、当店では皆様への感謝をこめまして下記のように特別セールを開催いたします。最小限にノイズをおさえた❶新型暖房器具をはじめ、薄型パソコン、各種オーディオ等、❷通常の30%～50%割引のAご奉仕価格にて提供させていただきます。

この機会をお見逃しなく、なにぶんにもご用命くださいますようお待ち申し上げております。　敬具

記

1. 日時　平成○年10月20日（金）～22日（日）
　午前10時～午後7時
2. 場所　藤沢産○会館1階

※なお、ご来場の際には本状をご持参ください。
❸粗品を用意してお待ちしています。　以上

❶主要セール品目を具体的にあげる。

❷割引率は、セールの案内には欠かせない。

❸特典がある場合は、本文中でなく、最後に添えて、「行こう」という気持ちをプッシュする。

書き換え

A「特別価格にてご奉仕申し上げます」

キャンペーンの案内

20XX年11月8日

販売店各位

クラブ○株式会社

営業企画部長　品田浩一

特別キャンペーンのご案内

拝啓　貴店にはますますご繁盛のこととお喜び申し上げます。

さて、当社では来る❶12月3日より新製品「ヘッド○ディス」の特別キャンペーンを全国的に展開いたす予定でございます。

当製品は、すでに今秋の発売以来ご好評をいただいてまいりましたが、ターゲットとした若い女性層のみならず、長年の愛好家の方々からも男女を問わず認知されるようになってきました。❷幅広い顧客層が見込まれ、当初の想定を超えるヒットがのぞまれる状況です。折しも歳末のボーナス期を控え、当社では、この好機会をとらえて大々的な販促キャンペーンに取り組む所存でおります。

各マスコミへの宣伝広告、イベントスケジュールの詳細は別紙に記しましたとおりで、すでに手配済みでございます。❸貴店におかれましても、ぜひともキャンペーンへご参加いただき、お力添え賜りますればとお願いする次第です。つきましては、宮前薫モデルのキャンペーンポスターを、別便にてご送付いたしました。お手数ですが、店内でのご掲示をよろしくお願いする次第です。

なお、「ヘッド○ディス」は予想以上の好評を受け早々に品薄の状況でございます。現在、工場ラインを整え増産態勢でのぞんではおりますが、万一品不足も考えられます。キャンペーン中はお早めのご注文をいただければ幸いに存じます。

敬具

❶キャンペーン開始日を伝える。

❷この時期にキャンペーンを行う背景を示す。

❸意気込みを示したのち、キャンペーンへの協力を呼びかける。

ここに注意

・キャンペーンへの強い意欲を伝える一方で、販売店への参加依頼は、押しつけがましくならないようにする。

リフォーム住宅現地見学会の案内

リフォーム住宅現地見学会のご案内

拝啓　清涼《せいりょう》の候、皆様にはますますご清祥《せいしょう》のこととお喜び申し上げます。

さて、来る10月4～6日の3日間、当社設計施工によるリフォーム住宅の現地見学会を開催いたしますので、お知らせ申し上げます。

❶築12年の木造2階建て住宅がリフォームで、❷耐震性を大幅にアップし、リビングを吹き抜けにして開放感を演出。全体は和の雰囲気を生かしつつモダンな仕上がりとなりました。

Aリフォームをご検討中のお客様には大変参考になるものと存じますので、ぜひお気軽にお出かけください。

なお、現地案内図にあわせて❸建物の内装写真等の資料も同封してございますのでご覧ください。皆様のお越しを、心からお待ち申し上げております。　敬具

❶リフォーム対象住宅が、築後何年かを示す。

❷リフォーム箇所を具体的に伝えて関心を引く。

❸いかに参加させるかがポイント。リフォーム前後の写真など顧客が知りたいかたちで資料を提供する。

書き換え

A「リフォームの前後を、お客様の目でご覧になれるよい機会と存じます」

提携企業懇親会の案内

懇親会のご案内

拝啓　新緑のみぎり、ますますご隆盛《りゅうせい》のこととお喜び申し上げます。

さて、このたび当社恒例の懇親会を❶提携各社の皆様をお招きして下記のとおり開催いたします。❷日頃の業務の問題点を含めて率直な意見を交わし、お互いのビジョンを再確認し合い、さらなる協調を盛り上げることができればと考えております。

ゲストには経営コンサルタントの細井誠氏をお迎えする予定で、Aこれからの企業像についての有意義な話し合いの場となるものと期待しております。ご繁忙中とは存じますが、ぜひともご出席くださいますようお願い申し上げます。　敬具

記

1. 日時　5月20日（木）午後2時～5時
2. 場所　当社大会議室

以上

❶参加対象者を示す。

❷会の目的を簡潔に。相互の親睦を深めることを強調する。

書き換え

A「マクロ的な視点での企業のあり方など、実りある意見交換ができる」

ここに注意

・懇親会は提携会社からの全員参加で、協調を図るのが望ましい。強制はできないが、「できるだけ参加」を文面に表す。

株主総会の案内

平成○年5月7日

株主各位

〒162 - 0084　東京都中野区○○5 - 2

大和○株式会社

代表取締役社長　篠原　一

❶第15期定時株主総会のご案内

拝啓　新緑の候、ますますご清祥《せいしょう》のこととお喜び申し上げます。

さて、当社第15期株主総会を下記のとおりに開催いたします。ご多忙中のところ誠に恐縮ですが、ご出席くださいますようお願い申し上げます。

なお、❷総会決議承認可決には、商法の規定により、発行済み株式数の3分の1にあたる株式を有する方々のご出席が必要となります。❸万一ご出席できない場合は、別紙参考書類をご検討いただき、同封の委任状に賛否をご記入、ご捺印の上、折り返しご送信くださいますようお願い申し上げます。　敬具

記

1. 日時　平成○年5月23日（水曜日）午後１時より
2. 会場　丸の内○○ビル３階大ホール
　（詳細は別紙地図をご覧ください）
3. 議案
　第15期営業利益報告の件
　貸借対照表及び利益配当金承認の件
　任期満了にともなう取締役2名選任の件

以上

❶何期目の総会かを明記する。

❷議決に必要な事項は、商法規定に照らして必ず入れる。

❸欠席の場合の対応を明記する。

ここに注意

・総会案内状は、商法により、株主に2週間前に通知するように定められている。委任状などの重要書類の同封をくれぐれも忘れずに。

学校宛の会社説明会の案内

会社説明会のご案内

拝啓　初夏の候、貴学ますますご発展のこととお喜び申し上げます。また、弊社社員の採用に際しましては、毎々格別なご配慮を賜り、深く感謝いたします。

　さて、本年もまた入社試験の時期を迎えました。それに先立ちまして、来春の卒業予定の方々を対象に、下記のとおり会社説明会を開催いたします。その場にて、❶弊社の具体的な業務内容、これまでの実績、社のビジョンを含めた将来的な見通し等を、詳しくご説明申し上げたく存じます。

　つきましては、「会社概要」等の資料を同封してございます。❷お手数をおかけしますが、ご高覧《こうらん》の上、なにぶんにもご高配《こうはい》賜りますよう、よろしくお願い申し上げます。

❸おうかがいしてその旨お願いするのが本来ではございますが、とりあえず書面にてご案内申し上げます。　敬具

記

1. 日時　8月10日（土曜日）午後1時～4時
2. 会場　弊社4階会議室

以上

❶説明会の目的を簡潔に述べる。

❷進路担当者宛であることを念頭に、丁重に。

❸書面でのお願いに対するひと言を添える。

ここに注意

・この文面では、社の業務内容に触れる必要はない。詳しい参考資料を同封したことを明記する。

プレスリリース

新商品／
新サービスなど

ここがポイント

- ■マスコミ向けの文書なので、ニュース性のきわ立つ見やすさが大事。
- ■くだけず、堅苦しくならず、の広告文体に近いトーンで。
- ■レイアウトなどにも配慮して、目を引く工夫を。
- ■問い合わせや取材に備えて、受付先を明記。

新商品の案内

❶一般にただし書きを上部に入れる。「ニュース・リリース」「報道発表資料」など。

❷新製品の機能、特徴を具体的にアピールする。

❸広報担当はできれば複数が望ましい。

---

❶NEWS RELEASE　　　　（株）ア○リス

20XX年１月10日

信○日報社生活文化部

　板垣浩様

（株）ア○リス　広報室

長野県上田市○○３‐２‐１

からくり時計「CS7」発売のお知らせ

（株）ア○リスでは、「星の王子さま」をキャラクターとする "からくり時計「CS7」" を、20XX年2月10日に新発売いたします。

❷円形の文字盤に隠されている王子さまが毎正時にあらわれ、フルート演奏のパフォーマンスを繰り広げるしかけで、メロディーはクラシックからラテン、ポップスまで20曲を内蔵。お好みに合わせて選択できます。電波受信によって時刻を標準時に自動修正する便利な機能もついていて、気になる約束のある時も安心。

小さなお子さまから大人まで、お部屋のインテリアとして安らぎの演出を実現してくれることと存じます。

この件のお問い合わせは下記にお願いします。

❸広報課／永井、広瀬、上山

（以下、電話・FAX・メールアドレス略）

ここに注意

・適宜、囲みを入れたりして紙面に変化をもたせるように。価格表、写真資料なども同封する。

新サービスの案内

ニュース・リリース　　　　水○観光株式会社

平成○年2月15日

株式会社ト○ベル出版「風紀行」
　編集長　五十嵐紀子様

新サービスのご紹介

水○観光株式会社では、長年のあいだ、当地を訪れる皆様のために、楽しく豊かな旅の気分を演出すべく種々のサービスを提供してまいりました。

さて、❶このほどお客様に手頃な味めぐりの便宜をはかるため、地元の個人タクシーなどと提携した水○「どらいぶすいーと」を来る3月10日より、サービス開始いたします。

記

1. 新サービス名　水○「どらいぶすいーと」❷
2. サービス概要

　お客さまがコースメニューから選択し、提携タクシーを借り切って、蔵元やそば処、お茶屋をめぐるサービスの総称です。

(1) だんだん利き酒めぐり　　(2) 一椀十椀そばめぐり

(3) 〆膳点茶めぐり　etc.

※コース内容その他の詳細については別紙資料をご覧ください。

以上

❸［この件のお問い合わせは下記にお願いします］
水○観光株式会社　広報担当　鳥海、石田
電話 026-XXX-XXXX（直）　FAX 026-XXX-XXXX
〒381-1234 長野県長野市○○町1-2
Email mizumal@xxx.co.jp

❶新サービスの特徴を簡潔に。具体的な内容は、別記で紹介する。

❷本文でふれても、別記で新サービス名を再度記す。

❸問い合わせ先は、囲みにするなどして目立たせる。

ここに注意

・相手が「記事にしやすい情報」で構成するのがプレスリリースのポイント。そのためには情報を整理して伝えることが大事。

通知する

書類送付／送金／口座振替変更／商品出荷／
商品着荷／営業所移転／休業日変更／
採用試験／応募者採用／社員解雇など

ここがポイント

■件名は「○○○○のご通知（お知らせ）」。
■スピーディであることが大切。用件により、FAXを利用してもよい。
■日時、数量、番号、金額など数字を誤りなく伝える。
■一方的な通知なので、ていねいな表現を心がける。

書類送付の通知

❶書類送付の理由づけを明示する。

❷送付後の営業活動について言及して、取引が動き出していることを示す。

❸同封書類を箇条書きで別記する。

書き換え

A「書類等、お届け申し上げます。下記のように同封してございます」

B「ご高覧《こうらん》いただきました上は」

ここに注意

・同封書類の項目がひと目でわかることが第一条件。すぐに相手に目を通してもらえるようにアピールを。

20XX年6月17日

株式会社エム○ワン
真田次郎様

中○株式会社
営業部　細山重雄

資料送付のお知らせ

拝啓　初夏の候、貴社にはいよいよご隆盛《りゅうせい》のことと、お喜び申し上げます。平素は過分のご用命を賜り、誠にありがとうございます。

さっそくでございますが、❶6月10日付の貴信にてご請求のありました新製品「サンスプレーM7」に関するA関連資料を、下記のとおりご送付申し上げます。Bご査収の上、よろしくお取りはからい願えればと存じます。

なお、❷お取り引きの詳細につきましては、後日弊社営業部の向井がおうかがいの上、打ち合わせさせていただきたいと存じます。その旨お含みおきくださいますよう、よろしくお願い申し上げます。　敬具

❸記

1．新製品「サンスプレーM7」仕様書
2．同製品納入価格見積書

以上

支払い調書（写）送付の通知

支払い調書（写）送付のご案内

厳寒の候　貴殿ますますご活躍のこととお喜び申し上げます。日頃からひとかたならぬご支援をいただき、厚くお礼申し上げます。

さっそくですが、❶昨年中（平成○○年1月1日から12月31日まで）当社から貴殿にお支払いしました原稿料・講演料等につきまして、過日支払い調書を税務署に提出しました。

つきましては、支払い調書（写）を同封しましたので、❷ご確認のうえご査収ください。

なお、ご不明の点がございましたら下記までご連絡願います。

今後ともお力添えのほどをお願い申し上げます。

株式会社吉○出版（経理課）
〒145 - 0000　東京都大田区○○1 - 2 - 3
TEL/FAX　03 - XXXX - 1234

❶何についての支払いかを明示する。

❷「大事な確認事項」であることを記す。

ここに注意

・調書の送付は、ゆとりを持って、遅れぬように。

送金の通知

送金のお知らせ

拝啓　向寒《こうかん》の候、貴社いよいよご繁栄のこととお喜び申し上げます。平素は格別のお引き立てにあずかり、まことにありがとうございます。

さて、10月20日付にてご請求いただきましたベビー○イズの代金につきましては、11月○日、ご指定の❶○金銀行大月支店貴口座へ○○万円振込みましたので、ご案内申し上げます。

ご確認のうえは、お手数ですが、❷折り返し領収書をお送りくださいますようお願い申し上げます。

敬具

❶振込先銀行名と振込金額を明記する。箇条書きで別記してもよい。

❷必要な場合、領収書の送付を依頼する。

ここに注意

・事務的な内容だが、折り目正しさが大事。

支払い日変更の通知

❶変更理由は簡潔に。

❷いつの分からの支払いが変更になるのかを明記する。

ここに注意

・件名は「ご通知」「ご案内」でもかまわないが、なるべくお願いのかたちを取ったほうが無難。

支払い日変更のお願い

拝啓　春暖の候、貴社にはますますご隆昌《りゅうしょう》のことと拝察《はいさつ》いたします。いつもは格別のお引き立てを賜り、厚くお礼申し上げます。

さて、本日は当社の支払い日変更の件で、お便りさせていただきました。❶経理業務の事情により、❷平成○年6月分からのお支払い日を下記の要領で変更したいと存じます。

突然のことで恐縮ではございますが。なにとぞご了承のほどお願い申し上げます。　敬具

記

1. 請求書締切日　毎月末日必着
2. 支払い日　翌月20日

※なお、当日休日の場合、翌営業日となります。

以上

口座振替変更の通知

❶いつの支払い分からかを明記する。

❷相手先に、従来の口座番号等の抹消《まっしょう》を依頼する。

口座振替変更のお知らせ

拝啓　時下ますますご清祥《せいしょう》のこととお喜び申し上げます。平素は格別のご愛顧を賜り、まことにありがとうございます。

さて、来る4月1日より、弊社の銀行口座が下記のように変更となりますので、お知らせいたします。

まことに勝手ではございますが、❶3月分のお支払いからとなりますので、❷その旨ご了承の上、ご記帳くださいますようお願い申し上げます。　敬具

記

1. 銀行名　丸○銀行神田支店
2. 口座番号　当座預金XXX221

以上

商品出荷の通知（通常）

ご注文品発送のお知らせ

拝啓　毎々格別なご高配《こうはい》にあずかり、厚くお礼申し上げます。

さて、6月3日付の貴信にてご注文いただいておりました❶電子辞書「PF－300」、「PK－520」の2種各20点を、本日、山左運輸便にて発送いたしました。ご査収のほどよろしくお願い申し上げます。

一両日中に貴店へお届けできるものと存じますが、万一遅滞が生じました場合は、山左運輸滝川支店までお問い合わせのほどお願い申し上げます。

なお、お手数ながら、❷同便の物品受領書につきましては、内容ご確認の上、弊社営業部宛にご返送いただければ幸いです。

今後とも弊社製品をご愛顧のほどよろしくお願い申し上げます。

まずは商品発送のお知らせまで。　敬具

❶品目、個数等は正確に。見やすいように別記してもよい。

❷同封の受領書の扱いに関して明記する。

ここに注意

・出荷通知は、出荷の際に同時発送するか、FAXなどを利用するのが一般的。

商品出荷の通知（遅延）

商品出荷のお知らせとお詫び

拝啓　日頃は弊社製品をお引き立ていただき、厚くお礼申し上げます。

さて、去る9月8日付でご注文を賜りました「スチームジャーHF」につきましては❶お約束の納期に間に合わず、大変ご迷惑をおかけしました。誠に申し訳ございません。❷弊社工場の部品発注システムエラーで、製造が遅滞しておりました。本日ようやく到着いたしましたので、早々に西東運輸便で送らせていただきました。ご査収《さしゅう》のほど、よろしくお願い申し上げます。

取り急ぎ、お詫びかたがた、出荷のお知らせまで。

敬具

❶納品が遅れたことを率直に詫びる。

❷遅延の理由を簡潔に述べる。

ここに注意

・急ぎ通知している感じが伝わるよう、文は短めに。

商品着荷の通知

❶発送通知を受けた日付を記す。注文した日付や伝票番号に換えてもよい。

❷着荷内容に間違いがなかったかどうかを伝える。間違いがある場合、別記として、具体的に指摘する。

ここに注意

・よく検品してから通知すること。受領書の記載にも誤りのないように。

焼酎セット着荷のお知らせ

拝啓　貴社ますますご盛業《せいぎょう》の由大慶《よしたいけい》に存じます。平素はひとかたならぬお引立てを賜り、深く感謝申し上げます。

さて、❶5月15日付でご発送いただきました焼酎セットが、本日5月17日、無事当店に着荷しましたのでお知らせいたします。

❷さっそく検収いたしましたところ、品目、数量とも相違ございません。確かに受領いたしました。ありがとうございます。

つきましては受領書を同封いたしましたので、ご検収《けんしゅう》ください。

まずは、取り急ぎ、着荷のご通知まで。　　　　敬具

注文品入荷の通知

❶注文の日付と商品名を明記する。

❷入荷までに日数がかかった場合は、ひと言詫びを入れる。約束より遅れたときはさらに丁重に。

❸キャンセルになるケースも想定して、その対応について述べる。

ここに注意

・早めに足を運んでもらえるような調子の工夫を。

ご注文商品入荷のお知らせ

拝啓　日頃は格別のご愛顧にあずかり、まことにありがとうございます。

さて、❶去る8月6日付にてご注文賜りましたDVD「銀河の城」が、本日入荷いたしました。❷お待ちかねのことと、お詫び申し上げます。

つきましては、ご面倒ですが、当店までお越しいただき、ご購入くださいますようお願い申し上げます。なるべくお早めであれば幸いに存じます。

なお、❸万一キャンセルされるということでしたら、お電話なりでご一報ください。当店では9月末日までの取り置きとなりますので、よろしくご了承くださいますようお願いいたします。

まずは入荷のご通知まで。　　　　敬具

営業所移転の通知

取引先各位

古井営業所移転のお知らせ

拝啓　陽春の候、貴社にはますますご盛栄《せいえい》のこととお喜び申し上げます。平素は格別のご厚情《こうじょう》にあずかり厚くお礼申し上げます。

さて、このほど当古井営業所は、❶4月20日より下記のように移転することになりましたので、謹んでご通知申し上げます。

これまでは大通りから奥まった場所で駐車スペースも狭く、たいへんご不自由をおかけしておりました。今後はかかる不便も多少とも緩和されるかと存じます。

なお、移転にともないまして、電話・FAX番号にも変更がございます。あわせてご通知申し上げます。

A これからは新しい環境のもとで一層精励《せいれい》、ご奉仕申し上げる所存でございます。今後とも、なにとぞお引き立てを賜りますよう心よりお願い申し上げます。

まずは、書中にてご案内かたがたごあいさつ申し上げます。

敬具

❷記

1. 新住所　〒152－0000　東京都目黒区○○2－6－9
2. 電話番号　03（○○○○）3232
3. FAX　03（○○○○）2323

以上

❶何月何日から新住所となるかを明記する。

❷新住所、電話番号等は別記で正確に。

書き換え

A「これを機に、皆様のご期待に添うべく所員一同業務に邁進《まいしん》する所存でありますので」

ここに注意

・相手にとって移転がメリットであることにふれる。通知には、案内地図を添付すると親切で、一般的でもある。

電話増設の通知

❶増設理由について簡単にふれておく。

❷開設日を明記する。

❸従来の電話番号もあわせて記す。

ここに注意

・増設電話の番号をきちんと伝えるのが目的。基本的な礼を示すほかは、ごく簡潔に。

電話増設のご通知

拝啓　時下ますますご隆昌《りゅうしょう》のこととお喜び申し上げます。平素のご愛顧まことにありがとうございます。

さて、このほど小社では下記のとおり電話増設する運びとなりましたので、ご案内申し上げます。❶皆様の日頃のご不便を解消することにあわせ一層の業務拡張を期しまして、❷5月1日よりの開設となります。

従来の電話に加えて、なにとぞご利用のほどお願いいたします。

今後とも変わらぬご用命のほどよろしくお願い申し上げます。　敬具

記

1. 増設電話　047（XXX）5432
2. 従来電話　047（XXX）2345❸

以上

休業日変更の通知

❶取引先へ打診済みのケースも少なくない。

❷重複のようだが、変更開始日と変更曜日を本文中に入れれば印象が強まる。

※海容《かいよう》：ゆるすこと

ここに注意

・変更内容がきちんと伝わることが第一条件だが、相手方の不便などを配慮したていねいな文面に。

休業日変更のお知らせ

拝啓　新緑の候、貴社いよいよご盛栄《せいえい》のこととお喜び申し上げます。日頃は格別のご高配《こうはい》を賜り、深く感謝いたします。

さて、このたびの小社休業日の変更にあたり、ご連絡申し上げます。❶すでにご承知おきとは存じますが、従来の毎週火曜日の休業日に変えまして、❷本年10月1日より、下記の通り毎週木曜日と日曜日とさせていただくことになりました。

ご不便をおかけすることもあろうかとは存じますが、なにとぞご海容のほど謹んでお願い申し上げます。

まずは、休業日変更のご通知まで。　敬具

記

1. 変更開始日　平成○年10月1日より
2. 変更休業日　毎週木曜日と日曜日

以上

学校宛の採用試験の通知

採用試験のご案内

拝啓　時下、貴学いよいよご発展の由大慶《よしたいけい》に存じます。❶毎々の新規採用にあたりましては、格別のご配慮をいただき、厚くお礼申し上げます。

さて、このほどは❷来春卒業見込みの学生3名をご推薦いただいており、まことにありがとうございます。つきましては、採用試験を下記の要領で実施いたしますので、応募者の方々へその旨ご連絡くださいますようお願い申し上げます。　敬具

記

1. 日時　平成○年7月20日（月曜日）
　筆記試験　午前9時30分～11時30分
　面接試験　午後1時30分～4時
2. 場所　当社3階会議室（別紙地図参照のこと）

以上

❶例年のことであれば丁重に謝意を示す。

❷確認のために、応募者数まで記すとよい。

※毎々《まいまい》：いつも、毎度のこと。

ここに注意

・日時、場所のほか、持参品など必要事項は、漏れなく詳細に。

応募者宛の採用試験の通知

採用試験のお知らせ

拝啓　新涼《しんりょう》の候、ますますご健勝のこととお喜び申し上げます。

さて、このたびは❶弊社の入社試験にご応募いただき、まことにありがとうございました。つきましては、❷筆記試験を下記のとおり行いますので、ご来社くださいますようお願い申し上げます。　敬具

記

1. 日　時　9月25日（金）　午前9時より
2. 場　所　当社4階会議場
3. 持参品　受験票、筆記用具

以上

❶応募してもらったことへの礼を述べる。

❷「筆記試験」、「面接試験」と試験の形式を記す。

ここに注意

・応募者に対して失礼な文面とならないように。会社の品格に関わる。

応募者採用の通知（学校宛）

平成○年11月10日

山○ビジネス専門学校長
渡辺喜一殿

株式会社アイ○ム
人事部長　宮川努

採用試験結果のご報告

拝啓　貴校ますますご発展のこととお喜び申し上げます。❶本年度も小社社員募集に際しまして、ひとかたならぬご高配《こうはい》を賜りましたこと深く感謝いたします。

さっそくでございますが、10月25日に行いました採用試験の結果につきまして、お知らせ申し上げます。❷6名の応募者から下記4名を採用内定と決定いたしました。Ａ本年度は採用枠がせばまり、残念ながら2名の方の採用を見合わせることとなりましたが、なにとぞあしからずご了承のほどお願い申し上げます。

なお、❸採否の結果については、別途当人宛に報告いたしてございます。

まずは、お礼かたがたご通知申し上げます。　敬具

記

1. 採用内定者　浅井正一　片山雄大　佐野誠二　高倉道代
2. 不採用者　根岸悟　堀田和江

以上

❶学校の推薦に感謝を述べる。

❷応募者数と採用者数を入れる。

❸本人宛にも通知するのが一般的。ひと言書き添える。

書き換え

Ａ「なにぶんにも員数《いんずう》に限りがあり」

ここに注意

・不採用者についても、学校の推薦を受けたのであるから、きちんとした配慮を示すように。

応募者採用の通知（応募者宛）

平成○年○月5日

竹中和美様

株式会社○○コミュニケーションズ
人事部長　山口和男

入社試験結果の件

拝啓　このたびは弊社の入社試験にご応募くださり、まことにありがとうございました。

さて、❶選考の結果、あなたは平成○年度採用社員と内定いたしました。来春4月1日からご出社いただくことになります。

つきましては、入社承諾書、採用条件等の関係書類を同封してございます。ご覧の上は、❷必要事項を記入され、11月30日までにご来社くださいますようお願いいたします。

まずは、採用内定のご通知まで。　　敬具

❶まずは採否を手短に伝える。「内定」が大事。

❷入社前の必要な手続きについて明記する。

ここに注意

・採用の条件など詳細は別記するか、別紙書類を同封する。

応募者不採用の通知

平成○年○月10日

田中一夫様

株式会社○○販売
人事部長　田口一成

採用試験の選考結果について

拝啓　❶このたびは当社の社員採用試験にご応募いただきまして、厚くお礼申し上げます。

さて、当方慎重に審査いたしました末、❷まことに残念でございますが、今回は採用を見送らせていただくことになりました。Ａご希望に添えず、お詫び申し上げます。あしからずご了承ください。

今後のご健勝を心よりお祈り申し上げます。　敬具

❶応募してもらったことへの感謝を述べる。前置き的なあいさつは省いてもかまわない。

❷相手の心情に配慮して、やや婉曲《えんきょく》な言い回しをする。

書き換え

Ａ「ご期待に添えず、申し訳ありません」

ここに注意

・不採用の理由は述べないこと。また、履歴書などを返却する場合はその旨を記す。

新規採用予定の通知

平成○年4月2日

山川清様

株式会社本○組
人事部長　北村三郎

来年度の弊社新規採用予定の件

拝啓　時下ますますご清栄《せいえい》のことと存じ上げます。

さて、このほどお問い合わせのございました小社の来年度新規採用予定の件でお答え申し上げます。

採用規模に関しましては、4月2日現在、❶最終的な決定に至っていませんが、枠を広げる方向で検討中です。

また、小社の事業内容や社風などを知っていただくために、❷来春卒業見込みの方々を対象にした説明会を、来月5月中旬に予定しております。具体的な日程、会場などが決まり次第、あらためてご案内いたしますので、そちらへ足をお運びいただければ幸いです。担当者一同、お待ち申し上げております。

貴下《きか》のいよいよのご健勝をお祈り申し上げます。

まずは、取り急ぎお知らせまで。　　　　敬具

❶現状を簡潔に伝える。公に決定していない場合、採用員数などの具体的な数字には言及しない。

❷採用希望者向けの催しがあれば紹介する。

ここに注意

・相手は積極的な採用希望者と思われる。その辺を考慮して。

社員解雇の通知

平成○年9月1日

取引先各位

株式会社セ○ブイン
人事部長　関忠雄

お知らせ

拝啓　初秋の候、貴社にはますますご繁栄のこととお喜び申し上げます。平素は格別のお引き立てを賜り、厚くお礼申し上げます。

さて、当社横浜支社営業部に勤務しておりました大橋和夫についてお知らせ申し上げます。❶先ごろ同人の起こしたはなはだ好ましからざる行為に対しまして、当社就業規則に照らし、8月末日をもって同人解雇処分といたしました。

❷つきましては、現在同人と当社とは一切関係がございません。今後の同人の言動に関しましては、当社としてはその責を負いかねますので、なにぶんにもご了解くださいますようお願い申し上げる次第です。

Aその旨お含みおきいただきたく、ここにご通知申し上げます。

敬具

❶解雇理由となった具体的な行為について述べる必要はない。

❷今後無関係であることを強く印象づける。

書き換え

A「今後のトラブルに配慮してあらかじめ」

ここに注意

・「責任がない」ことを確認する目的の文書。当人に関わることも含めて事情の詳細には踏み込まず、あっさりと。

依頼する

カタログ送付／資料送付／工場見学／講演／
原稿執筆／商品モニター／展示会の出展／
新規取引先紹介／見積りなど

ここがポイント

- 特に依頼は１文書１用件が鉄則。
- 依頼は簡潔ななかにも、丁重さが大切。
- 依頼内容によっては「切実」な表現が、説得力に。
- 返信用の切手、はがき、封筒の同封など、回答者への配慮を。

カタログ送付の依頼

❶依頼目的を明記する。

❷相手先商品に関する販売状況その他の情報にひと言ふれる。

❸よりわかりやすいように、依頼品については別記してもよい。

書き換え

A「この機会の販売促進に大いに期待がかかります」

ここに注意

・相手先商品について、販促の意思を示す必要がある。その点を書き落としのないように。

平成○年2月20日

青○ウォーク株式会社
営業部長　芦田信夫様

株式会社シューズ○井
仕入課長　橋本治男

カタログご送付依頼について

拝啓　貴社ますますご隆昌《りゅうしょう》のこととお喜び申し上げます。平素は格別のお引き立てにあずかり、まことにありがとうございます。

さて、❶春の入社シーズンを間近に控えまして、当チェーン店では来る3月15日より5日間、ビジネス用シューズをメインにした恒例のスプリングセールを実施いたします。❷新感覚の貴社製品「ステップＡ」が昨年来お客様からご好評いただいており、Aこの機会に大々的なＰＲを行う所存です。

つきましては、お手数ですが、❸商品カタログおよび価格表一式お送りいただきたくお願い申し上げる次第です。

まことに勝手ではございますが、早めのお手配を願えれば幸いです。

まずは取り急ぎカタログ送付のご依頼まで。

敬具

資料送付の依頼

資料ご送付のお願い

拝啓　日頃はひとかたならずお力添えにあずかり、誠にありがとうございます。

さて、❶当店では各種低アルコール飲料を新たに販売品目として加えることを現在検討中でございます。つきましては、貴社新製品「カクテルフレンド」の参考資料をお送りいただきたくご依頼申し上げます。

❷飲食各店からしばしば問い合わせをお受けしており、その方面で今後大幅な需要がのぞまれるものと存じます。まことに厚かましいお願いですが、できましたら、商品見本も合わせてご送付いただければ幸いです。

お忙しい折恐縮ですが、よろしくお取りはからいのほどお願いいたします。

取り急ぎ資料送付のご依頼まで。　　　　　　　敬具

❶まず依頼の理由を明記する。

❷今後の取引のためにも、販促につながるような情報にふれるとよい。

ここに注意

・簡潔、明瞭が大切。請求資料を別記箇条書きにしてもよい。

工場見学の依頼

貴社K工場見学のご依頼

拝啓　向暑《こうしょ》の候、貴社にはますますご盛業《せいぎょう》のこととお喜び申し上げます。平素は格別のご芳情《ほうじょう》を賜り深く感謝申し上げます。

さて、このたび弊社では❶5名の営業新社員を採用し、目下研修にあたっているところです。その一環といたしまして、製品知識の充実を目的に、一度貴社K工場を見学させていただきたくお願い申し上げます。

毎々のことで恐れ入りますが、ご都合のよろしい日時その他ご指示いただければ幸いです。まことに勝手ながら、弊社としては❷7月下旬から8月までにお願いできればと考えております。ご承諾の上、ご指示賜りましたならば、❸当日は佐伯販売課長を引率として6名でおうかがいさせていただく予定です。なにぶんにもご高配《こうはい》のほどお願い申し上げます。　　　　　敬具

❶見学の意図を明記。

❷おおよその希望の日時を伝える。

❸見学の際の態勢について述べる。

ここに注意

・業種によって、最近は工場見学のガードがかたいところも多くなっている。ていねいな依頼が大切。はじめて見学を依頼する場合は特に気づかいが必要。

講演の依頼

平成○年5月10日

松井純一先生

○橋製菓株式会社

企画広報室　川野勝

講演のご依頼

拝啓　若葉の候、先生におかれましてはますますご清祥《せいしょう》のこととお喜び申し上げます。

さて、❶突然お便りいたします失礼を、お許しください。

実は、このたび弊社の社員研修会に松井先生を講師としてお招き申し上げたく、本状をさし上げる次第です。

❷弊社はお菓子製造を生業といたしておりますが、数年来、社内コミュニケーションのあり方をテーマに社員の意識改革に取り組んでおるところです。今日の社会や企業の問題点についての先生のご高説には、かねがね雑誌や著作などで拝読して、感銘をいたしております。また、弊社社員には先生の歴史小説の愛読者も多く、仕事を含めた日々の生活の糧として多くを学んでいるとの声も聞いています。

つきましては、この機会にぜひとも先生においでいただき、ご講演くださいますれば、これに勝る喜びはございません。なにとぞ、ご承諾賜りますようお願い申し上げます。

Aもしご内諾いただけましたら、日程や演題その他の詳細については、あらためて打ち合わせさせていただきたいと存じます。

まずは書中にてご依頼申し上げます。　敬具

❶はじめての依頼の場合は、ぶしつけをひと言詫びる。

❷簡潔に自己紹介する。

書き換え

A「なお、日程などの詳細や演題に関するご提案については同封別紙をご高覧《こうらん》ください。ご快諾の折には」

ここに注意

・けっして事務的にならず、尊敬の思いと熱意が伝わるように。

原稿執筆の依頼

原稿執筆のお願い

拝啓　早春の候、ますますご清栄《せいえい》のこととお喜び申し上げます。

さて、突然のお手紙、失礼の段おゆるしください。私どもは、こころとからだをテーマにした女性向け健康雑誌「キャベツ」編集部でございます。

❶じつは、小誌秋季号におきまして、「笑いと健康」について特集することになり、笑いのすぐれた創造者であられる福原先生に、ぜひご玉稿いただきたく、お便り申し上げた次第です。

つねづね先生のお作を拝見しておりまして、その洒脱な味わいと幕後のさわやかな印象に、どんなにか心温められ、また感涙いたすこともしばしばです。

今回は、❷特集テーマにこだわらず、笑いの発想の原点、笑いを生み出すコツのような内容を2,000字ほど、ごく自由に、体験的なエッセイのかたちでご執筆いただければと考えています。

ご繁忙のところとは存じますが、なにぶんにもご高配《こうはい》賜りますれば幸いに存じます。

なお、❸原稿締切り日その他の詳細は別紙にございますとおりで、❹小誌最新号見本を合わせて同封させていただきました。ご執筆の諾否につきましては、あらためてお電話でおうかがいしたく存じます。重ねてよろしくお願い申し上げます。

略儀《りゃくぎ》ながら、まずは書中にてお願いまで。

敬具

❶依頼理由を明記する。

❷原稿のテーマ、内容などについての希望を伝える。

❸締切日、謝礼などの件は必ず別記する。

❹掲載誌を知ってもらうため見本誌を同封する。

※玉稿《ぎょっこう》：相手の原稿を敬っていう言葉。

ここに注意

・自己紹介はていねいに。承諾を得るための熱意は大切だが、相手にリラックスして執筆してもらうよう配慮する。

商品モニターの依頼

❶対象商品名を明記する。

❷モニターとして行うべきことを簡潔に伝える。

❸メリットをあげ、協力を促す。

!ここに注意

・相手にめんどうな依頼と思われないような明快さが大切。よりよい製品づくりをめざす誠意ある姿勢を示す。

商品モニターへのご協力のお願い

拝啓　初秋の候、ますますご健勝のこととお喜び申し上げます。平素は小社製品をご愛用いただき、深謝《しんしゃ》申し上げます。

さて、このたび小社では、❶総合健康食品「さわやかケア」を新発売する運びとなりました。つきましては、日頃ご愛顧いただいているあなた様に、ぜひモニターになっていただきたく、お手紙さし上げた次第です。❷同封の製品を1か月間お試しの上で、その味や効果などについて自由かつ率直にご意見、ご感想をお寄せいただく制度でございます。なにとぞお力添え賜りたくお願い申し上げます。

なお、❸モニターとなっていただいた方には種々特典を用意してございます。別紙詳細をご覧の上、重ねてご協力のほどお願い申し上げます。　敬具

商品アンケートの依頼

❶アンケート依頼の意図を具体的に明記する。

❷アンケートの内容を簡潔に伝える。

書き換え

A「別紙質問・回答用紙にご記入いただき、同封返信用封筒にてご返送くださいますよう」

!ここに注意

・モニター、アンケートともに別紙には個人情報の取り扱いについての記載が必要。

アンケートのお願い

拝啓　時下ますますご清祥《せいしょう》のこととお喜び申し上げます。日頃は格別のお引き立てにあずかり、まことにありがとうございます。

さて、❶弊社では現在、母子向け、小型電動自転車の開発を計画しています。安全性、低公害、またファッション性も加味した手頃な乗り物として、これからは若い主婦層を中心に歓迎されるものと確信しております。

つきましては、❷新製品の装備、フォルム、希望価格など自由なご意見を拝聴いたしたく、お願い申し上げます。

お忙しい中恐縮ですが、A同封のアンケート用紙の各項目にご回答の上、4月15日までに弊社宛にご返送いただきたく、お願い申し上げます。

お手数をおかけして申し訳ありません。よろしくご高《こう》配《はい》のほどお願いいたします。　敬具

展示会への出展の依頼

「北都古着見本市」ご出展のお願い

拝啓　時下ますますご発展のこととお喜び申し上げます。

さて、弊社では、恒例となりました❶「北都古着見本市」を、来る10月8日より3日間にわたって開催いたします。つきましては、貴社にも出展をお願いしたく、ご案内申し上げる次第です。

❷本業界も社会的認知度がいま一つというところにあり、より多くの方々に古着の価値を伝え、そのすばらしさを実感していただくことが、私ども共通の思いでした。

幸いにも隣接各県の関係各社のご賛同ご助力を得てはじめられたこのフェアも、今年で4回目を数えることとなりました。来場者数の年々の増加にかんがみ、❸今回は○×織物会館の1階から3階を特別に設営していただき、和装洋装アジアン合わせ、これまでにない規模での開催を予定しています。

この機会に、貴社からもぜひとも出展のご協力賜りますようお願い申し上げます。趣意書その他の資料を同封してございますので、ご高覧の上、ご一考ください。

なお、参加お申し込みにつきましては、所定用紙の項目にご記入、ご捺印の上、弊社宛にご返送くださいますようお願い申し上げます。ファクシミリにても受け付けております。6月20日必着ということで、お申し込み心よりお待ち申し上げます。

まずは、ご出展のお願いまで。　　　　　　　　　　敬具

❶展示会の名称、日取りを明記する。

❷フェア開催の趣旨、開催に至った経緯などを簡潔に述べる。

❸会場など開催規模を記すことで、相手に宣伝メリットを示す。

ここに注意

・これまでのフェアの成果を伝えることが大切。来場者数や反応その他メリットとなる情報を提供し、出展をうながす。

新規取引先紹介の依頼

月○商事株式会社
専務取締役　若井均様

株式会社桃○
営業部長　中野富雄

顧客紹介のお願い

拝啓　貴社ますますご隆昌《りゅうしょう》の趣《おもむき》、お喜び申し上げます。日頃から当社製品の販売に際しましては格別のお力添えを賜り、深く感謝申し上げております。

さて、❶過日ご懇談の折にお話がありました大○商事の岡野治男様をぜひ当社にお引き合わせくださいますよう改めてお願い申し上げます。

当社は、長年地元とその隣接県を中心に製品提供をいたしてまいりまして、申すまでもなく関東地区へのマーケットの開拓はまったく手つかずの状態でございました。かねてから顧客数拡大が念頭にあり、その方面でのお取引先を探していたところです。

お話によれば岡野様は当社製品を既にご存じで、ご理解もお持ちとのこと、A厚かましいお願いですが、ひと言お口添えいただき、ご紹介賜りますれば大変幸せに存じます。

当然ながら❷ご紹介いただきました上は、けっして貴社にご迷惑をおかけするようなことはいたしません。その旨堅くお誓い申し上げます。

ご多忙の中、恐縮です。なにぶんにもご高配《こうはい》のほど重ねてお願い申し上げます。

敬具

❶紹介依頼の発端になったことがあれば記す。

❷「紹介者に迷惑をかけない」を明記する。

書き換え

A「お電話なりでお口添え願えましたら、ごあいさつかたがたおうかがいいたす用意でおります」

ここに注意

・紹介者の好意に頼るといっても、取引上の相手のメリットを多少とも考慮に入れて書きたい。

後任担当者引見の依頼

平成〇年9月1日

株式会社山〇製版
業務部長　清水力様

東〇工業株式会社
営業1課　星野光一

後任担当者引見《いんけん》のご依頼

拝啓　貴社いよいよご隆昌《りゅうしょう》のこととお喜び申し上げます。平素はかくべつのご芳情《ほうじょう》を賜り、厚くお礼申し上げます。

さて、過日ご懇談いただいた折にもお伝え申し上げましたが、❶弊社人事の都合によりまして、このたび営業1課所属の中村達夫が、貴社担当として小生に代わって務めさせていただくことになりました。

つきましては、近日中に、本人同道の上、紹介かたがたごあいさつに伺いたく存じます。❷ご業務繁忙の折ゆえ、ご都合等は改めてお聞かせいただければと存じますが、なにとぞご引見のほどよろしくお願い申し上げます。

本人はなにぶんにも若輩ゆえ、営業経験も必ずしも豊かとは申せず、いくぶん戸惑いの場面もあろうかと存じます。ただ実直な人柄と研究熱心で、仕事への愛情も浅からず、体力フットワークには持ち前のものがございます。これからは、小生ともども、常にも増してご指導ご鞭撻《べんたつ》いただきますればと存じます。今後ともよろしくお願い申し上げます。

まずは、取り急ぎご引見のお願いまで。　　　　敬具

❶新しい担当者の氏名を明記する。

❷引見の日取りは、後日電話などで打ち合わせるほうが確かであり、礼にかなう。

ここに注意

・後任者が好印象をもたれるよう人物にふれる。取引先への引き合わせが順調にいくようにていねいなお願いが大切。

見積りの依頼

平成○年9月3日

光○産業株式会社
営業部　細貝敦様

株式会社エヌ○シー
野田秀夫

見積りご依頼の件

❶拝啓　貴社ますますご発展のこととお喜び申し上げます。

さて、先般は貴社商品カタログをお送りくださり、まことにありがとうございます。さっそくですが、カタログ9頁のガス湯沸器X（商品番号12 - 50）3基を注文したく存じます。

つきましては、❷設置工事費を含め価格ならびに下記条件についての見積書をいただければ幸いです。お手数ですが、できるだけ早めのご送付をお願い申し上げます。

まずは、取り急ぎご依頼まで。

敬具

記

1. 品　　名　ガス湯沸器X
2. 数　　量　3基
3. 納　　期　平成○年9月18日
4. 納入場所　弊社3階
5. 運送方法　貴社一任
6. 決済方法　翌月末銀行振込

以上

❶急ぎの文書、前文は簡略化してかまわない。

❷内容、取引条件については箇条書きで別記する。

ここに注意

・価格見積りのほかに、はっきりした取引の条件を提示して、相手の返答をもとめる。

再見積りの依頼

平成○年5月20日

株式会社サイド○ウト
営業部　藤原和夫様

株式会社○一商会
販売課　田中良和

再見積りのお願い

拝啓　時下ますますご清栄《せいえい》のこととお喜び申し上げます。

さて、❶貴社製品○○○の見積書たしかに拝受《はいじゅ》いたしました。早々にお送りいただき、ありがとうございます。

さっそく拝見の上、種々検討させていただきましたが、結論から申し上げますと、遺憾《いかん》ながら貴社のご提示された価格では発注いたしかねるのが実情です。

ご承知のように、❷同種の他社製品が多く発売されている上、近年店頭価格は軒並み大幅な値下がり傾向にあります。このような厳しい商況下で、貴社製品の販促を実らせるには、現在のご提示価格ではきわめてむずかしいと判断せざるをえません。

ついては、Ａなにぶんにも諸事情をご賢察《けんさつ》くださり、再度の見積りをいただきたく存じます。

まことに勝手なお願いで恐縮ですが、よろしくお取りはからいのほどお願い申し上げます。
敬具

❶まず見積書を受けたことを伝え、礼を述べる。

❷再見積りをもとめる理由を簡潔に述べる。

書き換え

Ａ「提案といたしまして、発注数量の1割増しを条件に」

ここに注意

・ていねいな表現のなかに、価格など再考をうながす点について、具体的な要求をはっきり伝えること。

見積る

見積り／再見積り

ここがポイント

■まず、何についての見積りか件名を明らかにする。
■日付、担当者名を明記。確認に見積り依頼の日付を文面に入れるとよい。
■見積り内容は正確かつ詳細に。相手の依頼項目にそって箇条書きで。
■依頼があったら、できるだけすみやかに作成して送る。

見積り

❶見積内容は別記あるいは表形式で示す。必要項目に書き落としのないよう慎重に。

書き換え

A「別途お打ち合わせ」

ここに注意

・見積書が契約書並みの効力をもつケースも生じる。そのことを念頭に置いて、吟味確認を怠らないように。

御見積書

第221－00235号

ゴー○株式会社御中　　平成○年4月18日

下記の通り御見積り申し上げます。

○○システム株式会社
〒153－XXXX東京都渋谷区1－2
TEL 03－XXXX－XXXX
FAX 03－XXXX－XXXX

件　　　　名　○システム導入費用一式
御見積合計金額　¥1,260,000 -（消費税含む）
納　　　　期　A平成○年9月30日
納　入　場　所　貴社指定場所
お支払い条件　検収《けんしゅう》完了後月締翌月末振込
見積有効期限　御見積後１か月
備　　　　考　○システム保守費用 1,8000円/月

❶

項目	品名	数量	単価	金額
1	○○パッケージ	1		550,000
2	導入一時費用	1		650,000
			計	1,200,000
			消費税	60,000
			合計	¥1,260,000

再見積り

御見積書

第221－00238号

ゴー○株式会社御中　　　　　　　　　　　平成○年5月13日

当社見積に対する❶5月8日付貴社お申し越しにつき、検討いたしました結果、下記の通り再度御見積り申し上げます。

○○システム株式会社
〒153－XXXX　東京都渋谷区1－2
TEL 03－XXXX－XXXX
FAX 03－XXXX－XXXX

件　　　　名　○システム導入費用一式
御見積合計金額　¥1,134,000 - (消費税含む)
納　　　　期❷別途お打ち合わせ
納 入 場 所　貴社指定場所
お支払い条件　検収完了後月締翌月末振込
見積有効期限　御見積後１か月
備　　　　考　○システム保守費用 18,000円/月

項目	品名	数量	単価	金額
1	○○パッケージ	1		550,000
2	導入一時費用	1		650,000
				計　1,200,000
				❸貴社向特別値引　▲120,000
				消費税　54,000
				合計　¥1,134,000

❶相手の意向を検討した旨のひと言を入れる。くどくど事情を述べる必要はない。

❷再見積りに際し、こちらの条件変更があれば入れる。

❸この事例では値引のかたちをとっているが、各項目価格での金額検討のかたちもある。

ここに注意

・見積書の書式は業界により異なる。必要項目に注意すること。相手の指示があれば、それに従った項目で見積ることになる。

申し込む

新規取引／特約店取引／新規外注の取引／
展示会／組合新規加入／
テナント新規出店など

ここがポイント

■面識のない相手の場合が多いので、礼を第一に。
■自己紹介は簡潔に、独自性をアピール。
■謙虚な姿勢で、対等な立場に立った提案を。
■信用度を深めるため、同封書類その他で情報を提供。

新規取引の申し込み（メーカーから）

❶自己紹介を簡潔に述べる。

❷取引申し込みの背景、理由を述べる。

❸自社経歴、事業の概要など、信用度を高めるための資料の同封は欠かせない。

書き換え

🅐「貴店のご協力が得られますれば、これ以上の幸せはございません。ぜひ当社製品をお取り扱いくださいますよう」

新規お取引のお願い

拝啓　新緑のみぎり、貴社ますますご繁栄のこととお喜び申し上げます。

　さて、はなはだ不しつけで失礼とは存じますが、貴店との新規のお取引をお願い申し上げたく、お手紙をさし上げる次第でございます。

❶当社は創業以来ゴルフ用品を製造販売して今年で40年を迎えるに至りました。この春はゴルフ愛好家のすそ野を広げる目的でニューデザインの木製クラブＣＨをお子さま向けに開発しました。これを契機に、既存のものも含め今までお目にふれにくかった当社製品を一般の方にも手近なものにしていただき、販路を拡大したいと企図いたしております。

❷貴店がホビーとスポーツ用品のお店としてバラエティとユニークな発想で衆目を集められていることは、つとに存じ上げておりました。🅐ぜひ当社製品をお取り扱いくださり、フロアの一角を飾っていただければと、お願い申し上げる次第です。

　なお、❸当社の事業内容等については同封資料をご高覧《こうらん》の上、なにとぞご一考のほどお願い申し上げます。

　略儀《りゃくぎ》ながら、まずは書中もってお願い申し上げます。

敬具

ここに注意

・いきなりのお願い、相手へ礼を尽くすのが大切。

特約店取引の申し込み（販売店から）

新規お取引のお願い

拝啓　早春の候、貴社にはいよいよご盛栄《せいえい》のこととお喜び申し上げます。

さて、A突然で大変失礼とは存じますが、じつは小社とのお取引をお願いしたく、本状をしたためた次第です。

小社は盛岡市内に3店舗をもつ家具販売店で、今年で創業15周年を数えます。❶先だって上京の折、貴社展示会を拝見させていただきまして、落ち着いた趣の中に機能性を具備した家庭用チェアシリーズに目をひかれました。ぜひ小社で新規にお取り扱いさせていただきたく、不しつけながらお願い申し上げます。

❷小社の事業内容等は資料を同封してございます。ご高覧の上、ご検討くださいますれば幸いです。

まずは書中をもって、お取引の儀、よろしくお願い申し上げます。　敬具

❶取引をのぞむに至った経緯を述べる。

❷資料同封は原則だが、それ以外に自社の信用状況を確かめる手だてを示せば、なお親切。

書き換え

A「突然お手紙をさし上げます失礼の段、お許しください」

新規外注の取引申し込み

製作加工の申し込みについて

拝啓　時下ますますご隆盛《りゅうせい》のこととお喜び申し上げます。

さて、弊社は書籍・冊子・パンフレットをメインに扱っております印刷会社です。このたび、❶DS広告社様から貴社をご紹介いただき、シール製作やラミネート加工等で定評のある貴社に、弊社の外注加工をお願いいたしたく、お手紙さし上げる次第です。

主に❷ホテル、レストラン関係の備品のための製作加工ですが、概要は別紙に付してございます。ご承諾いただけましたら、あらためてAお目にかかり具体的なお話をさせていただきたく存じます。よいご返事をお待ち申し上げております。

なお、小社の信用状況はDF銀行○町支店にお問い合わせくだされればご理解いただけると存じます。なにとぞご一考のほどよろしくお願い申し上げます。　敬具

❶紹介者がある場合、まず明らかにする。

❷どういった内容の外注か相手にわかるように簡潔にふれる。

書き換え

A「ごあいさつかたがたお取引の詳細についてお話におうかがいしたく」

！ここに注意

・外注のケースでは、特に互いの信用度が大事になる。丁重さと明快さに留意。

展示会の申し込み

❶展示会の日取りや場所についても確認のため明記する。

❷自己アピールする。

書き換え

A「ぜひ参加させていただきたく、ここに本状をしたためました」

ここに注意

・出展品目について明瞭にイメージを伝えるよう、自己アピールも勘所をついて簡潔に。

地酒見本市への申し込みの件

拝啓　時下ますますご発展の趣《おもむき》、お喜び申し上げます。

さて、貴会主催による地酒見本市「セピアウェーブ○○」が❶明年1月12日からスワンメッセで開催される由、大○酒造の大田様よりお聞きしました。

つきましては、弊社も同見本市へAの出展参加をお許しいただきたく、お手紙をさし上げた次第です。

このたびは、この10月に完成したばかりの新作物で、まったくの無名でございますが、❷のど越しのまろやかさにアクセントを加えた辛口の品で、一般公開にいささか自信を抱いておりますところです。

どうぞ前向きにご検討くださいますよう、謹んでお願い申し上げます。

出展希望の品についてはカタログを同封いたしております。なにぶんにもご高配《こうはい》のほどお願い申し上げます。

まずは、取り急ぎ申し込みのお願いまで。　　敬具

組合新規加入の申し込み

❶自社の事業内容の特徴を簡潔に伝える。

書き換え

A「小社も率先参加を願い出たく」

B「これまでの試みがいくらかなりと本業界のお役に立てればとの思いもございます」

ここに注意

・これから設立される組合への加入申し込みである。設立趣旨への共鳴、加入にあたっての抱負なども盛り込みたい。

組合加入の申し込み

拝啓　余寒《よかん》の候、ますますご清祥《せいしょう》のこととお喜び申し上げます。

さて、小社は当市にて日用品の製造販売業を営んでおります。創業4年目で、まだ日は浅くございますが、❶竹材を生かした小物から家具まで手作りのオリジナル製品を手がけてまいりました。おかげさまで顧客数も徐々に広げて今日に至っております。

実は、このたびユニオン「工芸ウイング」設立のお話をうかがいまして、Aぜひ小社もお仲間に入れていただきたく、本状をしたためました次第です。

新しい感覚での生活用品のあり方を組合員が相互に模索し合っていくという設立趣旨には深く共感するものがございます。Bいろいろとご教示いただくことの方が多いかとも存じますが、なにとぞ加入をご許可くださいますようお願い申し上げます。　敬具

テナント新規出店の申し込み

平成○年5月8日

光○都市開発株式会社
営業部　小島巌様

有限会社つむ○糸
代表取締役　木村猛夫

テナント出店の申し込み

拝啓　貴社にはますますご発展の由《よし》、大慶《たいけい》に存じ上げます。

さて、弊店は当市○町で和菓子店を営んでおります。創業55年、おかげさまで❶地元名産品として関東方面から訪れるお客様にも恵まれるようになりました。いろいろと利便を考え、駅近くに2号店の出店を検討いたしておりましたところ、貴社が開発中の駅南プラ○クビルでテナントを募集されている由、承りました。

つきましては、A弊店もテナントに加えていただきたく、ここにお申し入れいたします。

出店の際の条件、1区画面積など、詳しいことは何も存じ上げないので後日を期しますが、❷できましたら1階フロアをと希望いたしているところです。

弊店の経歴、事業実績等の資料を同封してございますので、ご高覧の上、なにとぞ弊店を出店の選考対象に加えていただきたく、よろしくお願い申し上げます。

まずは書中もちまして出店のご依頼申し上げます。　　敬具

❶自己ＰＲを兼ね、出店希望の背景にふれる。

❷あらかじめ希望があれば述べておく。

書き換え

A「テナントとして弊店もぜひとも出店させていただきたく存じます」

ここに注意

・文面に出店へ向けての意欲を表すこと。ただし、自己PRは簡潔に。

注文する

既成注文書／カタログで／見積りで／支払い条件付き／納期条件付き／見計らい／指し値で／追加／変更／取消しなど

ここがポイント

- ■正式契約であり、何よりも正確さを要する。
- ■注文内容は別記箇条書きにするのが、基本。
- ■注文取り消しは重大事態。基本的に許されないことを念頭に。
- ■新規取引では、双方の責任者名を明確に。

既成注文書での注文

❶敬称は「御中」が一般的だが、「様」でもかまわない。

❷自社名の下に住所、電話番号を入れておく。

書き換え

A「20日締め翌月10日銀行振込」

※諸掛《しょがかり》：いろいろな費用のこと。

No. 86

注文書

平成○年4月8日

福○電器株式会社❶御中

❷株式会社エ○キ　㊞

〒163-1452 東京都新宿区西新宿○－4

TEL 03-5333-XXXX

下記のとおりご注文申し上げます。

<table>
<tr><td>納入期日　○・4・15</td><td>運賃諸掛　貴社負担</td></tr>
<tr><td>納入場所　当店持込み</td><td rowspan="2">支払条件　A規定通り</td></tr>
<tr><td>納入方法　貴社一任</td></tr>
</table>

合計金額　¥240,000

	品名	数量	単価	金額
1	N2－7ア○ス	5	24,000	120,000
2	TK－60クリ○	8	15,000	120,000
3				
4				
5				
合計		13		240,000

ここに注意

・注文書は重要な契約書類なので、チェックは入念に。

一般的な注文

平成○年3月8日

A注文書

拝啓　時下ますますご盛業《せいぎょう》のこととお喜び申し上げます。❶平素は格別のご高配《こうはい》にあずかり深謝《しんしゃ》いたします。

　さて、さっそくですが、貴社製品につき、下記のようにご注文申し上げます。

❷年度の変わり目を前に大部の需要が見込まれています。納期を急がせ恐縮ですが、なにとぞよろしくお願い申し上げます。

　まずは、取り急ぎご注文まで。

敬具

記

1. 品名・数量・単価
   ビ○ネスシューズMX　　50足　@3,400円
   ミデ○ムシューズSP　　50足　@2,800円
2. 合計金額　　310,000円（消費税別途）
3. 納　　期　　平成○年3月13日
4. 納入場所　　当店持ち込み
5. 運搬方法　　貴社一任
6. 運賃諸掛　　貴社ご負担
7. 支払方法　　貴社ご指定によりお支払い

以上

❶前文は最小限でよいので、この部分は省いてもよい。

❷製品の販売状況、見込みなどにひと言ふれる。

書き換え

A「○○○の注文の件」

ここに注意

・この事例の別記にある5～7は省略する場合もあるが、正確を期すという意味でなるべく明記したい。

カタログによる注文

❶カタログ送付への礼を述べる。

❷納期を急ぐ場合、その理由を述べ、期日を明記する。

ここに注意

・どのカタログによる注文かを明記し、手ちがいの生じないように。

アス○リア化粧品注文の件

前略❶このたびは「アス○リア化粧品」カタログ・見本をお送りくださり、ありがとうございました。
　つきましては、以下のとおりご注文申し上げます。
　なお、❷本格的な夏を控えての需要が見込まれます関係上、6月10日までに当方へご納入いただけますよう、なにぶんにもご配慮のほどお願い申し上げます。　草々

記

カタログ名	アス○リア20XX	
1. 6087-0233	○○ジェル	10個
2. 6087-0267	フェイシャル○パック	10個

以上

見積りによる注文

❶見積書送付への礼を述べる。

❷確認のために、見積書の日付とナンバーを明記する。

❸別記には、金額や取引条件などの項目が入る。

ここに注意

・見積書の数字をよく照合して作成するように。

○○飲料の注文について

拝啓　秋冷《しゅうれい》の候、貴社ますますご清祥《せいしょう》のこととお喜び申し上げます。
　さて、❶このたびは早々にお見積書をお送りくださり、ありがとうございました。
　つきましては、❷貴社10月4日付見積書No. 7に従いまして、下記のとおりご注文申し上げますので、よろしくお取りはからいのほどお願いいたします。
敬具

記

1. 商品番号No.18	50ケース
2. 納　　期	10月25日
3. 納入場所	当社第一倉庫

❸（略）

以上

支払い条件付き注文

水中デジカメWの注文について

拝啓　時下ますますご繁栄のこととお喜び申し上げます。

過日は貴社製品カタログをご送付いただき、まことにありがとうございました。早速検討の結果、今回は水中デジカメWをA別紙注文書のとおりご注文申し上げたく存じます。

つきましては、少々お願いがございます。お支払い代金の件ですが、❶当方の資金の都合上、6月から9月までの4分割払いとさせていただきたいのですが、いかがなものでしょうか。

❷ご了解いただけないようであれば、まことに残念ですが、今回は注文を見合わせざるをえません。なにとぞご一考の上、ご高配《こうはい》賜りますようお願い申し上げます。

なお、お手数ですが、４月20日までに諾否《だくひ》のご返事をいただけますよう、お待ち申し上げます。　　　敬具

❶こちらの状況にふれて、支払い条件を明記する。

❷条件が飲めない場合は注文をキャンセルすることを伝える。

書き換え

A「取り扱いさせていただきたく、別紙注文書を同封いたしました」

ここに注意

・礼にかなったていねいな文面を心がけるが、条件の提示はきっぱりと。

納期条件付き注文

「ドリ○ムビア」ご注文の件

拝啓　向暑の候、貴社いよいよご盛業《せいぎょう》の由お喜び申し上げます。

さて、先日は貴社製品のカタログと見本をご送付くださり、ありがとうございました。検討の結果、新発売の「ドリ○ムビア」を同封の別紙注文書のとおりご注文申し上げたく存じます。

つきましては、「ドリ○ビア」30ケースを、❶納期厳守ということで5月25日までにご納入くださいますようお願い申し上げます。

当店では、❷本夏の目玉として売り出したい意向がございまして、時期的にもぎりぎりのところと存じます。万一ご手配が間に合わない場合は、遺憾《いかん》ながらキャンセルとさせていただきますので、ご了承ください。

なお、お手数ながら❸状況等折り返しご一報くださいますようお願いします。　　　敬具

❶条件の納期を明記する。

❷条件を提示した背景、理由について簡潔に述べる。

❸提示条件に対する返答を求める。

ここに注意

・納期の遅れが商売のダメージとなることを納得させるように。

見計らい注文

平成○年5月12日

株式会社ル○アン
営業部　三木敏夫様

株式会社ト○シュー
販売部　井上克明

ソフィア○ナシリーズ見計らい注文の件

拝啓　時下ますますご清祥《せいしょう》のこととお喜び申し上げます。

さて、先般ご納入いただきました婦人向ソフィア○ナシリーズですが、おかげさまで❶OLから主婦層まで売れ行きもよく、大好評を得ております。カジュアルなはき心地のよさと気品のあるデザインに加え、価格面での手頃さが人気の秘密かと存じます。カラーもバラエティに富んで、複数購入なさるお客様も少なくございません。すでに売り尽くしの状況です。

つきましては、❷カラー、サイズとも見計らいの上、80足ほど至急お送りくださいますようお願い申し上げます。ベージュ系の24cmサイズが一番売れ行きがよいようですが、A貴社の在庫状況もございましょうから、よしなにお取りはからいください。数量不足の場合も、あるかぎりで結構です。

まずは、取り急ぎ注文申し上げます。

敬具

❶販売状況を知らせ、見計らい注文に至った経緯を伝える。
❷見計らい注文であることを明記する。

書き換え

A「在庫状況にお任せしますので、よろしくお願いいたします」

ここに注意

・デザイン、サイズなど相手に選択を一任しての注文。希望の条件があるときは、しっかり明記する。

指し値による注文

注文にあたってのお願い

拝啓　貴社にはいよいよご隆盛《りゅうせい》のこととお喜び申し上げます。

さて、このほどは商品カタログを早速にご送付くださり、ありがとうございました。検討いたしました結果、冬季用ワークウェア200着およびWバンド100本を注文したいということになりました。ただし、❶当方の予算の関係上、カタログ表示価格ではたいへん厳しい状況ですので、なんとか単価15%引きでお願いできないものかという結論でした。

不しつけな申し出で恐縮ですが、❷支払い条件については貴社の規定に従いますので、なにとぞご賢察《けんさつ》の上、ご承諾くださいますようお願い申し上げます。

なお、Aご無理な場合は、再検討の必要がございますので、お手数ですが早めのご返事をいただきたくお願い申し上げます。　　　　敬具

❶こちらの事情にふれ、指し値を明確に示す。

❷相手方の条件を飲んだことを提示する。

書き換え

A「ご了承いただけない場合、他社製品も含め再考せざるをえません。」

ここに注意

・指し値は、価格を指定して注文すること。こちらの条件を提示するとともに譲歩の部分も文面に表す。

追加注文

女性向けゴルフクラブDL
追加注文の件

前略　先般納品いただきました女性向けゴルフクラブDLは、まことに好評で、❶在庫も少なくなってまいりました。

ドライバーのヘッドの工夫で振りやすく飛びやすくなったという評判に加え、その洗練されたデザインに人気が集まっているもようで、❷今後も相当量の需要が期待できると思われます。

つきましては、別紙注文書により追加注文をお願い申し上げます。❸金額、支払い方法等については先般同様の条件にてよろしくお願いいたします。至急のご手配がいただければ幸いです。

まずは、取り急ぎ追加の注文まで。　　　　草々

❶こちらの在庫状況を知らせる。

❷今後の売れ行き予想にふれる。

❸仕入れの条件を明記する。

ここに注意

・売れ行き良好の明るい話題。急いで注文にまちがいのないように。

注文の変更

❶先の発注について、日付、伝票ナンバーなど明確に伝える。

❷変更内容を明記する。

❸取引条件に変更があれば、ふれる必要がある。

注文品変更のお願い

拝啓　時下ますますご清祥《せいしょう》のこととお喜び申し上げます。日頃は格別のお引き立てを賜り厚くお礼申し上げます。

さて、❶去る3月10日付注文書No.18にて発注申し上げました「クラ○ノーバG6」につきまして、本日お得意様より注文変更したい旨の連絡がございました。

すでにご手配中のところまことに申し訳ございません。❷「エレク○ロピアノN5」にご変更くださいますよう、お願い申し上げます。

❸納期等の詳細につきましては、あらためてご相談申し上げたいと存じます。お忙しい中恐縮ですが、ご高配《こうはい》のほどお願い申し上げます。

まずは、取り急ぎ注文品変更のお願いまで。

敬具

ここに注意

・変更理由を明確に伝えて、迅速な対応をうながすこと。

一般的な注文の取消し

❶注文取消しに至った理由、経緯を簡潔に述べる。

❷ていねいかつ率直に詫びる姿勢を示す。

書き換え

A「貴社にもお困りのことと申し訳なく存じますが」

注文取消しのお願い

拝啓　平素は格別のお引き立てを賜り深く感謝申し上げます。

さて、先月25日付発注No.62にてご注文申し上げました厨房器具セット○○の件ですが、❶納入先のお店で改装中にトラブルが発生しまして、開店が延び延びとなっております。

つきましては、先のご注文を一旦取り消させていただきたくお願い申し上げます。❷たいへんご迷惑をおかけしてお詫びの言葉もございません。

今後再注文の方向で、先方と十分な打ち合わせを重ねる所存でおります。Aまことにもって申し訳ない仕儀《しぎ》となりましたが、どうか事情をご賢察《けんさつ》の上はご理解賜りますようお願い申し上げます。

まずは、お詫びかたがたお願い申し上げます。

敬具

ここに注意

・全体に礼を尽くして詫びる姿勢で理解を求める。

事故による注文取消し

平成○年1月20日

株式会社オ○トリ
営業部長　半田光男

有限会社笹○商店
笹井邦夫

注文取消しのお願いとお詫び

前略❶本日お電話で申し上げましたように、今回の地震と近隣火災による類焼のため、店舗が営業不能状態に陥りました。現時点で開店のめどの立たない状況です。

つきましては、前回発注分のすべてについてキャンセルさせていただきたく、謹んでお願い申し上げる次第です。

A思いもよらぬ災害のためとはいえ、貴社にはたいへんご迷惑をおかけすることとなりました。心よりお詫びするよりほかありません。

今後は店舗再建に全力を尽くす所存でございます。❷営業再開の折には、従来どおりのお取引をご承諾くだされば、幸甚《こうじん》に存じます。

取り急ぎ、お詫びとお願いまで。　草々

❶前文は略し、事故状況をわかりやすく簡潔に報告する。

❷今後の取引についてもひと言ふれておく。

書き換え

A「不本意な事情とは申せ」

ここに注意

・突発的な出来事を理解してもらうようにお願いする姿勢で。

照会する

在庫状況／商品未着／納入品不足／
新規取引条件／新規取引先の信用状況／
銀行口座／求職者の前歴など

ここがポイント

- ■回答を得ることが目的。相手に不快感を与えないように。
- ■照会の目的、趣旨を明らかにする。
- ■問い合わせ事項はよく吟味して、簡潔に。
- ■返信用切手、はがき、封筒など同封する気配りを。

在庫状況の照会

❶在庫状況を照会する背景、商況について述べる。

❷急ぎの依頼であることを伝える。期限があれば明記する。

書き換え

A「下記の商品につきまして、貴社の在庫状況はいかがでしょうか」

アニ○スーツ在庫のご照会

拝啓　日頃はひとかたならぬお引き立てにあずかり厚くお礼申し上げます。

さて、さっそくですが、A貴社の下記商品について在庫状況をおうかがいしたく、本状をしたためた次第です。

❶年度の変わり目を控え、弊社としましては相当量の需要を想定しているところで、数量の最低ラインは確保したいと考えております。

お手数をおかけして恐縮ですが、各カラー、各サイズにつきまして、目下そろえられる数量及び入荷見通しをお知らせいただければ幸いです。❷なにとぞ至急ご調査の上、ご回答賜りますようお願い申し上げます。

取り急ぎ、在庫状況についてのご照会まで。

敬具

記

アニ○スーツ	ダークグレー	M	20着
	ダークグレー	L	30着
	ブラック	M	30着
	ブラック	L	20着

以上

ここに注意

・照会事項は別記箇条書きにして明記する。

商品未着の照会

注文品未着の件

拝啓　時下ますますご隆昌《りゅうしょう》の由《よし》お喜び申し上げます。

さて、❶去る3月10日付伝票番号No.56にて発注いたしましたサッカー用ユニフォーム30着が、本日3月22日現在、いまだに着荷しておりません。春の地区大会を控え、大至急納品くださるよう注文の際お願いしたはずですが、いかなるご事情で遅れが生じたかと案じている次第です。❷注文のお品は3月26日に当市内の中学校に納める約束になっており、弊社としても困惑いたしている状況です。❸至急ご調査の上、ご回答くださいますよう、よろしくお願い申し上げます。

取り急ぎ、ご照会申し上げます。

敬具

❶未着商品名を明記する。

❷切実な状況をありのまま伝える。

❸至急の回答をうながす。

ここに注意

・困惑を示しつつ、迅速な対応をうながすこと。

納入品不足の照会

納入品の数量不足の件

拝啓　毎々のお引き立て深く感謝申し上げます。

さて、9月5日付で発注いたしました貴社煎茶セット、❶本日東○急便にて着荷いたしました。ありがとうございます。

つきましては、さっそく納品書と照合いたしましたが、30セットのところ2セットの不足がございました。

なにかの手違いよるものと存じますが、A不足分については至急お調べの上、追加発送賜りたくお願い申し上げます。

なお、❷受領書のほうも訂正させていただいております。運転手の田村様の立会いの上ですので、ご確認ください。

取り急ぎ、納入品不足のご照会まで。

敬具

❶どこの運送会社から届いたかを必ず明記。

❷受領書訂正には確かな立会人が必要。

書き換え

A「ご調査の上は、未納分ご急送いただきたく」

ここに注意

・数量不足が明白であることを相手に納得させなければならない。

品違いの照会

品違いについてのご照会

前略　取り急ぎ申し上げます。弊社6月10日付注文書No.62にて発注の応接セット、本日着荷いたしました。さっそく荷を開きましたところ、❶下記のように椅子4脚が注文の色と相違しておりました。ブルーではなく、ライトブラウンでお願いいたしてあったと存じます。

❷念のため弊社注文書の控えを調べましたが、誤記はございません。つきましては、発送時の手違い等お調べの上は、注文書通りの品をご急送くださいますようお願い申し上げます。

なお、注文違いのお品については、現在弊社にて保管しております。再着荷の折にご返品申し上げる所存です。

❸お得意さまへの納期も迫ってございますので、その旨お含みおきの上、お取りはからいのほど重ねてお願い申し上げます。

まずは、取り急ぎご照会まで。　敬具

記

1. お間違えの品
　応接セットPJ-3　ウ○ディチェア
　　ブルー　4脚
　　ライトブラウンにて発注
　※なお、クリ○タルテーブルについては注文と相違ございません。

以上

❶品違いの内容については、本文中でも簡潔にふれておく。

❷自社注文書の確認が必要。場合によっては、注文書の写しを同封する。

❸急を要する事情を述べて、善処をうながす。

ここに注意

・急ぎの件なので一般に前文は省く。すでに電話連絡済みの場合は、その辺を念頭に。

新規取引条件の照会

お取引条件のご照会

拝啓　貴社にはますますご隆盛《りゅうせい》のこととお喜び申し上げます。

はじめてお手紙さし上げる非礼をご容赦《ようしゃ》願います。

じつは、❶過日「○○創作紳士服フェア」を拝見し、貴社の気品のある新作品に感銘を受けまして、ぜひとも弊社にてお取り扱いさせていただきたく、本状をしたためました次第です。

つきましては、どのような条件でお取引いただけますでしょうか。❷下記のお取引条件についておうかがいいたしたく存じます。

ご多用中まことに恐縮ですが、❸今月末日までにご回答賜りますよう、よろしくお願い申し上げます。

なお、弊社は鎌倉市内に3店舗を構えておりますが、これからの時代に求められるエスプリを備えられた貴社製品の販売に、微力ながらご協力させていただけるとすれば幸いです。なにとぞご高配《こうはい》のほどお願い申し上げます。

まずは略儀《りゃくぎ》ながら書中にてご照会申し上げます。

敬具

記

1. 価格　　現金、売掛けの場合
2. 支払方法
3. 送料諸掛《しょがかり》　　貴社ご負担の範囲
4. 保証金　　貴社のご規定

以上

❶新規取引を申し出るまでの経緯を述べる。

❷取引条件は最重要な用件。必ず箇条書きで別記する。

❸回答期限を提示したほうが緊張感が出る。

ここに注意

・初印象が決まる文書。礼儀を尽くすことが大切。自社経歴書を同封するとよい。

新規取引先の信用状況の照会

株式会社アラ○様についてのご照会の件

拝啓　貴社ますますご隆盛《りゅうせい》の由《よし》、大慶《たいけい》に存じ上げます。平素はひとかたならぬご芳情《ほうじょう》を賜り厚くお礼申し上げます。

さて、❶このたび小社は株式会社アラ○様より、スポーツ用品を取引したい旨のお申し出を受けましたが、なにぶんにも新規のことで、経営状態などについて事前に情報を得たいと存じております。

つきましては、まことに不しつけなお願いと承知の上で、同社と取引関係をお持ちの貴社からのお力添えを賜りたく、お手紙さし上げた次第です。ご多用中のところ恐縮ですが、❷下記の項目に関しまして、お答えいただくわけにはまいりませんでしょうか。Ⓐむろんお答えできる範囲でかまいません。

申すまでもなく、ご教示いただいた内容については厳に秘密を守り、貴社にご迷惑をおかけすることは一切ございません。なにとぞご高配《こうはい》のほどよろしくお願い申し上げます。

まずは書中にてご照会申し上げます。

敬具

記

株式会社アラ○　山形県堺市○○1－○－2

1. 経歴
2. 現在の営業状態
3. 信用状況
4. その他の参考事項

以上

❶照会に至った経緯を簡潔に述べる。

❷相手が答えやすいように、照会事項は箇条書きにする。

書き換え

Ⓐ「もちろんお差し支えのない範囲で十分」

ここに注意

・照会内容については秘密厳守が大原則。そのことを必ず明記する。

銀行口座の照会

貴社銀行口座のご照会

拝啓　陽春の候、貴社にはますますご清祥《せいしょう》のこととお喜び申し上げます。

さて、このたびは❶弊社との新規取引をご快諾くださいまして、まことにありがとうございます。現在、店舗レイアウトなどを工夫しまして、新たな販売態勢で臨むべく張り切っている状況です。

つきましては、さっそくでございますが、お支払い時に使用いたします貴社のお取引銀行口座をお教えいただきたく存じます。❷今月の締めも控えまして、なにとぞ4月18日までにご回答賜りますようよろしくお願い申し上げます。

まずはお礼かたがたご照会まで。

敬具

❶取引の礼を述べる。

❷取引が動き出していることを示し、回答期限を明記するのもよい。

ここに注意

・ごく事務的な内容の文書だが、これからの取引のために気持ちを通わせたい。

求職者の前歴照会

貴社元社員の前歴についてのご紹介

拝啓　桜花《おうか》の候、貴社にはいよいよご隆昌《りゅうしょう》のこととお喜び申し上げます。

さて、突然で失礼とは存じますが、❶このたび弊社の社員募集に応募がありました阿部康夫氏についてお問い合わせしたく、ご書状をさし上げます。

すでに面談試験も済み、内々採用を予定いたしてはおりますが、念のため同氏に関する事前調査を若干行っているところです。

履歴書によりますと、❷同氏は貴社に平成○年4月から平成○年2月まで在職していたとのこと。つきましては、ご多用中たいへん恐縮ですが、❸下記事項について適切なご教示を賜りますれば幸甚《こうじん》に存じます。

なお、その内容については秘密厳守し、貴社へは一切ご迷惑をおかけしません。なにとぞご回答のほど、謹んでお願い申し上げます。

敬具

❶照会対象者の名前を明記。単刀直入にお願いする。

❷相手の調査の便をはかるため、詳細を明記。

❸別記として、「人柄」「勤務状況」「退職理由」などの回答事項を箇条書きにする。

ここに注意

・あくまで相手の好意に頼るもの。ていねいに、かつ趣旨をはっきり伝える。

回答する

商品未着／納入品不足／請求内容／取引条件／信用状況／人事照会／商況など

ここがポイント

- ビジネスライクを念頭に、その範囲内で誠実に回答する。
- 問い合わせ事項にはすべて答えるのが原則。不明な点はその旨明記。
- 事実関係の調査にもとづいて憶測、誇張のないように。
- 公開できない内容を含むので、送付する際にも注意が必要。

商品未着に関する回答

❶はじめに謝罪の言葉を入れる。

❷納入が遅延した経緯を簡潔に伝える。

❸着荷の日付を明確に伝える。

書き換え

A「ご困惑、ご心配をおかけしましたことを重ねてお詫びいたします」

F○シューズシリーズ未着の件

拝復　平素は格別のお引き立てを賜りまして心より感謝申し上げます。

さて、6月5日付ご書状拝見いたしました。❶標記のご注文品の納入が遅れましたこと、まことに恐縮至極です。深くお詫び申し上げます。

さっそく調べましたところ、❷F○シューズシリーズは在庫が手薄になっていたところ、5月に入りご注文が予想以上となり、本社よりの取り寄せが手間取る結果となりました。

貴社へは本日、最終便にてお届けする手はずでございましたが、あらかじめご連絡が行き届かずA多大なご迷惑をおかけいたしましたこと、まことに申し訳ございません。

すでに発送の手配も済みまして、現在、西○急便が御地《おんち》に向かいつつあります。❸遅くとも6月7日の午前中には貴社にご着荷ができるかと存じます。なにとぞご査収《さしゅう》くださいますよう、よろしくお願い申し上げます。

本来なら、事情説明におうかがいいたさなければならないところ、まずは書中をもちましてお詫びかたがたご回答申し上げます。　敬具

ここに注意

・基本的には、謝罪の姿勢を貫くこと。調査結果はありのままに言い訳がましくならないように。

納入品不足に関する回答

20XX年3月7日

有限会社ユニ○様

株式会社ア○ダス
営業1課　篠田久美

送付商品不足についてのお問い合わせの件

拝復　毎々格別のご愛顧を賜り心よりお礼申し上げます。

さて、3月6日付の貴《き》信《しん》拝《はい》読《どく》いたしました。ご送付しました野球用品セットがご注文より5セット不足しているとのご指摘でございます。

急ぎ調査いたしましたところ、❶小社受注伝票には30セットとなっており、過日お電話でご注文をお受けした際になんらかの手違いで伝票に誤記が生じたものと考えられます。まことに申し訳ございません。

W○野球用品セットは現在在庫が切れ、今朝方より営業部がとるものもとりあえず本社流通倉庫へ車を走らせているところです。ご指摘の不足分5セットにつきましては、❷明日3月8日昼までに追加のご注文というかたちでお届けにあがらせていただく所存でおります。ご迷惑をおかけの段、幾重《いくえ》にもお詫びいたします。なにぶんにもご海容《かいよう》の上はご受納くださいますようお願い申し上げます。

まずは、お詫びかたがたご回答申し上げます。　　　　敬具

❶送付不足の原因など、調査結果を報告する。自社に手落ちの可能性があれば詫びる姿勢が肝心。

❷不足分の納期を知らせる。

ここに注意

・納入品不足にはいろいろなケースがあり、その都度文書を考える必要があるが、とにかく経緯をありのまま伝えるのが基本。

請求内容に関する回答

請求内容ご照会への回答

拝復　日頃はひとかたならぬお引き立てにあずかり厚くお礼申し上げます。

さて、❶9月20日付にてご送付申し上げました当社請求書内容に関するお問い合わせの件でお答えいたします。

あらためて委細に調査いたしましたところ、品目、数量、金額とも内容に誤りはないものと存じます。

❷ご照会の点でございますが、本年6月受注分より、原材料費の高騰にともない、一部当社製品について価格変更をさせていただいております。貴社営業部長の坂井様からは、ご書面を通じてその旨ご了解を得てございますので、ご確認くださいますれば幸いです。

つきましては、❸当該書面の写しも含め、貴社ご発注伝票ほか下記の参考書類を念のため同封いたしました。なにとぞご検分《けんぶん》くださいますようお願い申し上げます。

まずは、取り急ぎご回答申し上げます。　敬具

記

同封書類（写し）

1. 貴社ご発注伝票
2. 当社出庫伝票・出庫台帳
3. 平成○年5月8日付取引条件変更の合意書

以上

❶送付請求書の日付を明記する。

❷先方からの不審点の指摘に簡潔かつていねいに答える。

❸関係書類を必ず同封する。

ここに注意

・請求書内容に間違いがない場合も、あくまで丁重に再確認を要請するように。

取引条件に関する回答

取引条件についてのご回答

拝啓　秋冷の候、貴社にはますますご隆昌《りゅうしょう》の由《よし》、お喜び申し上げます。

さて、A 9月26日付のご書状にてお取引条件についてのご照会をいただきました。まことにありがとうございます。

つきましては、さっそく下記のとおりご回答申し上げます。

ご高覧《こうらん》の上は、多少にかかわらずお取引いただけますれば幸甚《こうじん》に存じます。

❶なお、ご不審な点などございましたら、ご遠慮なくお尋ねくださいますようお願い申し上げます。

敬具

記

同封書類（写し）

1. 価格	単価○○○○円
2. 支払方法	毎月20日締め翌月末日の現金支払い
3. 送料その他	送料その他諸掛《しょがかり》は小社負担
4. 納入方法	貴社ご一任
5. 保証金	契約期間2年で○○万円を希望 契約更新の折は別途お取りはからい願います。

以上

❶柔軟な態度を示して今後の関係につなげる。

書き換え

A「このたびは小社製品にご注目くださり、お取引のお問い合わせをいただきまして、」

ここに注意

・簡潔で要領を得た文書が望まれるが、今後の取引に関わることなので、条件を羅列しただけの印象にならないように。

信用状況に関する回答

株式会社高○イアに関するご照会について

拝復　4月20日付の貴《き》信《しん》拝《はい》読《どく》いたしました。標記のご依頼について下記のとおりご回答申し上げます。

なお、株式会社高○イアと小社とは取引を始めて５年余になります。小社の所見は、なにぶんにも限られたおつきあいの範囲からのものですので、**A**不十分な点は多々あると存じますが、ご容赦《ようしゃ》のほどお願い申し上げます。

敬具

記

1. 経歴

先代社長がレコード店として創業しましたのが1969年。現2代目社長となりましてから、民族楽器を中心にした楽器販売も手がけ、演奏練習用のレンタルスペースを経営するなど、地元音楽愛好家との交流に積極的です。現在、浜松市内に3店舗を擁しております。

2. 信用状態

小社と取引を始めて以来、❶支払いが滞ったことはございません。ご注文も年々増加傾向です。

3. ❷社長の人柄

多分に私見が入るとは存じますが、堅実な経営者の面とともに音楽への真摯《しんし》な情熱をお持ちの方で、たいへん好印象です。

以上、ご参考になれば幸いに存じます。

❶信用のものさしは、まず支払いの状態。

❷人柄については、先入見を与えないように慎重に。

書き換え

A「断定的なことは申しかねる部分もございますが、その旨お含みおきください」

ここに注意

・私見を押しつけないように、客観的事実に基づいた文書の作成を。

人事照会に関する回答

人事照会へのご回答

拝復　貴社ますますご清栄《せいえい》のこととお喜び申し上げます。

さて、9月5日付の貴信による人事照会の件につきましてご回答申し上げます。

高田勝夫氏は、大学卒業後の平成○年4月に弊社に入社いたしましたことは、❶貴社へ提出の履歴書にあるとおりでございます。

弊社在職中は営業部に所属していましたが、明朗闊達な人柄で、社内外での評判はよく、勤務状態は良好でした。一方で研究熱心な面もあり、商品企画に関して斬新なアイデアを発案することもしばしばでした。❷何度か社内コンクールで認められ、採用されています。本年7月をもって退職となりましたが、❸理由はお父君の病気によるUターンとうかがっております。

以上、取り急ぎご回答申し上げます。

敬具

❶履歴書にまちがいのないことを確認する。

❷具体的な功罪を述べる。

❸退職理由は正確に伝える。

ここに注意

・事実に基づき、書くことが肝心。よけいなことは必要ない。

商況についての回答

拝復　貴社いよいよご隆昌《りゅうしょう》の由《よし》お喜び申し上げます。

さて、本日拝受いたしましたお手紙で、当地における大型スーパーを新規に開店するご意向をお持ちとうかがいました。❶結論から申し上げれば、諸条件を考え合わせまして、かなり期待が持てるものと存じます。

当地は近年再開発が進み、年々高層マンションが新築され、世帯数の著しい増加がみられます。旧来のスーパーも数店ございますが、品目、数量その他需要に応じきれない状況で、たいへん不便を感じている家庭も多いと聞いております。飲食関係、子供向けの遊戯場など少しずつ進出の兆しがありますが、開発のスピードに追いついていけないのが実状です。

したがいまして、A貴社のご構想が実現されれば当地の環境も大きく変わりますし、また十分な成算の望めるものと思われます。

以上、❷簡単に私見を述べさせていただきました。

貴社のご発展を心よりお祈り申し上げます。　　敬具

❶まず客観条件に照らした結論から述べる。

❷相手の判断に委ねる態度を示す。

書き換え

A「当地への進出計画が具体化されれば」

ここに注意

・肯定的であれ否定的であれ、なるべく具体的事実を紹介して、相手の判断を待つように。

交渉する

価格値上げ／納入価格値下げ／納期延期／在庫返品／支払い条件変更／決済方法変更／支払い期日変更／資金融通など

ここがポイント

- ■交渉状ではあるが、ほぼ「お願い」のかたちで送付。
- ■あらかじめ妥協点を念頭におく冷静さも必要。
- ■資料や具体的な事実を用意して相手を説得。
- ■相談をもとめる丁重な姿勢が肝心。

価格値上げの交渉

❶値上げに至る背景について簡潔かつていねいに述べる。

❷値上げが自社にとっても不本意であることを言い添える。

書き換え

A「小社卸価格に関してご相談したい儀がございます」

ここに注意

・値上げは最終手段。価格据え置きのためのこれまでの努力を訴え、先方の理解をうながすように。

卸価格改定のお願い

拝啓　早春の候、貴店にはますますご発展のこととお喜び申し上げます。日頃は格別のお引き立てを賜り厚くお礼申し上げます。

さて、A本日は折り入ってお願いがあります。❶ご承知のとおり中東地域をはじめとする国際的な政情不安が長引く中、原油等の原材料費が高騰し、小社におきましても生産コストの年々の上昇に頭を痛めている状況でございます。経費の切り詰め、人員削減による社内合理化など、あらゆる手を尽くしてこれまで現状維持に努めてまいりましたが、いよいよ卸価格の値上げより手だてがないという結論に達しました。❷長年のお取引先の方々にご負担をおかけするのは本意ではありませんが、いたしかたございません。

つきましては、たいへん恐縮ですが、来る5月納入分より、同封別紙のとおり価格を変更させていただきたく、ご相談申し上げます。

なにぶんにも諸事情をおくみ取りいただき、ご理解ご協力賜りますよう、お願い申し上げます。

まずは略《りゃく》儀《ぎ》ながら、書中をもちましてご依頼申し上げます。

敬具

納入価格値下げの交渉

貴社卸価格値下げのお願い

拝啓　貴社ますますご隆昌《りゅうしょう》のこととお喜び申し上げます。日頃はひとかたならぬお力添えを賜り厚くお礼申し上げます。

さて、過日ご注文いたしました常夜灯○○の件ですが、お得意先で設置規模を拡大しました関係から、❶同機種をあらたに10台追加注文申し上げたいと存じます。

つきましては、ひとつご相談がございます。なにぶんにも❷先方に予算の厳しい規定があります関係上、まことに申し上げにくいことではございますが、なんとか❸貴社の卸価格を10%引でお願いできないものでしょうか。

はなはだ勝手を申しまして恐縮です。事情ご賢察《けんさつ》の上は、なにとぞご高配《こうはい》賜りますようお願い申し上げます。

敬具

❶追加注文という相手方のメリットを提示する。

❷値下げ依頼の理由、背景を明記。

❸値下げ幅を提示。複雑になる場合は別記する。

ここに注意

・今後の取引を含めた相手方のメリットを示して説得することが肝心。

納期延期の交渉

貴社注文品納期延期のお願い

拝啓　日頃は格別のお引き立て深く感謝申し上げます。

さて、去る9月3日付貴社注文書No.54にてご発注いただきました「エアプ○ンテルＦ」50台の件につきお願い申し上げます。

じつは、❶航空運輸上の事故で業者からの部品搬入が大幅に遅れ、現在小社工場は生産待機の状態になっております。再開に向けて必死に奔走中ですが、貴社とのお約束期日の9月20日に間に合わせるには、むずかしい状況になってまいりました。

つきましては、まことに勝手なお願いで心苦しく存じますが、納期を5日ほど延期させていただきたく、お願い申し上げます。

なお、すでに❷完成分の30台については期日どおりにお届けにあがる所存です。ご迷惑をおかけして申し訳ございません。諸事情おくみ取りくださり、ご了解賜りますればと、切にお願い申し上げます。

敬具

❶納期を延期せざるを得ない理由について述べる。具体的な経緯にふれること。

❷一部納入が間に合う場合はその旨を伝える。

ここに注意

・納期厳守が基本の取引。謝罪とともに全体を緊張感のある文面に。

納期繰上げの交渉

平成○年5月10日

株式会社ユウ○ン事務機工業
販売部　角田麻里様

株式会社松○エレクトニクス
営業部　湯川泰三

「ノートパソコン○○」納期繰上げのお願い

拝啓　貴社にはいよいよご発展の由《よし》お喜び申し上げます。平素は格別のお引き立てにあずかり、まことにありがとうございます。

さて、去る5月8日付にてご注文申し上げました「ノートパソコン○○」40台の件でご相談がございます。❶貴社からは6月5日にお届けいただくお約束でしたが、5日ほど早めて今月末日までにお願いしたいと考えます。

と申しますのは、❷当該製品の納入先でありますホテルクイック○ンの新規オープンの日が8日早まりまして、当日までに設置を完了するよう強く要請されている関係上、ご無理を承知で貴社にお願いする次第です。

なお、のちほど当社営業部の浅井がお願いかたがたおうかがいして、諸事打ち合わせさせていただきたいと存じます。急なことで、勝手を申して恐縮ですが、5月31日までにということで、納期が確定に至りましたら、A当社としてもできるかぎり敏速な手配の態勢を整えたいと存じます。なにとぞ事情をご高察《こうさつ》の上、お取りはからいのほどお願い申し上げます。

まずは取り急ぎ書中をもってご依頼申し上げます。　敬具

❶納期予定日を明記して、何日繰上げてほしいかを伝える。

❷納期繰上げの理由を端的に述べる。

書き換え

A「その旨先方に報告しなければなりません」

ここに注意

・1日も早い商品到着を願っていることを文面ににおわせるように。

損傷品値引きの交渉

損傷品値引きについてのご依頼

拝啓　貴社ますますご盛栄《せいえい》のこととお喜び申し上げます。日頃は格別のお引き立てにあずかり、深く感謝いたします。

さて、6月4日付にて注文いたしました「和装○具SS」全20ケース、本日6月12日たしかに受け取りました。ありがとうございました。

さっそく検品させていただきましたところ、❶金○草履5ケース分に、わずかながら破損が見つかりました。内かかとの部分に数ミリほどの切り込みが生じており、A気づきにくい箇所ではございますが、遺憾《いかん》ながら、このままでは正価の販売はできかねます。ご返品申し上げようとも考えましたが、せっかくのお品ですので、特別値下げ商品として扱わせていただくのはどうかということになりました。❷弊店としましては、通常の半値程度の売値を予定いたしております。

つきましては、金○草履5ケース分の仕入れ価格の値引きをご検討いただけませんでしょうか。なにぶんにもご高配《こうはい》のほどお願い申し上げます。

なお、損傷部分のご確認その他、詳細について打ち合わせが必要かと存じます。折り返しご一報くださいますよう、お待ち申し上げています。

まずは取り急ぎご依頼まで。　　　　　　　　　　敬具

❶破損商品の品目・数量を述べ、破損状況をわかりやすく説明する。

❷自社の販売価格の目安を述べる。

書き換え

A「使用に支障をきたす箇所ではありませんが」

ここに注意

・抗議ではなく交渉。非難めいた表現はなるべく避けるように。

在庫返品の交渉

「パ○チレーザーG9」在庫分返品の依頼の件

拝啓　初秋の候、貴社ますますご隆盛《りゅうせい》のこととお喜び申し上げます。平素は格別なお引き立てを賜りまして、まことにありがとうございます。

さて、本日は貴社製品「パ○チレーザーG9」の件でご相談いたしたく、お手紙さし上げました。ご承知のとおり、昨年12月より弊店にて取り扱わせていただいておりますが、このところ❶新機能を付加した他社の類似製品に押されぎみで、この3か月の間、売上げがストップいたしておる状況でございます。弊店としましても、特別セールを組むなど、顧客へのPRに努めていますが、なかなか思うようにいかず、A今後の販促のための良案が見つかりません。

つきましては、たいへん申しにくいことで恐縮ですが、❷委託期間の12か月を短縮していただいて本年9月末日までとし、当日在庫分をご返却いたしたく存じます。ご検討のほどお願いいたします。

弊店の地理的条件、顧客層等を考え合わせますと、当方でいたずらに手をこまねいて在庫を抱えておりますよりもはるかに良いかと存じます。なにぶんにも諸事情ご賢察《けんさつ》の上、ご返事くださいますようお願い申し上げます。

敬具

❶当該製品の売上げ状況などを伝える。

❷在庫返品の依頼をする。いつまで販売するかを明記。

書き換え

A「ご期待に添えず、歯がゆく存じております」

ここに注意

・一方的な調子にならないよう、相談というかたちで切り出す。

支払い条件変更の交渉

支払条件変更のお願い

拝啓　陽春の候、貴社ますますご隆昌《りゅうしょう》のこととお喜び申し上げます。日頃は格別のご芳情を賜り厚くお礼申し上げます。

さて、このたびは❶貴社への買掛け代金のお支払いにつきましてお知らせがございます。Aすでに弊社営業部よりお伝え申し上げてあったことと存じますが、来る9月1日より、お支払い日を締切日の翌々月15日に変更させていただきたく存じます。なお、他の支払い条件につきましては❷別紙記載にありますように従来通りとさせていただきます。

なにぶんにも当社の事情によるやむをえぬ仕儀《しぎ》で、まことに恐縮でございますが、事情ご高察《こうさつ》の上、ご了承賜りますようお願い申し上げます。　敬具

記

1. 同封書類　1通

❶交渉状ではあるが、すでに口頭で伝えてあるケースでは「お知らせ」という言葉を使っても差しさわりはない。

❷変更が1項目に限られていても、別記ないし別紙で支払い条件すべてについて明記すべきである。

書き換え

A「最前ご懇談の折りお話申し上げたとは」

ここに注意

・要点を押さえて、全体に簡素な文面になるように。

決済方法変更の交渉

決済方法変更のお願い

拝啓　向暑の候、貴社ますますご発展の趣《おもむき》、大慶《たいけい》に存じます。平素の変わらぬお引き立て深く感謝申し上げます。

さっそくですが、貴社への決済方法につきましてお願いがございます。下記の通り、❶本年8月より従来の全額現金振込に替えまして、当月ご請求額の2分の1を約束手形とさせていただきたく存じます。よろしくお願い申し上げます。

面倒な申し出で恐縮ですが、❷諸般の経済事情等をかんがみ立案させていただきました。なにとぞご承諾賜りますようお願い申し上げます。　敬具

記

1. 新規決済方法
現金振込と約束手形（サイト60日）
各2分の1にてお支払い

以上

❶決済方法の変更内容を明記する。

❷変更理由を簡潔に述べる。

ここに注意

・決済方法が複雑化したり、従来より後退する場合、丁重なおうかがいが必要。

支払い期日変更の交渉

❶支払い期日変更の理由と変更内容を述べる。

❷その月のみということを確認の意味で明記する。

！ここに注意

・相手方に了解済みのケースもあるが、一時的であれ支払い条件の変更になる。丁重さが大切。

支払い期日変更について

拝啓　早春の候、貴社にはますますご隆盛《りゅうせい》のこととお喜び申し上げます。日頃はひとかたならぬお力添えを賜り、深く感謝いたします。

さて、今月末の貴社へのお支払いにつき、お願いかたがたお伝え申し上げます。例年のことでございますが、❶来る3月31日は小社決算日にあたる関係で、今月末支払いを4月3日に変更させていただきたく存じます。❷今月に限りということで、来月からのお支払いには支障ございません。いつもながら身勝手なお願いで恐縮至極ですが、なにとぞご承諾のほど心からお願い申し上げます。

まずは、支払日変更のお願いまで。

敬具

支払い延期の交渉

❶支払いできる期日を明記し、遅延を申し出る。

❷延期の理由を具体的に述べる。

書き換え

A「すでにお聞き及びかとも存じますが」

！ここに注意

・日頃の信用度が大事であるが、まずは事実関係をきちんと述べ、相手の理解を得るように。

支払い延期のお願い

拝啓　貴社ますますご隆昌《りゅうしょう》の由《よし》、お喜び申し上げます。平素は格別のご芳情《ほうじょう》にあずかり厚くお礼申し上げます。

さて、本日拝受しました請求書分につき、たいへん申し上げにくいお願いがございます。本来でしたら❶9月末日支払いのところなんとか10月20日まで延期させていただくわけにはまいりませんでしょうか。

A実を申しますと、❷この8月に小社取引先が倒産し、ために相当額の貸倒れが生じました。急なことで対応が間に合わず、厚かましくは存じますが、貴社のご海容《かいよう》におたよりする次第です。

ご迷惑おかけして申し訳ございません。なにとぞ事情ご賢察《けんさつ》の上、しばらくのご猶予《ゆうよ》を賜りますよう、心よりお願い申し上げます。

敬具

資金融通の交渉

資金融通のご依頼

拝啓　向暑の候、貴社にはますますご隆昌の趣《おもむき》、お喜び申し上げます。平素は格別のご芳情を賜り、厚くお礼申し上げます。

さて、この2月に貴社よりご発注をいただきました「スターブ○イアF7」、弊社社員一同張り切って製作に取り組んでおり、現在基礎工程まで順調に進んでいます。

ただ仕上げ工程に移るにあたりまして、製品の均質性を保つ上できわめて精妙な技術を要しますところから、❶本製品量産のため、あらたにコンピュータ機器の導入が不可欠な状況です。とは申せ、資金繰りがままならず困惑いたしております。

つきましては、折り入ってご相談がございます。はなはだ厚かましく身勝手なお願いで恐縮ですが、❷製品代金のうち4分の1の600万円を前渡金としてご融通いただけないものでしょうか。

のちほど営業部の桜井がご説明かたがたおうかがいいたすつもりでおりますので、よろしくお願いいたします。

ご厄介をおかけして申し訳ございません。なにとぞ事情をおくみ取りの上、ご高配《こうはい》賜りますようお願い申し上げます。

まずは書中をもってご依頼申し上げます。　敬具

❶資金を必要とする理由を明記する。

❷融通してほしい金額を明記する。

ここに注意

・この事例では、相手先の仕事のために資金が必要な場合である。どんなケースでも、丁重さ説得力に加え信用度が肝心。

確認する

電話発注／品切れ・増産／
支払い条件／納期など

ここがポイント

■取引を確実にするためのものということを念頭に。
■抗議と誤解されるような表現にならないよう注意を。
■確認事項は正確に記述。ときには箇条書きで。
■相手側が調査しやすいように、わかりやすい文面に。

電話発注の確認

❶注文内容は別記として箇条書きする。

❷注文内容が相違している場合についてひと言ふれる。

書き換え

A「電話発注」

A注文内容のご確認について

拝啓　寒冷《かんれい》の候、貴社ますますご発展のこととお喜び申し上げます。

さっそくですが、本日お電話でお願いいたしました小社注文の件、あらためて書面にてご確認いただきたくご送付申し上げます。❶品目・数量等は下記のとおりでございます。ご繁忙中とは存じますが、なにとぞお手配のほどお願い申し上げます。

なお、❷ご不審な点などございましたら、折り返しご一報いただければ幸いです。

まずは、取り急ぎ注文のご確認まで。

敬具

記

1. 品名・数量
　○型マッサージ器C7　　3台
　○製補聴器M3　　2ダース
　H型血圧計　　2ダース
2. 納品期日　　12月18日
3. 納品場所　　小社桐生営業所

以上

ここに注意

・通常の注文書と同じつもりで誤記のないように作成を。

電話受注の確認

注文内容のご確認の件

拝啓　貴社ますますご隆盛《りゅうせい》の趣《おもむき》、お喜び申し上げます。日頃はひとかたならぬご愛顧を賜り厚くお礼申し上げます。

さて、❶4月20日午前のお電話で、貴社仕入課渡辺昭夫様より注文お申し付けいただきました。まことにありがとうございます。

Aつきましては、念のため、商品名、納期を下記のとおり確認をさせていただきたく存じます。

なお、❷当営業所に在庫不足分が一部ございまして、現在手配にまわっております。万が一相違がございましたら、至急ご連絡いただければ幸甚《こうじん》に存じます。

敬具

記

1. 品名・数量	ガラステーブルKL	5個
	カジュアルソファCV	5個
	ペダントランプF2	10個
2. 納品期日	4月27日	

以上

❶注文を受けた日付、発注者名など正確に伝える。

❷すでに手配中であることを述べておく。

書き換え

A「念のためではございますが、お手数ながら注文内容の」

ここに注意

・電話を受けてからすぐに手配に動いているという印象が肝心。

品切れ・増産の確認

CD「〇〇サウンドシリーズ」
増産期日のご確認の件

拝啓　貴社ますますご盛栄《せいえい》のこととお喜び申し上げます。

さて、先般ご注文申し上げたCD「〇〇サウンドシリーズ」の件でおうかがい申し上げます。❶目下品切れ、増産中とお聞きしておりますが、出来上がり予定日は3月20日に間違いございませんでしょうか。今一度確認させていただきたく存じます。

❷その後、二度ほどお得意様から催促があり、また別にお問い合わせの電話も数件いただいています。その都度事情をお伝えしてございますが、ご好評商品として一日も早い出来上がりが待たれるところです。

つきましては、お手数をおかけして恐縮ですが、前記の増産期日につき折り返しご回答くださいますようお願い申し上げます。

敬具

❶注文の際に先方から受けた回答を明記する。

❷確認の文書を送るに至った背景を述べる。

ここに注意

・相手が調査しやすいように商品名は正確に伝えるように。

支払い条件の確認

20XX年3月10日

株式会社ツツミ〇コー
販売部長　最上智之様

鈴〇商店株式会社
経理部　角田　保

支払い条件のご確認について

拝啓　早春の候、貴社にはますますご隆昌《りゅうしょう》のこととお喜び申し上げます。

さて、このほどは新たに弊社とのお取引をお許しくださり、まことにありがとうございました。貴社製品の販促の一翼を担えることは弊社にとって光栄と存じます。

つきましては、❶去る3月6日のご懇談の折りにお約束がありました支払い条件について一部確認させていただきたくご連絡申し上げます。❷支払い金額の件ですが、全額現金支払いの場合は通常卸価格の5%割引と承りました。それに相違ございませんでしょうか。また、それ以外は下記の通りと確認しております。ご面倒で恐縮に存じますが、Aなにぶんにもご教示のほどよろしくお願い申し上げます。

まずは、お礼かたがたご連絡申し上げます。

敬具

記

1. お支払い　　毎月15日締め、翌月末日支払い
2. 振込先　　〇山信用金庫葛西支店　当座12345

以上

❶支払い条件について約束した日付、状況などを明記する。

❷特段の確認事項は、本文の中で正確に述べる。

書き換え

A「改めましてご返事のほどお待ち申し上げております」

ここに注意

・支払い契約を取り交わす以前であるケースも考えられる。いずれにせよ、丁重でわかりやすい文面を。

納期の確認

平成○年4月6日

株式会社北○スポーツ
営業部　細野治男様

有限会社ユリ○カ
西田稔

納期のご確認について

拝啓　春暖の候、貴社にはいよいよご隆昌のこととお喜び申し上げます。日頃は格別のお引き立てにあずかり、深謝《しんしゃ》いたします。

さて、去る3月28日付にて発注いたしました「○○スポーツウェア」50着の件につきましておうかがい申し上げます。

❶通常ですと納期まで2週間というお約束をいただいておりますが、4月11日には間に合いますでしょうか。すでにご手配中のことと存じますが、ご面倒ながらあらためてご確認いただきたくお願い申し上げる次第です。

実は、❷納入先の中学校の大会日取りが1週間繰り上がった関係で、先方への納品日まであまり間がございません。できますれば、❸4月11日を待たずお届けいただければ幸甚《こうじん》に存じます。

お忙しいところ申し訳ございませんが、なにとぞ事情をご高察《こうさつ》くださり、至急ご回答賜りますようお願い申し上げます。

まずは、取り急ぎ納期のご確認まで。　　　　　　敬具

❶約束の期日について明記する。日常取引で正確な納期の指定がなかった場合、あらためて指定する。

❷納期厳守の理由を説明する。

❸場合によっては納期を早めるなどの要望を添える。

ここに注意

・あくまで丁重に、あえて納期確認に至った事情をわからせることが肝心。

承諾する

新規取引／注文／見計らい注文／納期延期／価格値上げ／決済方法変更／支払い延期／資金融通／新規取引先の紹介など

ここがポイント

- ■承諾することで責任が生じるので、あくまで慎重に。
- ■承諾に至った経緯の記述は必要最低限に。
- ■できることとできないこととの是非を明確に。
- ■相手への信頼感と寛大さがあらわれる文面に。

新規取引の承諾①

❶取引契約について面談希望があれば明記する。

❷今後の関係についてひと言ふれる。

書き換え

A「社内関係部署と慎重に検討しました結果、新規のお取引をお願いすることに決定いたしました」

新規お取引承諾の件

拝復　秋冷の候、貴社にはいよいよご隆昌《りゅうしょう》のこととお喜び申し上げます。

さて、このたびは貴社営発第87号にて新規取引のお申し入れを賜り、厚くお礼申し上げます。Aさっそく弊社内で協議を重ねました結果、お受けさせていただくことになりました。謹んでご通知申し上げます。

つきましては、❶一度お目にかかって取引条件等の委細をお打ち合わせたく存じますが、概要は同封別紙に示してございます。なにとぞご高覧《こうらん》のほどお願い申し上げます。

なお、貴社に特段のご要望があれば、種々ご相談に応じさせていただく所存ですので、ご遠慮なく弊社営業担当までお申し付けください。

❷今後は末永く良好なおつきあいを育ててまいりたいと存じておりますので、なにぶんにもよろしくお願い申し上げます。

まずは、お申し越しの件につきまして承諾の旨ご報告申し上げます。

敬具

記

1. 同封書類　弊社取引概要

以上

ここに注意

・取引条件を一方的に提示するのは、対等な取引関係を損ねる印象があるので注意。

新規取引の承諾②

新規お取引について

拝復　貴社ますますご隆盛《りゅうせい》のこととお喜び申し上げます。

さて、7月8日付のご書状で❶新規取引のお申し込みいただきまして、まことにありがとうございました。小社としては喜んでお受けいたしたく存じ、ここにご報告申し上げます。

かねてより貴社のご高名は承っており、このたびのことは願ってもない幸運と存じ上げる次第です。❷今後の末永いお取引のため、弊社も最善を尽くす所存でおりますので、なにとぞよろしくお願い申し上げます。

なお、支払い条件等につきましては、関係書類を同封してございます。十分に内容をご検討の上、貴社よりご要望がございますれば、あらためてご面談の折にお聞かせくださいますようお願い申し上げます。

まずは書中をもってお取引承諾のご通知まで。

敬具

❶取引申し込みに対して礼を述べるのが好印象を与える。

❷今後の取引に対する自社の姿勢を示す。

ここに注意

・事務的な報告でなく、友好関係をつくっていく姿勢を示すように。

注文に対する承諾

電子時計ご注文お引き受けの件

拝復　平素は格別のお引き立てにあずかり、厚くお礼申し上げます。

さて、5月15日のお電話でご注文承りました標記商品の件でご連絡申し上げます。

❶在庫確認等、さっそく手配させていただきました。❷納期をお急ぎとのこと、3日後の5月19日夕刻までにはお届けにあがれるかと存じます。

なお、商品名・数量等は同封別紙のとおりで相違ないと存じますが、念のため、ご確認いただければ幸いです。

今後とも多少にかかわらず、ご用命のほどお願い申し上げます。

取り急ぎご注文お引き受けのご通知とお礼まで。

敬具

なお、同封書類　　1通

以上

❶敏速な手配の状況を伝える。

❷受注の際に未決定事項があれば、それについて明記する。

ここに注意

・注文引き受けの回答は迅速を要する。前文は短めに、要点をつかんで。

見計らい注文に対する承諾

平成○年3月7日

株式会社靴の○都
販売部　神田義昭様

株式会社スプ○ングシューズ
営業部　栗原泰三

「ビジネスシューズ」見計らい注文お引き受けの件

拝復　貴社ますますご隆昌《りゅうしょう》のこととお喜び申し上げます。平素は格別のご愛顧にあずかり、深く感謝いたします。

さて、❶3月5日付貴信にてご注文のビジネスシューズの件、確かにお引き受けいたしました。まことにありがとうございます。

デザインにつきましては小社見計らい一任とのことでございますので、できるだけ新感覚で履き心地の軽快なお品を取りそろえて、A貴社のご信頼にお応えできますよう最大限努力いたしたいと存じております。現在、小社在庫状況を調べていますが、❷ご指定サイズでブラウンのものは数量に限りがございます。黒で補い、ご希望の50足をそろえさせていただきたく存じます。

なにぶんにも事情ご賢察《けんさつ》の上、ご了承のほどお願い申し上げます。

なお、納期のご指定が3月13日ということで、当日東○運輸便にてご配送させていただく予定でございます。

まずは、取り急ぎご お礼かたがたご通知まで。　　　　敬具

❶注文の承諾とお礼を述べる。

❷商品選択に関しての事情があれば明記する。

書き換え

A「貴社にご満足いただけるよう最善を尽くす所存です」

ここに注意

・商品名、数量、納期など必要事項は必ず確認するように。

注文に対する条件付き承諾

20XX年3月7日

株式会社KK○Y
販売部　杉下陽子様

株式会社トップ○リンーズ
営業部　佐々木昭三

「スプリングジャケットV」注文お引き受けについて

拝復　貴社ますますご発展のこととお喜び申し上げます。毎々格別のお引き立てにあずかり、厚くお礼申し上げます。

さて、貴社2月9日付の書状にてスプリングジャケットVのご注文を賜り、まことにありがとうございました。

さっそくご手配させていただいておりますが、少々困った事情があり、ご相談申し上げます。

❶じつは今回ご注文の商品はただいま品切れ・増産中でございましたが、製造工場にトラブルが生じ増産完了予定が大幅に遅れております。とりあえず小社在庫を総ざらいいたしましても、ご指定の数量が確保できない状況でございます。まことに恐れながら、❷ひとまずはご希望の50着のうち小社在庫分の30着をお送り申し上げ、残りの20着については出来次第とさせていただければと存じますが、いかがでしょうか。

ご迷惑をおかけして大変申し訳ございません。増産期日についてはあらためて確認の上、ご連絡さし上げる所存です。なにとぞ事情をご高察《こうさつ》の上、ご承諾のほどお願い申し上げます。

まずは、ご注文のお礼かたがたお詫びまで。　敬具

❶注文通りにいかない事情を具体的に説明する。

❷現状での最善策を提示して、理解を求める。

ここに注意

・丁重にわかりやすく条件を提示すること。誤解が生じないように箇条書きするのもよい。

納期延期の申し入れへの承諾

❶確認の意味で、相手側の示した遅延納期を明記する。

❷納期の遅れで自社得意先との関係に影響がある事実をありのまま伝える。

ここに注意

・抗議文ではないので、一定の遺憾の意を述べたあとは、ある程度寛大さを示すのも必要。

納期遅延依頼について

拝復　貴社ますますご盛業《せいぎょう》のこととお喜び申し上げます。

4月7日付の貴信、本日拝受《はいじゅ》いたしました。

ご注文申し上げた「オープンレ○ジMG」の納入につき、不良品発生トラブルで❶4月22日の予定が25日に延びるとのこと、いささか困惑しておりますが、やむをえません。ひとまず了解いたしましたので、ご返事申し上げます。

❷すでに予約をいただいているお得意先には、至急その旨ご連絡し承諾を得たいと存じます。ただ、万一25日より遅れることがありますと、弊社としても信用問題にかかわる事情がございます。くれぐれも変更納品期日の厳守をお願いいたします。

まずは、取り急ぎご返事まで。　　　　敬具

価格値上げの申し入れへの承諾

❶少し含みを入れて承諾を伝える。

❷価格改定に際し、こちらに要望があることを示唆する。

書き換え

Ａ「弊店にとりまして、はなはだ厳しい内容」

ここに注意

・後々のトラブルを防ぐために、回答は慎重に、面談での確定に含みを残すようにする。

お取引価格変更の件

拝復　平素は格別のお引き立てにあずかり、深謝《しんしゃ》申し上げます。

さて、去る10月6日付の貴社ご書状にてお申し越しのありました洋菓子卸価格の改定の件につきましてご返事申し上げます。

さっそく幹部会議を開き、貴社のご提示資料等をまじえ慎重に協議いたしました結果、❶現状ではやむなしとの結論で、基本的にお受け入れすることに決めました。

昨今のデフレ、買い控えという商況もありまして、Ａ弊店としても芳しからぬ台所事情でございますが、❷従来のお取引条件の一部見直しなども含めまして最善の方法を思案いたしておるところです。

つきましては、近日中に仕入担当の藤井がおうかがいして、委細お打ち合わせいたしたく存じます。なにとぞよろしくお取りはからいのほどお願い申し上げます。

敬具

決済方法変更への承諾

20XX年9月20日

株式会社サンキ○商
経理部　山下明子部長

株式会社すみだ○商事
経理部　佐々木昭三

決済方法変更についてのご回答

拝復　貴社ますますご盛栄《せいえい》のこととお喜び申し上げます。日頃はひとかたならぬご愛顧を賜り、厚くお礼申し上げます。

さて、9月12日付貴信拝読《きしんはいどく》いたしました。お申し越しの決済方法変更の件ですが、関係部署といろいろ協議しました結果、❶ご承諾申し上げることに決定いたしました。

通常の当社取引規定ですと、❷このたびの決済方法のご変更で卸価格の割引を見直させていただくところですが、貴社の長年のご芳情に報いるために、当面これまで通りといたしますことを合わせてご報告申し上げます。

なお、❸新規の決済方法は下記のとおりと承っておりますが、ご確認のほどお願い申し上げます。

まずは、ご返事まで。　　敬具

記

1. 新規決済方法
当月支払金額の各2分の1について
現金及び約束手形（サイト90日）

以上

❶決済方法変更を承諾すること明記する。

❷変更によって他の取引条件が変わるケースもある。必要とあればふれる。

❸新規決済方法を念のため別記する。

ここに注意

・決済方法変更によって生じる事態をよく考慮してから作成するように。

支払い期日変更への承諾

❶要請された変更内容を確認する。

❷自社の事情を述べ、承諾についての条件、要望を伝える。

ここに注意

・「すっきり承諾、きちんと要望」で読みやすい文面に。

支払い期日変更についてのご返事

拝復　毎々《まいまい》格別のお引き立て、まことにありがとうございます。

さて、5月10日付の貴信《きしん》にてお申し越しの標記の件についてご返事申し上げます。

お支払い期日につきまして、❶現今の締切翌月20日現金払いから締切翌々月の5日現金払いに変更したいとのご要請とお受けしました。さっそく、弊社経理担当と種々検討しました結果、長年にわたる貴社との浅からぬおつきあいに配慮し、ご変更受諾を決定いたしました。

なお、❷弊社といたしましても資金繰りの関係上、変更実施までいささかご猶予《ゆうよ》を頂戴《ちょうだい》したく存じます。ひとまず7月分以降とさせていただき、のちほどご面談の折りに確定するということでご了承願いますれば幸いです。

末筆ながら、倍旧《ばいきゅう》のご厚誼《ぎ》のほど、あらためてお願い申し上げます。　敬具

支払い延期への承諾

❶こちらの困惑を正直にさりげなく伝えるのもよい。

❷いつまで支払い延期を認めるかを明記する。こちらに要望があれば提示する。

書き換え

A「来月分以降については従来通りの期日で」

ここに注意

・相手への信用度にもよるが、今月だけの延期であることをきちんと確認すること。

お支払い延期の件

拝復　日頃は格別のお引き立てを賜り、厚く感謝申し上げます。

さて、9月7日付の貴信拝読《はいどく》いたしました。❶急なお申し出で、正直困惑いたしておりますが、ご事情のほど察するに、やむを得ざる事態と存じました。長年にわたるおつきあいもございますことから、ひとまず❷今月10日のお支払い分につき20日までお待ちする旨、承知いたしましたので、ご返事申し上げます。

とは申しましても、弊社も毎々資金繰りには頭を痛めている状況です。なにぶんにもA来月分からは約定《やくじょう》どおりということで、よろしくお願いいたします。

まずは、取り急ぎご返事まで。

敬具

資金融通への承諾

20XX年○月20日

黒崎○運輸株式会社
黒崎喜一社長

株式会社ツツイ○鋼
経理部長　友田雅夫

資金のご融通の件

拝復　4月12日付の貴信、拝読いたしました。お申し入れのありました資金の融通につき、ご返事申し上げます。

さっそく社内で検討に入り、多少逡巡《しゅんじゅん》もございましたが、**A**ほかならぬ貴社のご懇請とあれば万難を排してもご支援申し上げるべきとの結論に至りました。

つきましては、金額等貴信のご提示に添い、ひとまず❶下記のとおりご融通申し上げます。❷ただし、返済期間などの委細条件に関しましては、当方の資金繰りの都合もございます。直接お会いした上で確定したく存じますので、しばらくご留保いただきますようお願い申し上げます。

では、近日中のご会見を期しまして、まずは取り急ぎご回答申し上げます。

敬具

記

1. ご融通金額　　金600万円
2. 担保　　手形800万円分
3. 期間・利子　　ご面談にて確定

以上

❶融通条件を別記箇条書きにする。

❷こちらからの要望があれば、もれなく伝える。

書き換え

A「日頃ご懇情《こんじょう》を賜っている貴社よりのご要請ですから」
※懇請《こんせい》：ていねいに頼むこと。

ここに注意

・のちのち禍根を残さぬために、相手の返済能力をよく見計らった上での承諾を。

工場見学の申し込みへの承諾

工場見学ご希望の件

拝復　貴社いよいよご隆昌《りゅうしょう》の由《よし》、お喜び申し上げます。日頃は格別のご高配にあずかり厚くお礼申し上げます。

さて、3月10日付の貴社よりのご書状、拝見いたしました。❶お申し越しの小社葛西工場見学の件、喜んでお引き受けさせていただきます。

新人研修のためのご企画とのこと、長年親身におつきあいいただいている貴社のお役に立てるとあれば光栄に存じますし、また早々に小社製品になじんでいただくには願ってもない機会とも考えております。

つきましては、❷下記のとおりの日取り・時間帯にてお受けしたいと存じますが、いかがでしょうか。

当日は材料の配分や機械操作など製造工程の全体的な流れをご覧いただくことになると思いますが、なにぶんにも❸小社従業員が作業中のことですので行き届かない面も生じると存じます。その旨あらかじめご了承のほどお願いいたします。

なお、ご見学の人数など詳細お決まり次第、小社広報課の坂井正までご連絡いただければ幸いです。

敬具

記

1. 日時　　　4月12日（金）　午前10時～11時30分
2. 同封書類　　1通

以上

❶まず承諾することを告げる。

❷はっきりした日程を提示する。

❸工場見学の状況にひと言ふれる。

ここに注意

・案内役を立てての見学になるはず。生産工程などの資料を同封しておくと親切。

新規取引先の紹介の承諾

新規取引先ご紹介の件

拝復　貴社ますますご発展の趣《おもむき》、お喜び申し上げます。

さて、6月8日付の貴信《きしん》にございました桜○総業株式会社のご紹介の件ですが、確かに承りました。

同社とは弊社先代より30年来の取引があり、縁浅からぬ関係と申してよろしいかと存じます。❶来る6月12日には、業界の会合で同席いたす予定ですので、貴社のご要請を口頭にてお伝えするつもりでございます。なにぶんにも明言は避けさせていただきますが、❷社長は気さくなお人柄で、多角ビジネスに意欲を持っておられる方ですから、芳しい反応を期待しているところです。

なお、当日の結果につきましては当方より早々にご報告申し上げる所存ですので、しばらくのご猶予《ゆうよ》のほどお願い申し上げます。

まずは、取り急ぎご返事まで。　　敬具

❶いつ紹介の労をとるのかを伝える。

❷紹介する相手ついての情報を差し支えない程度に述べる。

ここに注意

・引き合わせすることには、双方への責任を背負う面があるので、慎重に。

取引先への紹介例

拝啓　陽春の候、貴社にはますますご盛栄《せいえい》のこととお喜び申し上げます。日頃は格別のお引き立てを賜り深謝《しんしゃ》申し上げます。

さて、お名前はご承知かと存じますが、小社と取引のあります浅井フロ○ト株式会社の件で本日は筆をとりました。

❶同社は現在営業エリアの拡大を計画中で、貴社との新規お取引の意向を強くお持ちとのこと、弊社が仲立ち役となるよう要請がございました。

つきましては、浅井フロ○ト株式会社の社長浅井真一氏を貴社にご紹介申し上げます。

浅井氏は篤実で志の高い方であり、❷弊社との取引関係は20年になりますが、常に高品質の製品を提供、弊社としてはたいへん信頼しております。詳しくは同社会社概要を同封しましたのでご高覧《こうらん》のほどお願い申し上げます。

お忙しい中まことに恐縮ですが、一度ご引見《いんけん》いただけますれば幸甚《こうじん》に存じます。　　敬具

❶紹介理由について簡潔に述べる。

❷自社とのこれまでの取引関係にふれ、信頼感をアピール。

ここに注意

・慎重に検討した上で、自信を持って紹介するように。

断る

新規取引／信用状況照会／見積り依頼／
値引き／支払い延期／在庫返品／注文／
取引条件変更／資金融通／テナント申し込みなど

ここがポイント

■依頼や申し込みに対する回答なので、「拝復」で始める。
■意思表示ははっきりと。あいまいな表現や内容は避ける。
■相手が納得するだけの理由を、具体的に書く。
■相手の感情を害さないように、ていねいで説得力ある文章で。

新規取引への断り

❶取引の申し出に対するお礼を、きちんと述べる。

❷断りの理由をはっきり述べる。

書き換え

A「現在のところ新しい製品を扱う予定はなく」

20XX年3月25日

株式会社東〇工業
代表取締役　新藤正彦様

株式会社〇島電気工業
営業部長　竹田勝俊

新規取引お申し込みの件

拝復　春色のなごやかな季節、貴社ますますご清祥《せいしょう》のこととお慶び申し上げます。毎々《まいまい》格別のご愛顧を賜り、厚くお礼申し上げます。

❶さて、このたびの当社との新規取引のお申し込みの件、ひとかたならぬご懇情《こんじょう》と厚くお礼申し上げます。

せっかくのお申し出に対してまことに申し訳ないこととは存じますが、❷A貴社お申し出の製品につきましてはすでに〇〇製作所との取引があり、今回は残念ながらお応えしかねる状況でございます。

貴社のご期待に添えず、たいへん心苦しくは存じますが、このたびはご容赦《ようしゃ》賜りたく、書中をもってお願い申し上げる次第でございます。

まずは、お詫びかたがたご返事申し上げます。

敬具

！ここに注意

・相手はこれまでつきあいがあったわけではないので、特にていねいな表現をすること。

信用状況照会への断り

20XX年10月15日

株式会社三○不動産
代表取締役　三上利之様

○○銀行総務部長　吉田光男

信用状況照会の件（回答）

拝復　貴社ますますご清祥のこととお慶び申し上げます。平素は格別のご高配《こうはい》を賜り、厚くお礼申し上げます。

さて、先日貴社よりご照会のありました○谷商事株式会社の信用調査の件でございますが、❶A同社とは確かに以前、数年の取引がございましたが、この3年ほどはまったく交流がなく、したがいまして弊行といたしましては、同社の情報をご提供する立場にはないと存じます。

つきましてはまことに申し訳ございませんが、このたびのご照会の件に関しましては、回答申し上げることはご遠慮させていただきたいと存じます。

貴意に添えず、まことに心苦しくはありますが、どうかご了承いただきますよう、お願い申し上げます。

なお、❷貴社におかれましては、今後ともご愛顧のほど、よろしくお願いいたします。

まずは、お詫びかたがたご返事申し上げます。　　敬具

❶断りの理由は、なるべく具体的に書く。

❷断っているので、今後の愛顧を願う言葉を最後に。

書き換え

A「当行は、他社についての情報提供は行わない方針をとっており」

ここに注意

・断りの理由を述べるときには、あまりくどくど説明すると言い訳がましい印象を与えてしまうので注意する。

見積り依頼の断り

❶断る理由が、あくまでこちら側の事情であることを強調する。

※貴信《きしん》：相手の文書の敬称。

ここに注意

・ビジネスにおいて見積りや受注を辞退するのはよほどのことなので、気を悪くしないよう、ていねいに説明することが大切。

見積り書送付のご依頼について

拝復　時下ますますご清祥《せいしょう》の段、お喜び申し上げます。

このたびは、当社製品○○について9月5日付貴信にて見積りのご依頼をいただき、誠にありがとうございました。

せっかくのご依頼ではございますが、❶当製品はおかげさまで4月の発売以来たいへん好評をいただいており、現在の注文でも生産が追いつかない状況でございます。したがいまして、ご依頼にありました納期には到底間に合わないと判断いたしまして、このたびの見積りはご辞退させていただくことになりました。

せっかくのお引き合いに対してまことに心苦しい限りではございますが、事情をご賢察《けんさつ》のうえなにとぞご了承いただきますようお願い申し上げます。

まずはお詫びかたがた、ご連絡申し上げます。

敬具

値引き申し入れの断り

❶先方の要望に前向きに取り組み、きちんと検討したことを伝える。

❷先方が要請してきた背景は、十分に理解していることを伝えるとよい。

書き換え

A「これ以上の値下げは採算割れになる」

お取引価格変更のご依頼について

拝復　貴社いよいよご隆盛《りゅうせい》のこととお喜び申し上げます。平素は格別のお引き立てを賜り、ありがたく厚くお礼申し上げます。

さっそくですが、このたびの当社製品○○の納入価格値下げご要請の件につきまして、❶ご要望にお応えすべく検討を重ねてまいりました。しかしながら、Aこれ以上の値引きはどうしてもお受けできないとの結論に達しました。

❷販売店様のご事情は十分承知しておりますが、現行の価格は、取引開始の際ぎりぎりまで譲歩して設定したものであり、当社といたしましても最大限努力したものであります。

なにとぞ事情をご賢察の上、あしからずご了承くださいますようお願い申し上げます。

まずは取り急ぎ、ご返事申し上げます。　　敬具

支払い延期申し入れへの断り

20XX年6月15日

川○工務店
経理部長　町田健史様

○山設備工業株式会社
経理部長　神田純一郎

お支払い期日延期の件について（回答）

拝啓　平素は格別のお引き立てをいただき、厚くお礼申し上げます。また、先日はわざわざ当社にまで足をお運びいただき、恐縮に存じます。

さて、❶先日ご相談のありました、4・5月納入分のお支払い期日延期につきまして、社内で急ぎ検討いたしました。

その結果、貴店のご事情を拝察《はいさつ》いたしましても、❷昨今の厳しい経済情勢は当社にとっても同様で、当面の資金繰りにおいても余裕がなく、まことに残念ながら貴意に添いかねるという結論にいたりました。つきましては、貴店のご苦衷《くちゅう》は十分にお察しいたしますが、支払い期日の延期に関しましては何とぞご容赦《ようしゃ》賜りたく存じます。

当社の立場もご賢察いただき、❸ご契約どおりのお支払いのほどよろしくお願いいたします。

まずは、お願いかたがたご返事申し上げます。　　　　敬具

❶先方の申し入れを確認し、それについて検討した旨を伝える。

❷こちらの事情を率直に述べる。

❸契約どおりの支払いを明確に求める。

ここに注意

・支払い猶予《ゆうよ》の申し入れの断り方はむずかしい。十分に検討したことや、こちらの事情を率直にていねいな言葉で伝えること。

在庫返品依頼の断り

❶返品には応じられない旨をはっきりと述べる。

書き換え

A「お取引先一律にお断りしている以上、貴店のみというわけにはまいらず」

※貴簡《きかん》：相手の文書の敬称。

ここに注意

・返品には応じられないが、そのほかの協力は惜しまない、という姿勢を見せる。

返品ご依頼の件

拝復　平素は格別のお引き立てをいただき、厚くお礼申し上げます。

さて、11月20日付貴簡の当社製品○○の返品の件でございますが、❶結論から申し上げますと、残念ながら返品をお引き受けするわけにはまいりません。

貴店のご要望に添うべく種々検討いたしましたが、A定番の商品であればともかく、なにぶん季節商品であり、今回はご容赦《ようしゃ》いただきたく存じます。

ただ、当社としましてもできる限りのご支援はしたいと考えております。例えば、在庫処分セールなどを行ってはいかがでしょうか。その場合、当社スタッフを派遣し、売上は貴店扱いとするなど、全面的に協力いたします。詳細は当社担当者がおうかがいしてご相談したいと存じます。

あしからずご了承いただければ幸いに存じます。

敬具

条件付き注文への断り

❶相手の条件のどの点に応じられないのかをきちんと述べる。

❷どのような条件であれば注文に応じられるかを伝えるとよい。

ここに注意

・当方の事情で注文に応じられないのだから、取引を今後につなげる姿勢が大切。

「○○」のご注文について

拝復　貴店ますますご発展のこととお喜び申し上げます。毎々《まいまい》格別のご愛顧を賜り、厚くお礼申し上げます。

さて、5月15日付でご注文いただきました「○○」の件でございますが、あいにくただいまたいへん品薄となっており、フル稼働で製造にあたってはおりますが、貴店ご要望の❶5月30日までに1,500点というご注文にはお応えしかねる状態でございます。

まことに申し訳ありませんが、納期・数量は厳守との貴条件ではお断りせざるを得ません。どうかご了承くださいますよう、よろしくお願いいたします。

なお、❷6月15日までに1,000点であれば可能かと存じます。なにとぞご検討のうえ、ご返事をいただければ幸いです。

今後ともお引き立ての程、よろしくお願いいたします。

敬具

取引条件変更への断り

20XX11月2日

株式会社○山食品工業
経理部長　原田一則様

株式会社○岡商事
経理課長　佐々木文江

取引条件変更の件について

拝復　貴社ますますご繁栄のこととお喜び申し上げます。日頃は大変お世話になっております。

さて、さっそくですが、10月29日付で貴社よりお申し入れのありました決済方法変更の件ですが、❶突然のことで当社としてはたいへんに驚き、困惑しているところでございます。

❷おかげさまで当社は順調に売上を伸ばしてまいりましたが、それに伴い取引先も増え、掛売りも多くなってきている状況でございます。したがいまして、すぐに決済を現金に切り替えることはとうていできかねる状況です。

どうしても現金決済に、ということでしたら、❸せめて翌年度までお待ちいただけないでしょうか。また、このことにつきましては、当社社長の金子が御社の水谷様と改めてご相談したいと申しており、近日中にご連絡をさし上げたいと存じます。

まずは書中をもちまして、当社の意向をお伝え申し上げます。

敬具

❶取引条件変更の申し入れが受け入れがたいものであることを、遠まわしな表現で伝える。

❷受け入れられない自社の状況をわかりやすく伝える。

❸妥協の余地があれば、それを提案する。

ここに注意

・仕入先に対し、あくまで一方的に断る、という態度ではなく、自社の事情を説明し、妥協点を探りたい旨を伝えるようにしたい。

資金融通依頼への断り

20XX年2月10日

○×デザイン株式会社
代表取締役　霧島忠雄様

株式会社○アド・ドットコム
代表取締役　佐藤高志

融資ご依頼の件

拝復　平素は格別のご高配《こうはい》を賜り、厚くお礼申し上げます。

さて、2月5日付の貴信《きしん》確かに拝見いたしました。

突然のご依頼で驚きましたが、よほどのご事情と拝察《はいさつ》いたしました。創業以来おつきあいいただいております御社からのご依頼ですので、❶なんとかお役に立てればと経理担当の者とも相談いたしましたが、Aなにぶん期末も迫っており、当社自体も資金繰りに難儀している状態でございます。とても御社にご用立てする余裕はございません。

まことに心苦しいのですが、このような事情ですので、❷今回のご融資はどうかご勘弁願いたいと存じます。

なにとぞご賢察《けんさつ》の上、あしからずご了承くださいますようお願い申し上げます。

まずは取り急ぎご返事申し上げます。　敬具

❶「なんとか助力したいのだが」という気持ちを文面で表したい。

❷ただし、あいまいな表現は避けて、はっきりと断る。

書き換え

A「じつは当社もごく最近融資を受けたばかりの状態で」

ここに注意

・相手を傷つけないように、言葉づかいや言い回しに気をつける。
・力にはなりたいが、余裕がないというようにまとめるとよい。

注文への断り

20XX年6月10日

東○ストア株式会社
販売課長　田中頼子様

株式会社ハ○ト食品
営業部長　中村信吾

6月7日付ご注文の件

拝復　貴店ますますご発展のこととお喜び申し上げます。平素は格別のお引き立てを賜り、お礼申し上げます。

さっそくですが、❶6月7日付でご注文いただきました弊社製品ガ○ンダムチョコですが、❷あいにく現在品切れとなっており、お得意様各位に心ならずもお待ちいただいているような状態でございます。

フル稼働で生産にあたってはおりますが、6月20日までというご注文には応じかねるかと存じます。まことに申し訳ございませんが、あしからずご了承くださいますようお願い申し上げます。

まずはお詫びかたがたご連絡いたします。　敬具

❶どの商品の注文についてかをはっきりとさせる。

❷注文に応えられない状況をわかりやすく書く。

ここに注意

・大切な取引先との関係を悪くすることのないように。もし代わる品があれば、それをすすめるなどしたい。

追加注文への断り

A-15キットの追加注文について

拝復　貴社ますますご繁栄のこととお喜び申し上げます。平素は格別のお引き立てを賜り、ありがたく厚くお礼申し上げます。

❶このたびは弊社製品A-15キットに追加注文をいただき、まことにありがとうございます。

じつは、まことに申し訳ないことでございますが、当該商品の製造ラインにトラブルが生じまして、復旧に全力を挙げて取り組んでおりますが、しばらく製造を中止せざるを得ない状況でございます。

在庫もない状態で、ただいまのところ追加のご注文には、お応えすることができません。

❷当方の不手際により、ご迷惑をおかけいたしましてまことに申し訳ございません。どうかこれに懲《こ》りることなく、今後ともお引き立てくださいますよう、よろしくお願い申し上げます。　敬具

❶まずは追加注文に対して礼を述べる。

❷当方の不手際によって断る場合は、重ねてお詫びする。

ここに注意

・本来、自社の信用を損なうような表現は避けたほうがよいが、致し方のないトラブルなどは示して理解を得るのがよい。

テナント出店申し込みへの断り

20XX年2月14日

株式会社XY○マート
代表取締役　桐原孝信様

株式会社高○ビル管理
営業部長　丸山健二

テナント出店の件

拝復　貴社ますますご盛栄《せいえい》のこととお喜び申し上げます。

このたびは、北町ヒルサイドテラスへのテナント出店のお申し込みをいただき、まことにありがとうございます。

当ビルのオーナー会社であります（株）○川興業、コンセプト・デザインを担当しました（有）高○デザイン、および当社で❶さまざまに検討を重ねた結果、このたびの御社の出店は見送らせていただくことにいたしました。あしからずご了承いただきたく存じます。

なお、❷南町にただいま当社で建設中のビルが、5月には完工する予定でございます。そちらのパンフレットを同封いたしますので、ご検討いただければ幸いでございます。

今後ともよろしくご高配《こうはい》賜りますよう、重ねてお願い申し上げます。

取り急ぎ、お詫びかたがたご返事申し上げます。　　　　敬具

❶断る理由が、業種やビルのコンセプトに合わないなど相手の感情にさわるような場合には、あえて書かない。

❷別の物件があるときは、そちらを勧める。

ここに注意

・条件面で折り合わない、すでにテナントが決まっているなどの場合は、理由を明示。それ以外は理由を明示しないほうが無難。

工場見学申し込みへの断り

弊社工場見学のお申し込みについて

拝復　新緑の候、貴社ますますご隆盛《りゅうせい》のこととお慶び申し上げます。平素は格別のお引き立てを賜り、ありがたく厚くお礼申し上げます。

さて、5月20日付でお申し込みのありました、弊社第三工場の見学の件についてご返事申し上げます。

❶Aご存じのように、当工場は、弊社が社運をかけて開発してまいりました「21アクセス」のコア部品を製造している工場でございます。したがいまして、どちら様からのご依頼によらず、当工場の見学はお断りいたしております。

弊社の製品、および製造システムにご興味をいただき、まことに光栄ではございますが、あしからずご了承いただきますようお願い申し上げます。

なお、「21プラス」等を製造しております第二工場であれば、喜んで見学をお引き受けいたしますので、ご検討いただければありがたく存じます。

せっかくのご要望に添えず、まことに心苦しい限りでございますが、ご賢察《けんさつ》いただきますよう、よろしくお願いいたします。

このたびの件に懲《こ》りず、今後ともご高配賜りますよう、重ねてお願い申し上げます。

まずは取り急ぎ、書中をもちましてご返事差し上げます。

敬具

❶見学を前提でつくられた工場以外であれば、断るのは失礼にはあたらないので、率直に述べる。

書き換え

A「時節柄、繁忙をきわめており、十分なご案内ができかねるかと存じます」「当工場は、品質保持のため外部からの見学はすべてお断りしております」

ここに注意

・相手が取引先であれ、学校などの一般人であれ、理由ははっきり述べてよい。ただし、あくまで丁重に断ること。

請求する

請求書記入例／商品代金／
ひと月分の商品代金／委託販売の決済／
請求書再発行／決算期の売掛金など

ここがポイント

- あいさつは簡潔に。省略してもよい。
- 作成日を明記。書類番号も入れる。
- 請求内容、金額等の記載は正確に。
- 支払期日や振込先は、忘れずに入れる。

請求書記入例①

❶請求書は市販のものを使ってもよいが、自社でオリジナルの書式をつくっておくと便利。

❷必ず「税込」の合計金額を表示する。

No. 17

❶請　求　書

20XX年4月22日

有限会社　○宮商店様

サ○・ネットサービス
高木　恵一
〒167 - 0042
東京都杉並区西荻北3 - 4
TEL　03 - XXXX - XXXX
FAX　03 - XXXX - XXXX

下記の通りご請求申し上げます。

❷税込合計金額　￥148,500

月日	品名	数量	単価	金額
4・15	PC	1	125,000	125,000
4・15	ハブ、ケーブル代		8,500	8,500
4・15	工賃		15,000	15,000

（ただし、パソコンの設置、およびネットワーク構築代金として。）

合　計　148,500

お支払いは下記へお願いいたします。
城○信用金庫○○支店　　普通9876543
口座名義　高木恵一

ここに注意

・伝票番号、請求期日は整理するのに必要。
・納品日、商品名、数量、金額などは、確認しながら正確に。

請求書記入例②

No. 343

請　求　書

株式会社　カフェ・ス○様
20XX年12月15日

株式会社　ポレ○レ堂
代表取締役　夕月　亜佐美
〒180-0001
東京都武蔵野市吉祥寺○町1-18
TEL　0422-20-XXXX
FAX　0422-20-XXXX

下記の通りご請求申し上げます。
税込合計金額　￥116,550

品　名	数量	単価	金額
❶テーブルクロス	30	2,500	75,000
壁掛け	3	12,000	36,000
		小　計	111,000
❷消費税（5%）			5,550
		合　計	116,550

❸お振込みは下記口座へお願いいたします。
○○銀行吉祥寺支店　当座預金　No.000000
口座名義　（株）ポレ○レ堂

❶納品日は必要なときには入れる。必要事項はもれなく記入する。

❷消費税率を明記する。

❸振込先を忘れずに入れる。

ここに注意

・請求内容、金額、振込先などは間違いがあってはならない。帳簿を確認しながら正確に記載すること。

商品代金の請求

経発第343号

20XX年12月15日

株式会社カフェ・ス◯

代表取締役　堀田和也様

株式会社　ポレ◯レ堂

代表取締役　夕月亜佐美

❶テーブルクロス、壁掛け代金のご請求

拝啓　貴店ますますご発展のこととお喜び申し上げます。平素は当店をご利用いただきご厚情《こうじょう》のほど、心よりお礼申し上げます。

さて、❷12月8日にご注文いただきましたテーブルクロスと壁掛けを、12月10日に納品いたしました。

つきましては、請求書を同封させていただきましたので、ご確認のうえご手配よろしくお願いいたします。

なお、❸お支払いは来月15日までに指定の口座にお振込みくださるようお願いいたします。また、振り込み手数料は当社の負担とさせていただきます。

今後ともよりいっそうのご愛顧を賜りますよう、お願い申し上げます。

敬具

記

同封書類　請求書1通

以上

❶何に対する請求かを、件名に明記する。

❷納品商品と期日を明記する。

❸支払期日や振込み手数料負担などを明らかにする。

ここに注意

・納品した事実（商品名、期日）を明らかにしたうえで請求する。

・支払方法、手数料負担などをはっきりとさせる。

ひと月分の商品代金請求

20XX年9月20日

当月分のご請求の件

拝啓　時下ますますご清祥《せいしょう》の段、お喜び申し上げます。毎々《まいまい》格別のご愛顧を賜り、厚くお礼申し上げます。

さて、❶平成○年9月分の弊社商品代金は別紙請求書の通りになっております。ご確認のうえ、❷10月末日までに指定の口座にお振込みくださいますようお願い申し上げます。

引き続きのご愛顧を、切にお願い申し上げます。

敬具

記

同封書類　請求書1通

以上

❶請求内容を明記する。詳細は添付の請求書にまとめ、その旨を記す。

❷支払い期日、支払い方法を明記する。

ここに注意

・あいさつと用件のみ簡潔に書く。

委託販売の決済の請求

弊社委託商品の決済のお願い

拝啓　貴店ますますご発展のこととお喜び申し上げます平素は格別のご厚誼《こうぎ》にあずかり、厚くお礼申し上げます。

さて、さっそくですが、平成○年も下半期を迎えるにあたり、上半期分の貴店への弊社委託商品の決済をお願い申し上げます。

お手数ではありますが、売上計算書作成のうえ、❶○月20日までに所定の方法にてお支払いくださいますようお願いいたします。

なお、❷残品は下期へ繰り越しのうえ、年度末にて清算するということでよろしくお願いいたします。

今後とも変わらぬご愛顧のほど、よろしくお願い申し上げます。

敬具

❶支払い期日と支払い方法を明記する。

❷残品については、どのように処理するかを確認する。

ここに注意

・あいさつと用件のみを簡潔に書いてよいが、今後の愛顧を願う言葉も添えるとよい。

請求書再発行による請求

20XX年6月13日

株式会社沢○製作所
経理課長　田村久則様

株式会社シマ○○
経理部長　大田信二

請求書訂正の件

拝復　貴社いよいよご隆盛《りゅうせい》のこととお喜び申し上げます。毎々《まいまい》格別のご愛顧を賜り、厚くお礼申し上げます。

さて、❶このたび弊社の請求書の内容につきまして貴社のご指摘を受け、さっそく確認いたしましたところ、確かに誤りがございました。

単純な記入ミスとはいえ、❷まことに失礼なことと、謹んでお詫び申し上げます。今後このようなまちがいをおかさぬよう、厳重に注意をいたしますので、どうか今回はご容赦《ようしゃ》くださいますようお願い申し上げます。

つきましては、❸支払い期日を変更させていただき、改めて請求書を送付いたしますので、ご査収《さしゅう》ください。

ご迷惑をおかけしますが、どうぞよろしくお取り計らいくださいますよう、お願い申し上げます。

敬具

❶指摘を受け、確認したとの事実経過を報告する。

❷お詫びの言葉を率直に述べる。

❸支払い期日が迫っている場合は、延期した上で、改めて請求書を発行する旨を明記する。

！ここに注意

・当方のミスでの請求書再発行においては、経緯を簡単に説明したうえで、二度とミスをしない旨を必ず入れること。

決算期の売掛金請求

20XX年2月28日

株式会社トーヨー〇〇
経理課長　吉崎正義様

株式会社小野〇物産
経理部長　南田祐樹

20XX年度下半期売掛金のご請求

拝啓　向春《こうしゅん》の候、貴社ますますご発展のこととお喜び申し上げます。平素はひとかたならぬご愛顧を賜り、厚くお礼申し上げます。

さて、20XX年度決算期を迎えるにあたり、売掛金の決済をお願いいたします。❶2月28日現在の貴社売掛金の合計は添付請求書のように8,374,000円となっております。

つきましては、貴社帳簿とご照合のうえ、3月10日までに下記口座までお振込みくださいますようお願い申し上げます。

なお、❷金額等でご不明の点がありましたら、3月5日までにご連絡くださいますようお願いいたします。また、3月分以降につきましては、翌年度にご請求させていただきます。

今後とも変わらぬご愛顧のほど、よろしくお願いいたします。

敬具

記

1. 同封書類として　請求書1通
❸2. 振込先　〇菱〇〇銀行新宿支店
　当座預金9999991

以上

❶金額を明記して、確認をうながす。

❷不明な点などは、早めの連絡を求める。

❸ふだん頻繁に取引があっても、口座名などを付記する。

ここに注意

・決算期の売掛金請求は、余裕を持って早めに行うこと。
・先方にも金額等の確認をうながすこと。

約束手形の不渡りによる現金払いの請求

20XX年4月20日

株式会社ミナ○産業
代表取締役　高木やすし様

株式会社ヤ○サービス
代表取締役　有田一樹

約束手形の決済について

❶前略　昨年12月納入分の弊社商品代金として、貴社振り出しの❷約束手形（第345号、額面五百参拾七萬圓）を本年1月21日に拝領《はいりょう》いたしました。

その支払い期日である本日4月20日、○○銀行日本橋支店に当手形を提示したところ、預金残高不足とのことで不渡りとなり、支払いを受けることができませんでした。

何らかの手違いがあったこととは存じますが、当社としましては、貴社からのお支払いがありませんと資金繰りに支障をきたすこととなり、たいへん困惑しております。

つきましては、本書状が到着しだい、至急額面分を現金にてお支払いくださいますようお願い申し上げます。

草々

❶緊急を要する請求状では、あいさつ文は省略し、直接用件から切り出す。

❷不渡りとなった手形について、発行番号、額面、受け取った期日などを簡潔にまとめ、きちんと記す。

！ここに注意

・困った状況が先方の非なので、はっきりと現金での支払いを求める。支払いの確保を第一に、冷静に請求する。

請求書訂正の請求

20XX年6月10日

株式会社シマ○○
経理部長　大田信二様

株式会社沢○製作所
経理課長　田村久則

請求書の訂正について

拝啓　貴社ますますご繁栄のこととお喜び申し上げます。日頃は大変お世話になっております。

さっそくですが、❶本年度5月分の貴社よりの請求書、確かに受領いたしました。

しかしながら、当社で帳簿と照合したところ、以下の点に誤りがありました。

❷・1枚目　小計　124,000　→　142,000
・2枚目　合計　335,000　→　353,000

つきましては、再度ご確認のうえ、改めて請求書をご送付くださいますようお願い申し上げます。

なお、❸当請求書を同封、ご返送いたします。　敬具

記

同封書類　貴社請求書一式

以上

❶どの請求書についてかを明記する。

❷訂正箇所と、訂正後の数字などがはっきりわかるように記しておく。

❸請求書を返送する旨を書き入れる。

ここに注意

・請求書のミスは頻繁にはないはず。請求内容に誤りがあったら、確認した上で、時間をおかずに請求書の訂正を求める。

注意する

代金未払い／納期遅延／納品数量不足など

ここがポイント

- 相手のミスや手違いを責めるのではなく、注意をうながす表現に。
- 督促状や抗議状のような強い表現は避ける。
- 相手の感情を害さないように注意する。
- 再確認の意味で、事実関係を詳しく書き添える。

代金未払いへの注意

❶納品期日、対象商品、金額などは、確認のためにも必ず明記する。

❷再度の振込み期日を指定する。または、至急の振込みを求める。

20XX年8月15日

安達則之様

株式会社タケ○マ
経理部　坂本文夫

商品代金のお支払いについて

拝啓　時下ますますご清祥《せいしょう》の段、お喜び申し上げます。毎々《まいまい》格別のご愛顧を賜り、厚くお礼申し上げます。

さて、❶7月25日付で納品いたしましたシ○プ製パソコン、および外付けHDの代金計135,000円が、本日現在まだ入金されておりません。お支払い期日は8月10日となっております。つきましては、ご多用中のこととは存じますが、❷8月25日までにお振込みくださいますようお願いいたします。

なお、行き違いですでにお振込みいただいております場合には、失礼のほどあしからずご容赦《ようしゃ》ください。

敬具

記

1. 商品代金　135,000円
2. 振込み先　みず○銀行水戸支店
   普通口座　1234555

以上

ここに注意

・代金未払いがはじめての場合は、手違いかもしれないのでていねいに注意を促す表現にすること。

納期遅延への注意

注文品納品のお願い

❶前略　取り急ぎおたずねいたします。

去る10月30日付注文書にて注文いたしました紳士用品55点についてですが、納期は昨11月20日であったと思いますが、いまだに納品いただいておりません。

昨日電話でおうかがいしたところ、ご確認いただけるとのことでしたが、いかがなりましたでしょうか。至急ご連絡をいただきたく存じます。

何らかの事情がおありのこととは思いますが、当方といたしましても、11月29日からのセールに間に合わせるためにも遅くとも11月25日までには、ぜひとも納品していただかなければなりません。至急の納品とご連絡を再度お願いいたします。

❷なお、今後このような納品の遅れなどなきよう、よろしくお願いいたします。

草々

❶先方の事情による納期の遅延に対する苦情では、あいさつの言葉は不要。「取り急ぎ」用件に入るほうがよい。

❷初回であれば、このような「お願い」の形でまとめるのが無難。

納品数量不足への注意

注文品の不足について

拝啓　時下ますますご盛栄《せいえい》のこととお喜び申し上げます。

さっそくですが、11月15日発注分の御社商品フミ〇Cを本日受け取りました。

しかしながら、❶当社発注分100ケースに対して、本日入荷しましたのは80ケースだけでございました。

何らかの事情で、残りは後日入荷となるのか、あるいは単なる手違いなのか、至急ご確認のうえ、ご連絡をいただきたく存じます。

なお、いずれにいたしましても、注文品の不足などの事態におかれましては、前もってのご連絡があってしかるべきかと存じます。

❷今後このようなことのないよう、ご注意いただきたくお願いいたします。

敬具

❶注文〇個に対して、入荷したのは〇個というように、数字を具体的に書く。

❷先方の注意をうながす言葉を添える。

！ここに注意

・はじめてのミスであれば、あまり強い言葉は使わず、「おたずね」「ご確認」「お願い」といった調子でまとめる。

督促する

納品／商品代金／委託販売代金／
決算期の売掛金／融資の返済／
カタログ・見本送付／貸し出し資料返却など

ここがポイント

■相手に確認をうながす意味で、事実関係などは詳しく書く。
■相手を責めるようなニュアンスにならないように注意する。
■説得することを第一に考え、相手の感情を害さないように。
■最終的に法的措置をとる場合の証拠ともなることを考えて。

納品の督促

❶差出年月日を必ず入れる。

❷発注の日付、発注番号などを入れて、どの商品についてかを明確にする。

❸当方の事情を具体的に述べて、督促《とくそく》に説得力を持たせる。

❶20XX年7月20日

○○電気工業株式会社
営業部長　丸谷晃弘様

株式会社ホン○　谷町支店
店長　郷田正勝

注文品の納品について

前略　❷去る6月20日付にて当社より発注しました商品（発注No.125号、DVDプレイヤー等）は、納品期日の7月5日を過ぎても入荷せず、その後再三にわたり電話でお願いしてまいりましたが、いまだに入荷しておりません。

❸このままではお客様からのお問い合わせにも確たる返事ができず、当店の信用にもかかわる事態となります。

つきましては、早急のご確認と、誠意ある回答をいただけますようお願い申し上げます。

なお、7月25日までにご納品いただけない場合、またはなんらのご回答がいただけない場合は、不本意ながら、注文を取り消させていただきます。あしからずご了承ください。

草々

ここに注意

・これまでの経緯を説明したうえで、誠意ある回答を求める。
・最終的には注文の取り消しもありうることを明記する。

商品代金の督促

商品代金お支払いのお願い

拝啓　貴社ますますご盛栄《せいえい》のこととお慶び申し上げます。

さて、❶2月13日付請求書108号でご請求申し上げた1月分の御社お支払い代金についてでございますが、お支払い期日の2月25日を過ぎましてもご送金いただいておりません。

❷何らかのご事情やお手違いがあったこととは存じますが、当社といたしましても、なにぶん期末が迫っていることもあり、不都合をきたしております。

つきましては、至急お調べいただき、ご送金くださいますようお願い申し上げます。

なお、❸本状と行き違いにご送金いただきました場合は、あしからずご容赦《ようしゃ》くださいますようお願い申し上げます。

敬具

❶どの支払いに対する督促かを明らかにする。

❷相手の感情を害さないよう、事情を推し量る態度を示す。

❸督促状が届くまでに送金される可能性もあるので、この一文を添える。

商品代金の再督促

商品代金のお支払いについて

20XX年3月13日

前略　去る2月13日付請求書108号でご請求申し上げました20XX年1月分の商品代金は、支払い期日を1ヶ月過ぎました本日に至りましても、いまだお支払いいただいておりません。

また、❶当社からの再三にわたる電話や書面による督促に対しても、誠意あるご回答が得られずまことに残念に存じます。

つきましては、❷3月25日までにご送金のない場合は遺《い》憾《かん》ながら相応の手段をとらせていただく所存でございます。

なにとぞ御社の誠意をお示しくださいますよう、再度お支払いのお願いを申し上げます

草々

❶当方のはたらきかけに対して、先方が応じなかった旨を明記する。

❷支払いの最終期限を明らかにしておく。

ここに注意

・督促状は、法的手段に訴えた場合、証拠として扱われることもあるので、日付などにも注意を払い、正確に記す。

委託販売代金の督促

❶相手の事情を思いやる言葉を入れた上で、自社の事情を伝えるとよい。

❷新たに支払い期限を区切る。

売上代金のお支払いについて

拝啓　貴店ますますご発展のこととお喜び申し上げます。平素はひとかたならぬご愛顧を賜り、ありがとうございます。

　さて、6月30日付で請求いたしました第一四半期分の売上代金についてでございますが、お支払い期日の7月15日を過ぎましてもお振込みいただいておりません。また、売上計算書もいまだに届いておりません。

❶なにか事情がおありのこととは存じますが、当方といたしましてもこのままでは帳簿の整理もできかねる状況でございます。

　つきましては、❷7月25日までに計算書を作成のうえ、代金をお支払いいただきたく存じます。なお、残品についてはこれまで通り繰り越しのほどお願いいたします。

　本状と行き違いでお振込みの際は、あしからずご容赦《ようしゃ》ください。

敬具

決算期の売掛金の督促

❶請求期日をきちんと伝えて確認を求める。

❷相手の事情を推察することばを入れたうえで、当方の事情を説明する。

平成○年度下半期売掛金のお支払いについて

拝啓　貴社いよいよご盛栄《せいえい》のこととお喜び申し上げます。平素は格別のお引き立てをいただき、厚くお礼申し上げます。

　さて、❶3月10日付で請求いたしました平成○年度下半期売掛金ですが、お支払い期日を過ぎました現在においてもいまだお振込みがございません。

❷事情がおありのこととは存じますが、当社といたしましても決算を控えて、このままでは資金繰りに支障をきたしかねない状況でございます。

　つきましては、3月20日までには、ぜひともお振込みいただきますようよろしくお願いいたします。

　当社の事情もご賢察《けんさつ》の上、重ねてお願い申し上げます。

敬具

ここに注意

・相手を責めるような言葉は避け、あくまでお願いするという姿勢の文面に。

融資の返済の督促

平成○年2月10日

株式会社パ○コ
代表取締役　大木健太様

株式会社タチ○ロ
代表取締役　立川宏文

融資金ご返済の件

拝啓　時下ますますご清祥《せいしょう》の段、お喜び申し上げます。日頃は格別のお引き立てをいただき、ありがたくお礼申し上げます。

さて、❶昨年7月28日付で融資いたしました金170万円也のご返済日はこの1月末日となっておりましたが、本日現在まだお振込みがございません。先日お電話で確認したところ、だいじょうぶとのご返答をいただき、当方も安心しておりましたが、その後何か不都合なことでもありましたでしょうか。

厳しい状況が続きます折、貴社にも何かと事情がおありとは存じますが、当社としましても年度末をひかえて余裕のある状態ではございません。

つきましては、❷2月末日までは猶予《ゆうよ》させていただきますが、❸それでもご返済のない場合は、残念ながら法的手段をとらざるを得ません。長いおつきあいのある貴社に対してそのような措置《そち》をとる事態となるのは、当社としましても本意ではございません。

なにとぞ誠意あるご回答をいただきたく、お願い申し上げます。

敬具

❶融資した日付、融資金額、返済日などの事実関係を明確にし、相手側にも確認させる。

❷最終的な返済期日を明確に伝える。

❸それでも返済のない場合の、最終的な措置を伝える。

ここに注意

・相手への信頼をなくしてはいないことを伝え、新たな期限を設けて返済を強く求める。最終的な措置もきちんと伝えること。

カタログ・見本送付の督促

20XX年5月10日

株式会社アス○
営業部長　中西辰夫様

有限会社マ○ビー
代表　小野寺真弓

カタログ送付の再度のお願い

拝啓　貴社いよいよご清栄《せいえい》のこととお喜び申し上げます。平素はひとかたならぬご愛顧を賜り、ありがとうございます。

さっそくですが、4月25日付で請求いたしました貴社文具および事務用品カタログについてですが、お願いしておりました5月7日を過ぎましてもまだ届いておりません。

なにか手違いがあったものとは存じますが、❶当方としましても今月中には仕入れを完了しなければならず、時間的に余裕がございません。

つきましては、まことに恐縮ですが、至急お送りくださいますようお願い申し上げます。また、❷なにかご事情がおありであれば、早急にご連絡いただきたく存じます。

なお、❸本状と行き違いでご発送いただいております折は、なにとぞご容赦《ようしゃ》ください。

敬具

❶当方の事情を説明し、理解を求める。

❷送付できない場合は、その旨の回答を早急に求める。

❸発送済みである可能性もあるので、ひと言つけ加えておくこと。

ここに注意

・あまりに強い表現は避けたほうが無難。催促するのだが、文面はていねいな表現で、再度お願いするという感じに。

貸し出し資料返却の督促

20XX年7月31日

株式会社サクラ○
開発事業部　立石紀一様

株式会社創○科学
総務部　高松より子

貸し出し資料返却のお願い

拝啓　ますますご健勝のこととお喜び申し上げます。平素はひとかたならぬご愛顧を賜り、ありがとうございます。

さて、❶去る6月24日に当社より貸し出しました資料3部の件ですが、貸し出し期間の1か月がすでに過ぎております。

ご存じのように、当資料は私どもにとりましてもたいへん貴重なものであり、貸し出し時に返却期限は必ずお守りくださるようにお願い申していたはずでございます。

つきましては、❷早急にご返却いただきますようお願いいたします。

なにかとお忙しい折とは存じますが、ご手配をよろしくお願い申し上げます。

なお、❸本状と行き違いですでにご返送いただいております場合は、あしからずお許しください。

まずは、取り急ぎご通知かたがたお願いまで。　敬具

❶返却期限がすでに過ぎていることをきちんと相手に確認させる。

❷早急に返却するよう、はっきりと求める。

❸返送済みである可能性も考え、つけ加えるとよい。

ここに注意

・非は相手にあるので、それをきちんと伝え、はっきりと返却を求める。あいまいに言葉をにごさないほうがよい。

抗議する

返品／注文取消し／見本品との相違／品違い／破損品混入／製品不良／価格値上げ／納期遅延／類似商品／契約不履行など

ここがポイント

- 起こったトラブルに関する事実だけを冷静に述べる。
- 推測や感情的な表現は絶対に避ける。
- 重大な案件の場合は、相手側の担当者ではなく、代表者名で発信。
- 解決がむずかしいと予想されるときは、内容証明での送付も検討する。

返品への抗議

❶いつ納入したどの商品の返品についてかを正確に記す。

❷返品された商品に関して、当方には非がないことを一つひとつていねいに説明する。

20XX年4月25日

株式会社新○スター商会
販売部長　金丸信吾様

株式会社○来機械工業
営業部　藤森高志

「FX-10　501」のご返品の件

拝啓　時下ますますご清祥《せいしょう》の段、お喜び申し上げます。平素は格別のお引き立てをいただき、厚くお礼申し上げます。

さて、❶3月20日付で御社よりご注文いただいた弊社製品「FX－10　501」5台を4月10日に納入いたしましたが、本日そのうちの3台が返品されてまいりました。

事前に何のご説明もなく、あまりに突然のことに、当社としても困惑しております。❷当製品に関しましては、納入前に入念にチェックを行っており、製品自体には何の問題もないはずでございます。また、台数等についてもご注文どおりに納入いたしました。

どのようなご事情があったのか、または、当製品につきましてどのような問題があったのか、ご説明のほどお願い申し上げます。　敬具

ここに注意

・感情的にならず、事実関係を正確に説明したうえで、相手の説明を求める、という形にまとめる。

注文取消しへの抗議

ダイニングテーブル注文取消しの件

前略　11月10日付「ダイニングテーブル注文取消し」に関する貴信《きしん》、確かに拝見いたしました。

しかしながら、結論から申しますと、注文の取消しには応じかねます。❶貴社からこのご注文をいただいたのは1か月以上前のことであり、特注製品である当テーブルは、以前お話したように、インドネシアにおいて受注生産を行っているもので、今からのキャンセルはとても間に合いません。

また、貴信にあるご説明は納得できるものではなく、一方的な注文取消しは、当社といたしましても到底承服できるものではございません。

つきましては、一度直接お会いしたうえで、ご相談申し上げたいと存じます。ご多忙中とは存じますが、よろしくご連絡お願い申し上げます。　　　　草々

❶注文取消しに応じられない理由を、感情的な言葉を排して、事実のみ具体的に述べる。

ここに注意

・当方に非がない場合の、相手側からの一方的な注文取消しは、はっきりと拒否してかまわない。その場合でも、文面はあくまで冷静に。

見本品との相違への抗議

貴社製品「アスピコ○　11」について

拝啓　貴社いよいよご盛栄《せいえい》のこととお喜び申し上げます。平素は格別のご高配《こうはい》を賜り、厚くお礼申し上げます。

さて、本日貴社製品「アスピコ○　11」30セットを確かに受け取りました。しかしながら、以前いただいた製品見本と比べ、❶サイズが大きく液晶部分がいく分小さいように見受けられます。また、製品の色もくすんだパープルーになっており、明らかに見本品とは異なっております。同シリーズの「アスピコ○　9」や「アスピコ○　10」とも違うので、どういうことなのか頭を痛めております。デザイン変更があったとのお話もうかがっておりません。

つきましては、❷この件に関しての事情をご説明いただき、今後の取り扱い等についてもご相談したいと存じます。早急にご回答くださいますようよろしくお願い申し上げます。返送はご回答を待ちます。　　　　敬具

❶見本との相違点を具体的に述べる。

❷どのように対処するか、あるいは先方にどうしてほしいかを具体的に述べる。

ここに注意

・相手を一方的に責めるのではなく、相手の善処をうながすような文面にまとめること。

品違いへの抗議

❶注文と異なる点を具体的に記す。

❷至急手配してもらいたい理由を具体的に書き、再送の期限も明記するとよい。

書き換え

A「誤送品の返送方法もあわせてご指示いただきますようお願いいたします」

注文品の相違について

前略　取り急ぎご連絡申し上げます。

5月25日付で注文しましたアディオ○製ランニングシューズ6ケース、本日受領いたしました。

しかしながら、検品いたしましたところ❶S - B（ブラック）2ケース、S - Br（ブラウン）2ケース、S - W（ホワイト）2ケースとなっておりました。当方よりの注文はS - B 2ケース、S - Bl（ブルー）2ケース、S - W2ケースであり、注文書で確認いたしております。

つきましては、至急S - Bl（ブルー）2ケースをお送りくださいますようお願い申し上げます。再度確認いたしますが、❷セールは6月10日よりとなっておりますので、遅くとも9日には商品が到着いたしますよう、ご手配よろしくお願いいたします。

なお、A誤送されましたS - Br 2ケースは、別便で返送いたしますので、よろしくご検収《けんしゅう》ください。　　草々

破損品混入への抗議

❶破損の状況を具体的に説明する。

❷すぐに返送したのでは、梱包不備の状況がわからなくなる。いちばんは、担当者の派遣を求め確認してもらうこと。

ここに注意

・破損の原因が先方にある場合は、そのことをはっきりと明記し、代替品の再配送などの要求をきちんと伝えること。

御社商品の破損について

前略　取り急ぎご連絡申し上げます。

9月10日付で御社よりご発送いただきましたメル○○人形5箱計50体、本日着荷しましたが、外箱に凹み等がありましたので検品したところ、❶約3分の1の14体に腕が取れるなどの破損がありました。

見たところ、1体1体はケースに入っているだけで梱包材はなく、箱の隙間を埋める工夫もなされておりませんでした。これでは梱包不備と申し上げるほかはなく、運送会社を責めるわけにはまいらないかと存じます。

つきましては、❷早急に担当者を派遣していただいた上でご確認いただき、不足分の14体を至急お送りくださいますようお願い申し上げます。

なお、今後、梱包配送等には十分にご注意賜りたく存じます。

まずはご報告かたがたお願いまで。　　草々

製品不良への抗議

貴社製品「サイクルライト10」について

拝啓　平素はひとかたならぬご愛顧を賜り、厚くお礼申し上げます。

さて、5月30日付で納品いただきました貴社製品「サイクルライト10」についてですが、お買い上げいただきましたお客様から、ライトが外れやすいといった苦情が何件かあり、当店で調べましたところ、❶やはり取り付け部に多少緩みがあり、溝も浅く外れやすくなっているようでございます。

走行時にライトが外れるのはたいへん危険であり、万一これが原因で事故があっては取り返しがつきません。今後、よりいっそうの品質チェックをお願いしたいと存じます。

とりあえず、全品ご返送いたしますので、A至急しかるべき処置をお取りいただきますようお願いいたします。

敬具

❶製品不良の状態を具体的に説明する。

書き換え

A「貴社においてお調べいただき、しかるべきご対処をお願いいたします」

ここに注意

・不良品が見つかった場合は、トラブルを避けるためにもできるだけ早くその旨伝える。客の立場からの抗議であることを文面で示す。

価格値上げへの抗議

貴社製品の価格値上げの件

拝啓　貴社ますますご繁栄のこととお喜び申し上げます。平素はひとかたならぬご愛顧を賜り、お礼申し上げます。

さて、貴信第135号による貴社製品の値上げの件、確かに拝見いたしました。

❶昨今の原材料の急騰など、貴社のさし迫った状況は確かに拝察いたしましたが、いきなりの10%を超える値上げは、当社といたしましては到底受け入れがたいものでございます。他社製品と比較しましても❷当社で商品価格に反映できるのはせいぜい3%程度でございます。

つきましては、いま一度ご検討いただきたく、お願い申し上げます。

なお、この件につきまして、当社の佐藤が近日中に貴社へおうかがいしてご相談いたしたいとの意向でございます。よろしくお取り計らいいただきますようお願い申し上げます。

敬具

❶「そちらの事情も理解できるが…、受け入れがたい」といったトーンでまとめる。

❷ある程度の譲歩ができるのであれば、その数字を示す。

ここに注意

・抗議とはいってもあまりに強い口調は避け、「お願いする」という調子にまとめる。

納期遅延への抗議

❶先方に確認をうながす意味でも、注文期日と約束の納品期日を明記する。

❷当方にとって、これ以上の遅れは許されない旨伝える。

❸最終的な期限を設け、それ以降には何らかの措置《そち》をとることをきちんと伝える。

納期遅延について

前略❶去る10月20日付にて注文いたしましたクリスマス用の雑貨が、お約束の納期の11月20日を過ぎました本日に至っても、いまだ納品いただいておりません。

担当の高木様には何度かお電話にて問い合わせをいたしましたが、そのたびにご不在であるとのこと。その後ご連絡もいただいておりません。

いかがしたことかと心配しておりますが、❷ご承知のように、納品のこれ以上の遅れは私どもにとりまして多大な影響がございます。

つきましては、本状到着しだいご連絡をいただき、事情をご説明くださいますようお願いいたします。

なお、❸11月末日までにご連絡なき場合、当店といたしましても何らかの措置をとらざるを得ません。貴社の誠実なるご対応をお願いいたします。　草々

類似商品への抗議

❶どの商品についての抗議状かを、最初にきちんと明記。

❷類似点を具体的に伝える。

ここに注意

・商品の類似は偶然の可能性もあるので、最初の段階では強い抗議は避け、商品見本や写真を送るなどして、相手の善処を求める。

貴社製品「メン○ム7」について

拝啓　新緑の候、貴社ますますご隆盛《りゅうせい》のこととお喜び申し上げます。

さて、突然ではございますが、❶貴社においてこのたび発売されました「メン○ム7」についてご通知申し上げます。

当「メン○ム7」は、❷当社で平成○年より発売しております「メン○ル5」と、名称・形状、および商品ロゴ等のパッケージデザインにおいても酷似する点が多く見られます。偶然という可能性もありますが、明らかに商標権の侵害にあたると当方ではとらえております。

念のため当社製品の写真を同封いたしますので、ご確認、ご調査のうえ、よろしくお取り計らいくださいますようお願い申し上げます。

貴社の誠実なるご対応を、切にお願い申し上げます。

敬具

契約不履行への抗議

20XX年3月10日

○○ネットシステム株式会社
代表取締役　松永信平様

有限会社アド○○
大木正敏

メンテナンス契約の不履行について

拝啓　貴社ますますご隆盛のこととお喜び申し上げます。

さて、去る12月に貴社に依頼しました当社の販売管理システムは、本年1月より稼動し始め、当初は順調に作動しておりましたが、このところトラブルが相次ぎ、貴社の澤田様には何度か足をお運びいただきました。

しかしながら、❶2月15日にシステム不調のため出張サポートを依頼して以来、何度か電話でメンテナンスをお願いしてまいりましたが、貴社スタッフの派遣はおろか、電話でのサポートにも応じていただけない状況が続いております。

昨年12月5日に貴社との間で交わしました契約によれば、❷稼動時より1年間の月1回の定期メンテナンス、およびトラブル時の随時サポートがメンテナンス契約として含まれております。

人員の都合など、貴社にもご事情がおありとは思いますが、貴社との信頼関係にこれ以上の傷をつけるのは当社の本意ではございません。早急に誠意のあるご回答を賜りますようお願い申し上げます。

敬具

❶契約違反に関わる状況や事実経過を、簡潔に説明する。

❷具体的な契約項目をあげ、履行していない点を明確に指摘する。

ここに注意

・契約書の条項を十分に確認したうえで書くこと。
・契約どおりに履行してもらうのが目的なので、あくまで冷静に。

反駁する

価格値上げの抗議／納期遅延の抗議／品違いの抗議／契約不履行の抗議／取引の断りなど

ここがポイント

- 反駁状は不当な抗議などに対して、その不当性を訴える返信。
- 反駁状の送付はできるだけ速やかに。
- まずは相手の抗議内容をきちんと調査して、事実関係を把握する。
- 誤解による抗議もあり得る。まずは冷静にその誤解を解く。

価格値上げの抗議に反駁

❶何の件に対する反駁かを明記する。

❷値上げせざるを得ない理由を、数字をあげながら説明する。

❸提示した数字がぎりぎりの線であることを強調する。

ここに注意

・経済状況、当方のコスト削減の努力など、値上げせざるを得ない事情をきちんと伝え、相手の理解を求める。

20XX年2月22日

株式会社松○産業
経理部長　竹中正雄様

菊○化学工業株式会社
営業部長　中田弘毅

価格変更の件について

拝復　時下ますますご清祥《せいしょう》の段、お喜び申し上げます。平素は格別のお引き立てをいただき、厚くお礼申し上げます。

さて、2月18日付貴信《きしん》確かに拝読《はいどく》いたしました。❶当社より申し入れいたしました部品材料の10%の値上げには応じられないとのことでございました。

❷ご存じのように、昨年来の原油価格の急騰による石油製品の値上がりは、1年で25%にまで達しました。そのうえこのところの為替の影響もあり、原材料費だけでも30%以上のコスト高になっております。私どもといたしましても、人件費を削るなどの合理化の努力は十分に行ってまいりました。しかしこれ以上は不可能でございます。❸10%もぎりぎりの数字でございます。

なにとぞおくみ取りいただき、ご承諾くださいますよう、伏してお願い申し上げます。　敬具

納期遅延の抗議への反駁

「エネット10」納入の遅延について

拝復　平素は格別のご高配《こうはい》を賜り、お礼申し上げます。

さて、5月15日付貴信拝読いたしました。❶PC10台の納入の遅れに関しましてのお叱りはごもっともであると存じます。

しかしながら、このたびの遅延につきましては、貴社ご担当の佐藤様からぜひとも最新機種の「エネット10」をとのご要望があり、当社でも手配をしておりましたが、❷メーカーで発売直前に設計ミスが見つかり、発売時期がまだ確定しておりません。佐藤様にはその旨お伝えしております。

当社ではもともと「エネット9」をお勧めしており、代替品としてもお勧めしましたが、受け入れられず、そのままになっておりました。

いずれにしましても、佐藤様とは再度話し合いの場を持ちたいと考えておりますので、その旨お伝えいただきたいと存じます。　　　　　　　　　　　　敬具

❶商品納入の遅延の事実は事実として認め、詫びる。

❷遅延が当方の責任でないのであれば、そのことを具体的に説明する。

ここに注意

・抗議を受けたからといって感情的にならず、責任の所在をはっきりさせて、冷静に対処する。

品違いの抗議への反駁

ご購入いただいたカーテンについて

拝復　時下ますますご清祥の段、お喜び申し上げます。このたびは当店をご利用いただき、心よりお礼申し上げます。

さて、このたびご購入いただいたカーテンについて、❶カタログとは色が違うとのご指摘でございましたので、さっそく確認いたしましたが、ご注文いただいた商品の型番はN-125であり、納品いたしました商品もN-125に間違いはないものと存じます。

A おそらくカタログが古く、色が多少変色していたものと思われます。

もし違う色のもののほうがよいということでございましたら、❷ご購入後1か月の間はいつでも交換いたしますので、お申しつけください。新しいカタログをお送りしますので、そちらでお選びいただければと存じます。

今後とも、当店をよろしくお願いいたします。　敬具

❶顧客からの抗議の内容を確認し、それに対して冷静に反論する。

❷交換に応じられるのであれば、その旨伝える。

書き換え

A 「ご存じのように、カタログと現品とは多少の色の違いが出てしまいます。」

契約不履行の抗議への反駁

20XX年3月12日

有限会社アド○○
大木正敏様

○○ネットシステム株式会社
代表取締役　松永信平

メンテナンス契約の不履行の件

拝復　時下ますますご清祥《せいしょう》の段、お喜び申し上げます。平素はひとかたならぬご愛顧を賜り、厚くお礼申し上げます。

さて、貴社よりの3月10日付書状を拝読《はいどく》いたしました。さっそく担当の澤田に確認し、事情を聞き取りました。本状にて、釈明させていただきます。

❶当初順調であった貴社のシステムにトラブルが生じたとのことで、1月25日に澤田がおうかがいして修復したものの、原因がパソコンの取り扱いにあったらしく、その旨説明し、ご注意申し上げたそうです。その後のトラブルにおいても同様で、何度ご注意申し上げても同様のトラブルが生じたとのことでございます。

システムは、取り扱いによって如何ようにもなります。説明通りにご使用いただければ、トラブルは発生しなかったのではと考えます。❷ていねいに説明できなかった澤田にも非はありますが、パソコンの使用は、なにとぞ注意深くお願いしたく存じます。

メンテナンス契約に関しましては大木様のおっしゃる通りでございますので、引き続きサポートさせていただきます。近々お詫びを兼ねて、私と澤田がおうかがいいたしますので、今後ともおつきあいのほどよろしくお願いいたします。　敬具

❶事実関係を説明し、先方にも非があったことを認めさせる。

❷当方にも非があったことを素直に認めたうえで、先方の注意をうながす。

ここに注意

・感情的にならず、あくまで事実関係をはっきりさせたうえで冷静に対処する。こちらの非を認めたうえで相手に譲歩を求めること。

取引の断りへの反駁

平成○年3月5日

ナカ○金融サービス株式会社
代表取締役　仲谷孝司様

株式会社K○ネットサーブ
代表取締役　三上章吾

取引停止の件

拝復　時下ますますご清祥の段、お喜び申し上げます。

さっそくではございますが、3月1日付で貴社より届きました取引停止の通知を拝読し、たいへん困惑しております。

貴信《きしん》によりますと、当社で提供しておりますシステムにはトラブルが多く、かつメンテナンスサービスも十分ではないとのこと。また、先日提示しました新年度契約の条件も折り合えないとのことでございました。

しかし、❶同様にサービスを提供しております他社様からは、システムトラブル等の苦情はいただいておりませんし、メンテナンスサービスについてもご満足いただいております。また、新年度の契約条件につきましては、まだ交渉すらしておりません。

❷貴社とは、当社設立以来のおつきあいでございます。今回の取引停止は、あまりのご処分ではないかと存じます。当社の対応に不備がありましたらお詫びいたします。なにとぞ再度ご検討をいただき、❸今一度話し合いの機会をお与えいただきたく存じます。ご回答、切にお願い申し上げます。　敬具

❶相手側の取引停止の理由に対して、一つひとつていねいに答える。認めるものは素直に認める。

❷相手の心情に訴えるのも効果的。

❸最後に、再度の交渉の機会を求める。

ここに注意

・相手側に相応の理由があれば陳謝し、なければていねいに反論する。いずれにしても、再度の話し合いを目標に文面を展開する。

詫びる

注文品品切れ／注文品誤送／破損品出荷／
不良品の苦情／発売中止／事故発生／
送金遅延／納期遅延／商標権侵害など

ここがポイント

- ■事実関係と責任の所在をはっきりさせる。
- ■明らかな当方の落ち度は、まず謝罪。事情説明や言い訳は謝罪の後に。
- ■詫びるといっても卑屈になり過ぎないこと。責任外のことは言及しない。
- ■礼を尽くし、誠意が伝わる文章に。

注文品品切れの詫び

❶品切れの状況を素直に説明して詫びる。

❷今後の入荷予定など、はっきりしていればそれを伝える。

書き換え

A「なお、5月10日ごろには出荷できるものと思いますので、そのときには改めてご連絡をさし上げる所存でございます。」

ここに注意

・謝罪とともに、今後の予定をなるべく詳しく説明し、誠意を見せること。

ご注文の「エキ○イトX」について

拝啓　貴店ますますご発展のこととお喜び申し上げます。平素は格別のご厚誼《こうぎ》にあずかり、厚くお礼申し上げます。

さて、4月20日付で貴店よりご注文いただきました「エキ○イトX」でございますが、おかげさまで大変ご好評をいただき、予想を上回る売れ行きを見せております。

したがいまして、❶現在在庫も品切れとなっており、皆様に大変ご迷惑をおかけしている状態でございます。まことに申し訳なく存じております。

当社工場ではフル稼働で生産にあたってはおりますが、なにぶん受注に追いつかず、いましばらくご猶予をいただきたく存じます。

❷A入荷の予定につきましては、今後順次お知らせするつもりでございますので、どうかご了承のほど、お願い申し上げます。

まずは、お知らせかたがたお詫び申し上げます。

敬具

注文品誤送の詫び

注文品誤送のお詫び

拝啓　毎々《まいまい》格別のご愛顧を賜り、厚くお礼申し上げます。

さて、昨日貴店に納品しました商品がご注文の品とは異なるとのご連絡をいただきました。❶大変ご迷惑をおかけいたしましてまことに申し訳ございませんでした。

さっそく本日、ご注文の商品を発送いたしましたのでよろしくご検収のほど、お願い申し上げます。

昨日当社で誤送の原因を調べましたところ、❷担当のものが注文書にある商品番号を読み間違えたという単純なミスでございました。今後は同様の間違いを繰り返さないよう、チェック態勢を強化いたしますので、今回に限りなにとぞご容赦《ようしゃ》お願い申し上げます。

なお、❸誤送品につきましては、お手数で恐縮ではございますが、運賃着払いにてご返送くださいますようお願い申し上げます。　敬具

❶まずは、きちんと謝罪する。

❷誤発送の原因を簡潔に述べ、対策を講じたことを説明する。

❸誤送品の処理についても、必ず述べること。

ここに注意

・まずは率直に非を認め、謝罪すること。

・原因の究明、今後の対策などの説明で、誠意を示すこと。

破損品出荷の詫び

破損商品納入のお詫び

拝啓　平素は格別のご高配《こうはい》を賜り厚くお礼申し上げます。

さて、本日貴店に納入した商品に、一部破損品が混入していたとのこと、❶まことに申し訳なく、深くお詫び申し上げます。

当社では出荷前に入念に商品検査をしており、発送時の荷造りにも注意いたしておりましたが、それだけにこのたびの破損品混入はショックでございました。

❷さっそく一両日中に担当の者をさし向け不足分を補てんするとともに、今回の破損の原因を調査したいと存じますので、ご迷惑とは存じますが、それまで破損品の保管をお願い申し上げます。

なお、調査結果がわかり次第対策を講じまして、今後二度とこのようなことのないようにいたしますので、このたびの件は、なにとぞご容赦いただきますよう重ねてお願い申し上げます。　敬具

❶まず、ていねいに謝罪する。

❷不足分の補てん、破損品の処理、今後の対策などをていねいに説明する。

ここに注意

・たとえ運送業者のミスであっても、弁解がましいことは述べないこと。今後の対策、後処理の方法等で誠意を示すこと。

不良品の苦情への詫び

20XX年8月21日

株式会社高○屋
販売部長　竹村正好様

ヨン○○化学工業株式会社
営業部長　吉田司

不良品混入の件についてのお詫び

拝啓　残暑の候、貴店ますますご発展のこととお喜び申し上げます。平素は格別のお引き立てをいただき、厚くお礼申し上げます。

さて、8月15日付で貴店に納品いたしました当社のプラスチック製品に不良品が混入していたとのご苦情をいただき、たいへん驚いております。❶万が一にもあってはならないことであり、貴店には多大なるご迷惑をおかけいたしましたこと、心よりお詫び申し上げます。

❷さっそく当該製品の生産を中止し、生産ラインを再点検しております。ひとまず、代替品を担当の者がお届けいたしますので、ご検収のほどよろしくお願い申し上げます。

なお、8月15日納品の当該製品は全品回収いたしますので、当社担当者にお引渡しくださいますよう、よろしくお願いいたします。

❸今後はこのようなことのないよう、製品の点検作業を一段と強化してまいりますので、このたびの件はなにとぞご容赦《ようしゃ》賜りますよう、重ねてお願い申し上げます。

これからも変わらぬご愛顧を賜りますようお願い申し上げます。

敬具

❶まずは、誠意を持っててていねいに謝罪する。

❷原因を調査中などの処置方法を具体的に示す。

❸今後の対策を約束し、再度謝罪する。

ここに注意

・電話で苦情を受けた場合、早急に対応することが大切。
・処置、対応方法を具体的に述べることで誠意を示す。

発売中止の詫び

平成○年10月15日

株式会社トイアラ○
販売部長　松本厚志様

株式会社アトム堂
営業課長　内山克彦

「パーフェクト○Q10」発売中止のお詫び

拝啓　貴社ますますご隆盛《りゅうせい》のこととお喜び申し上げます。平素は格別のお引き立てをいただき、厚くお礼申し上げます。

さて、11月1日発売予定でありました当社新型ゲーム機「パーフェクト○Q10」につきまして、❶一部に不具合のあることが判明いたしました。修復に向けて全力で作業にあたってまいりましたが、これにより改めて全体の確認作業をする必要が生じ、当社ではひとまず、当製品の発売を中止することといたしました。

❷ご予約をいただいておりましたお客様、および貴社には多大なるご迷惑をおかけしますこと、心よりお詫び申し上げます。

つきましてはまことに申し訳なく存じますが、先般の貴社よりのご注文は、取り消しの処理をさせていただきたく存じます。はなはだ勝手なお願いではございますが、なにとぞ事情をご賢察《けんさつ》いただき、ご了承いただきますようお願い申し上げます。

なお、既に発売済みの「パーフェクト○シリーズ」および「コンパクト○シリーズ」に関しましては、今後ともお取り扱いのほどよろしくお願い申し上げます。

敬具

❶発売中止の理由を、細かい技術的な説明は省き、簡潔に説明する。

❷先方だけでなく、お客様に対しても謝罪の言葉を述べる。

ここに注意

・発売中止により、迷惑のかかるすべてのところに謝罪文を出す。
・注文の取り消しなど、後処理についても必ずふれること。

事故発生の詫び

20XX年2月10日

関係者各位

株式会社○化工業株式会社
代表取締役　島田勇作

このたびの火災事故に関するお詫び

拝啓　時下ますますご清祥《せいしょう》の段、お喜び申し上げます。平素は格別のお引き立てをいただき、厚くお礼申し上げます。

さて、1月31日に発生いたしました当社坂○工場における火災事故に関しましては、関係者の皆様にご迷惑、ご心配をおかけいたしまして、まことに申し訳ございませんでした。❶心よりお詫び申し上げます。

当社工場では、平素より安全管理には十分注意してまいりましたが、このたびの事故はまったく想定外のことで、当社といたしましても困惑しております。幸いなことに、皆様のご尽力のおかげで大事には至らず、深く感謝しております。

当工場の被害はそれほど大きくはなく、ただいま全力を上げて復旧作業を続けております。❷点検作業も含めまして、2月20日には操業を再開できる見通しでございます。A今後はこのような不祥事を二度と繰り返すことのないよう、安全管理の徹底をこれまで以上に図ってまいりますので、倍旧《ばいきゅう》のご愛顧のほどよろしくお願い申し上げます。

敬具

❶重大な事故について、まず心からの謝罪をする。

❷操業再開の見通しを伝える。

書き換え

A「再びこのような事故を繰り返さぬよう、社員一同全力を挙げて取り組んでまいる所存です」

ここに注意

・火災などの重大事故があったときは、関係者向けに速やかに事情説明し、謝罪することが大切。大事な取引先にはきちんとあて名を。

送金遅延の詫び

支払い遅延のお詫び

拝復　貴社ますますご盛栄《せいえい》のこととお喜び申し上げます。平素は格別のご高配《こうはい》を賜り、厚くお礼申し上げます。

さて、6月10日付にてご送付いただきました貴信《きしん》を拝読《はいどく》し、まことに恐縮しております。❶さっそく経理担当者に確認したところ、まったくもって当方のミスでございました。貴社にはたいへんご迷惑、ご心配をおかけいたしましたこと、心よりお詫び申し上げます。

今後は二度とこのようなことのないように、厳重に注意いたしますので、今回に限り、なにとぞご容赦《ようしゃ》賜りますようお願い申し上げます。

❷さっそく本日、○井光友銀行○○支店貴社口座宛てにお振込みいたしましたので、よろしくご査収《さしゅう》くださいますようお願い申し上げます。

取り急ぎ、お詫びかたがたご連絡いたします。

敬具

❶非がこちらにあることを素直に認め、ていねいに謝罪する。

❷振り込む（振り込んだ）日付、振込先を明記し、先方に安心感を与える。

ここに注意

・支払いの遅延は相手に不信感をもたれるので、二度と繰り返さない旨、必ず誓約の言葉を添える。

納期遅延の詫び

納期遅延のお詫び

拝啓　貴店ますますご発展のこととお喜び申し上げます。平素は格別のご高配を賜り、厚くお礼申し上げます。

さて、4月10日付貴注文書によりご注文いただきました、バザ○製無線LAN用ルーターの件でございますが、❶納品日は4月27日ということでございましたが、まだ当社にも入荷しておりません。じつは、当製品に一部不具合が見つかり、それについてはすでに改良済みとのことですが、メーカー側で回収と製造に多少手間取っているとのことでございます。

したがいまして、❷当社への入荷が4月30日頃となり、貴店への納品は5月2日になる予定でございます。

ゴールデンウィーク前にとの貴店のご要望にお応えできず、まことに申し訳なく存じます。

今後はこのようなことのないように十分に注意いたしますので、今回はご容赦賜りますようお願い申し上げます。

敬具

❶納期に遅れることがわかった時点で、詫び状を送る。

❷納品できる日付がわかれば明記する。

ここに注意

・納品の遅れは、相手側に大きな損失を与えることもあるので、その点も含んだ文面を心がける。

商標権侵害の詫び

20XX年9月20日

株式会社ロン○
代表取締役　森多佳子様

株式会社金田企画
代表取締役　金田孝司

「アロ○ニー」の商標権侵害について

拝復　貴社いよいよご盛栄《せいえい》のこととお喜び申し上げます。

さて、9月15日付で貴社よりいただきましたご書面、確かに拝読《はいどく》いたしました。

当社商品「アロ○ニー」のロゴおよび形状が、貴社の商品「アマ○ニー」に類似しているとのご指摘をいただき、さっそく専門家を交えて調査検討いたしました。結果、やはり当社商品には商標権に抵触する可能性があるとの結論に至りました。

❶故意に模倣したものではないとはいえ、貴社には多大なご迷惑をおかけし、まことに申し訳なく、ここに深くお詫び申し上げる次第でございます。

つきましては、❷早急に当商品を回収し、商標の変更を行う所存でございますので、このたびの件はなにとぞお許し願いたく、お願い申し上げます。

なお、❸今後商品開発にあたっては、十分に調査をし、二度とこのような間違いをいたさぬことをお約束いたします。

まずは書状をもちまして、陳謝《ちんしゃ》申し上げます。　敬具

❶故意の模倣ではないことを伝えたうえで、ていねいに謝罪する。

❷早急に善後策を講じることを伝える。

❸今後は同様のミスをしないことを約束する。

ここに注意

・商標権の侵害は、法的処置をとられかねない重大なミス。対応措置を具体的に示して誠意を見せることが大事。

社員の不始末の詫び

20XX年7月3日

高橋健二様

株式会社ファミ○
横浜店店長　佐々木祐二

当店店員の不始末のお詫び

拝啓　薄暑《はくしょ》の候、ますますご健勝のこととお喜び申し上げます。平素は当店をご利用いただきご厚情《こうじょう》のほど、心よりお礼申し上げます。

さて、昨日は当店におきまして、店員が高橋様にたいへんご無礼な態度をとり、ご迷惑をおかけしたとのことで、まことに申し訳なく、❶責任者である店長として深くお詫び申し上げます。

当店員に対しましては、厳重に注意、処分いたす所存でございますので、なにとぞこのたびのことはご容赦《ようしゃ》くださいますようお願い申し上げます。

当店では、アルバイトも含めまして、店員には厳しく指導を行ってまいったつもりですが、❷今後は再びこのような不始末のないよう、よりいっそうの接客指導を徹底してまいる所存でございますので、今後とも当店をご利用くださいますようお願い申し上げます。

なお、❸今後も当店のサービス等につきましてお気づきの点がございましたら、遠慮なくご指摘くださいますようよろしくお願いいたします。

敬具

❶責任者として謝罪することを強調する。

❷社員教育などの今後の対応を約束したうえで、つきあい（利用）の継続をお願いする。

❸指導をお願いするという形で、今後の利用を求める。

ここに注意

・顧客に対する不始末は、どちらに非があってもとにかく謝罪すること。本人が反省していることを伝えるのも効果的。

会社の不祥事の詫び

20XX年1月16日

株主および関係者各位

株式会社○×ホーム
代表取締役　藤○清吾

証券取引法違反の件について

急啓　平素は格別のご厚誼《こうぎ》にあずかり、厚くお礼申し上げます。

さて、このたび当社が証券取引法違反（虚偽記載）に問われました件に関しましては、A皆様に多大なるご心配、ご迷惑をおかけいたしました。社員一同に代わりまして、ここに心より深くお詫び申し上げます。

❶この事件は元代表取締役である堀谷をはじめとする旧経営陣が引き起こしたこととはいえ、こうした不祥事を生む土壌が当社にあったものと深く反省し、二度とこのような過ちを繰り返さぬよう、隠蔽体質の一掃を図り、情報開示に努めてまいりたいと存じます。

また、社員一同、こうした事態を深刻に受け止め、皆様の信頼回復に向けて、一歩一歩努力してまいる所存でございますので、まことに勝手ながら、皆様の変わらぬご支援、ご助力を、なにとぞよろしくお願い申し上げます。

まずは、略儀《りゃくぎ》ながら書中をもちまして、皆様にお詫び申し上げます。

敬白

❶不祥事の背景を簡潔に説明し、深い反省と、二度と繰り返さないという強い決意を述べる。

書き換え

A不祥事の内容によって、「世間をお騒がせし」「貴社に甚大《じんだい》なる損害を与えてしまい」

ここに注意

・重大な不祥事の場合は、社会全体に謝罪するつもりで書く。
・二度と繰り返さないという強い決意表明をする。

法的文書とは

法的文書とは

法的文書とは、その内容が法律的な効力を発揮する文書のこと。さまざまな種類がありますが、ビジネスに関係のあるものとしては、物品売買契約書、営業委託契約書などの契約書や、委任状、内容証明などがあります。

法的文書を書く目的は、当事者間で取り決めた契約、または約束が、法律的な後ろ盾によって守られるようにすることです。口約束や通常の文書だけでは、「そんな約束をした覚えはない」とか「そんな文書は受け取っていない」といった齟齬《そご》が生じることがあります。そうしたことを防ぐうえでも有効になります。またトラブルが起こったときには、解決がスムーズになったり、損害を最小限に抑えたりするのに役立ちます。

しかし、ふだんの業務をきちんと行っていれば、法的文書を持ち出す必要はないかもしれません。できればそのようなビジネスを心がけたいものです。

法的文書の書き方

たとえば、売買の契約の場合は、次のような項目を契約書に盛り込みます。

・目的物（何を売買するか）
・売買代金とその支払い方法、手付金等
・所有権の移行（納品や明け渡しの期限）
・諸経費の負担
・契約の失効、解除条件
・担保の抹消
・危険負担
・管轄裁判所

しかし、これらを契約のたびに新規に作成する必要はありません。日常的に行われる契約書に関しては、定型のフォーマットが市販されているので利用するのもよいでしょう。

その他の法的文書は特有の言葉づかいも含め、正確に記すことが必要になります。専門家に監修してもらうのが無難。金額、数量などはもとより、日付や署名捺印なども重要な意味を持つので注意が必要です。

契約書

物品売買／営業委託など

ここがポイント

■だれとだれが、いつ、どんなことを、何の目的で、を明記する。
■法律用語以外は、難解な表現は避ける。
■文書作成後は入念にチェック。
■当事者の数だけ作成し、署名・押印のうえ、各自1通を保管する。

物品売買契約書

❶法律で定められた額の収入印紙を貼る。

❷契約書の当事者名は、甲・乙・丙などを用いる。

❸氏名は必ず自署し、実印を捺印する。

❶

物品売買契約書

株式会社サ○エー（以下❷「甲」とする）と、株式会社木○産業（以下「乙」とする）との間に、次のとおり売買契約を締結する。

第1条　甲は乙に対して、下記商品を売り渡すことを約し、乙はこれを買い受けることを約す。

記

コンパ○ト製サーバーRX-10　5台

第2条　売買代金は金250万円とし、乙は甲に対し、次のとおり支払う。

(1)　本契約締結時に、手付金として金50万円

(2)　甲の納品時引換えに残金200万円

（略）

この契約を証するため、本契約書を2通作成し、甲乙各自署名捺印のうえ、各1通を保持する。

平成○年2月20日

（甲）住所　東京都渋谷区XXXX
株式会社サ○エー
代表取締役　❸南英俊　㊞

（乙）住所　東京都大田区ZZZZ
株式会社木○産業
代表取締役　❸木島幸一　㊞

ここに注意

・商品名や数量、金額や納品時期などの取引条件に誤りのないように、必ず確認すること。

営業委託契約書

収入印紙

営業委託契約書

株式会社リブ○○（以下「甲」とする）と、株式会社花○商会（以下「乙」とする）との間に、次のとおり営業委託契約を締結する。

第1条　甲は乙に対し、乙が所有する東京都武蔵野市吉祥寺本町○丁目○番○号所在の店舗（以下「本件店舗」とする）における営業（以下「本件営業」とする）を委託し、乙はこれを受託する。

第2条　本件営業は、甲の名義によって行う。

第3条　❶本件店舗において、乙は本件営業のみを行い、甲の許可なしに他の業務を行ってはならない。

第4条　❷甲は下記費用を負担する。

（略）

この契約を証するため、本証書２通を作成し、甲乙各自署名・捺印のうえ、各1通を保持する。

❸平成○年1月30日

（甲）　住所　東京都新宿区XXXX
　　　　氏名　株式会社リブ○○
　　　　　　　代表取締役　長谷川浩二　㊞

（乙）　住所　東京都武蔵野市ZZZZ
　　　　氏名　株式会社花○商会
　　　　　　　代表取締役　花岡修三　㊞

❶委託する店舗での業務内容を、明確に定める。

❷店舗の改装など、営業に必要なコストの負担は、必ず明確にする。

❸日付も重要。正確に記す。

ここに注意

・コスト負担、業務内容に加え、マージン（利益分配の比率）、トラブルが起こったときの責任分担など、細かく取り決める。

委任状

納税証明書請求／不動産登記申請など

ここがポイント

■委任状とは、委任者が受任者に代理権を与えたことを証明する文書。
■代理人の氏名、住所は正確に記入する。
■委任する内容は、なるべく具体的に特定する。
■最後には、委任者が自署、捺印するのを忘れない。

納税証明書請求の委任状

❶宛名は「○○税務署長殿」。

❷委任する内容を具体的に、明確に記す。箇条書きにするとよい。

ここに注意

・委任内容が不明確だったり、白紙だったりすると、委任者の責任問題として、トラブルになることもあるので注意。

委任状

❶武蔵野税務署長殿

代理人
東京都武蔵野市○町○丁目○番○号
坂下文夫　㊞

私は、上記の者を代理人と定め、下記の権限を委任します。

記

❷以下の納税証明書の請求、および受領に関する一切の権限。

1. 納税証明書
2. 証明税目　法人税、消費税および地方消費税
3. 請求年分　平成○年分
自平成○年4月1日
至平成○年3月31日
4　請求枚数　各2通

20XX年6月10日

委任者
東京都三鷹市下連雀○-○-○
株式会社イ○ージネット
代表取締役　関口満寿夫　㊞

不動産登記申請の委任状

登記申請委任状

東京都渋谷区神南○丁目○番○号
司法書士　高木浩二

弊社は、❶上記の者を代理人と定め、下記の事項に関する一切を委任します。

記

1. 登記の目的　所有権保存登記
2. 不動産の表示
　所在　東京都杉並区阿佐谷南○丁目○番○号
　家屋番号　XXX番
　鉄筋コンクリート3階建ビル１棟
　床面積　1階　121.33平方メートル
　　　　　2階　121.33平方メートル
　　　　　3階　88.93平方メートル

❷平成○年4月1日

委任者
東京都杉並区上荻○丁目○番○号
中○企画株式会社
代表取締役　❸中川次郎　㊞

❶「だれ」を代理人として、「何について」委任するかを明確にする。

❷委任の年月日を必ず特定する。

❸必ず本人が署名、捺印する。

ここに注意

・委任事項や代理人の氏名を記載しない「白紙委任状」は、トラブルの元になるので、絶対に作成しないこと。

内容証明

未払い代金請求／売買契約解除／商標使用差し止め請求など

ここがポイント

■市販の内容証明書用紙があるが、用紙は自由。
■同じ文書をコピーして3通作成し、差出人、受取人、郵便局で保管。
■縦書き、横書きはどちらでもよい。
■使用できる文字は漢字、かな、数字、一般的な記号で、各1字と数える。

未払い代金請求の内容証明

❶横書きの場合の字数は、用紙1枚につき、26字×20行以内、または、13字×40行以内。句読点やかっこも1字として数えるので注意。
※用紙が2枚以上にわたる場合は、つづり目に割印する。

ここに注意

・儀礼的なあいさつ文は不要。
・契約または約束した事実を正確に書き、こちらの主張を明確に伝える。

❶未払い代金の支払い催告書

前略　当社は貴社に対して、平成○○年５月１０日付でキャ○ル製コピー機５台を納入し、契約により、その代金１２５万円のうち、手付金として同日金２５万円を受領し、残金１００万円は平成○○年６月１０日までにお支払いいただくことに定めました。

しかし、支払い期日を過ぎても貴社よりのお支払いはなく、再三にわたる催促にもかかわらずお支払いいただけませんでした。

したがって、遺憾《いかん》ながらここに平成○○年７月１０日までに残金１００万円をお支払いくださいますよう催告いたします。万一履行いただけない場合は、法的手段をとらざるを得ませんので、その旨ご承知おきください。　草々

平成○○年６月２５日
東京都中央区銀座○丁目○番○号
株式会社田○商会
代表取締役　田中明彦　㊞

東京都中央区銀座○丁目○番○号
株式会社○沢商事
代表取締役　中沢利勝様

売買契約解除の内容証明（所定用紙）

四行目
一字削除
一字挿入
㊞

❶当社は、平成○○年二月二十日に、貴社と
の間にコンパ○ト製サーバー五台の売買契約
を締結しました。　　　　　五
その際、手付金として金❷~~＄~~十万円を当社は
受領し、残金二百万円は平成○○年三月二十
日までに貴社よりお支払いいただくことにな
っておりました。しかし、支払い期日を過ぎ
、再三の当社からの催促したにもかかわらず
、本日に至るも貴社からのお支払いはいっさ
いございませんでした。当社では、契約を履
行すべく、コンパ○ト社との間の契約を済ま
せ、いつでも貴社に納品できるような準備を
とっており、まことに遺憾に存じます。

内容証明書用紙

つきましては、平成○○年四月十日までに残
金のお支払いがない場合は、不本意ながら本
契約を解除させていただきます。その場合契
約書第五条により、手付金の返還はいたしま
せんのでご了承ください。
　平成○○年三月三十一日
　　　　　　　　東京都渋谷区○町○番○号
　　　　　　　　株式会社タプ○○
　　　　　　　　代表取締役　坂口琢磨　印

東京都大田区○町○番○号
木○産業株式会社
代表取締役　木島幸一殿

❶縦書きの場合は、用紙1枚につき、20字×26行以内で作成する。

❷訂正する場合は、欄外に、「四行目一字削除　一字挿入」のように記し、訂正印を押す。また、削除、訂正する際は、元の文字が見えるように、二重線で消す。

ここに注意

・まず、事実関係の確認の意味で契約内容を簡潔に記す（売買物品、金額、契約日、支払い期日等）。
・契約解除となる場合の手付金などの処置を明確に伝える。

商標使用差し止め請求の内容証明

❶商標使用の差し止めを明確に求める。

❷以下、日付、差出人の住所・氏名　印、受取人の住所・氏名を明記する。

商標使用差し止め請求

当社では、当社商品「元気予○」を、商標登録第○○号により、２０ＸＸ年４月４日に商標登録し、販売を開始して以来、製品パッケージや広告においてこの商標を用いてまいりました。結果、当商品は当社を代表する健康飲料として広く一般に認められるものとなっているものと自負しております。

それに対し、貴社製品「元気予△」は、当社商品名に酷似しており、消費者に当社商品であるとの誤解を抱かせております。これは当社に対する悪質な営業妨害であり、当社に多大な不利益を与えるものであります。

したがって、❶当社は貴社に対して「元気予△」の商標使用の差し止めを要求いたします。

当年５月末日までに商標の変更、もしくは停止をしない場合は、何らかの法的措置《そち》をとる所存ですので、お含みおきください。

❷

ここに注意

・相手の商品が明らかに商標権の侵害であることを指摘し、商標使用の差し止めを明確に要求する。履行されない場合の措置も伝える。

内容証明について

●内容証明とは

ビジネスにおいて通常交わされる文書では、番号を付けるなどして管理しトラブルを防いでいるが、一方に悪意があり、「文書を出した」「いや受け取っていない」といったことになればそれらを証明するのはむずかしい。

こうした事態を防ぐために「内容証明（郵便）」の制度がある。これは、「いつ、だれが、だれに、どんな内容の」文書を郵送したかを、指定の郵便局長が証明する制度である。内容証明（郵便）にすることにより、ふつうのビジネス文書よりも法的な証拠能力の高い文書となる。さらに、当該文書を配達証明郵便にすれば、相手が文書を受け取った事実、受け取った日付を郵便局が証明してくれるので、法的に有効となる。

●内容証明郵便の出し方

内容証明は、同じ文書を3通作成（コピーも可）し、封をせずに郵便局へ提出すると、局側でそれら3通が同じ文書であり、内容証明としての書式が守られていることを確認したうえで、3通ともに内容証明する旨の証明文を付けて、通信日付印を押してくれる。差出人は、3通のうち1通を封筒に入れて封をし、窓口に提出する。また1通を郵便局で、残り1通を差出人が保管する。このとき、受領証の控えが渡されるので、しっかり保管しておくこと。

●電子内容証明

郵便局の窓口へ行かなくてもインターネットを使ってできるのが、電子内容証明（E内容証明）。詳しくは、http://www3.hybridmail.go.jp/mpt/ へ。

社内文書

社内文書作成の基本知識

社内で交わされる文書

社内文書とは、社内で取り交わされる連絡、報告、届などの文書です。組織内のコミュニケーション手段の一つであると同時に、組織の秩序を維持する役割をになう潤滑油でもあります。

社内のみに関する文書ですから、社外文書より、機能性が重視され、簡潔さと正確さがより重視されます。ですから、儀礼的なあいさつは省き、用件をストレートに書き始めましょう。

社内文書には基本的に次のことは必要ありません。

①頭語…「拝啓」や「前略」など
②前文…「時候のあいさつ」や「相手への配慮を表すあいさつ」など
③末文…「まずは、ご連絡です」や「お願いのあいさつ」など。
④結語…「敬具」や「草々」など。

また、定型化された文書が多いので、用件ごとに決まった書式をつくっておくと、社内メールなどにも活用できるでしょう。

重要事項は最初に

ビジネス文書の基本は、大切なことをまず文書の冒頭部で述べることです。

伝言メモでは伝言のポイント、照会状や稟議書《りんぎしょ》では目的と理由、報告書では結果や成果などを主文の最初に掲げます。詳細事項についてはその後に箇条書きでスッキリとまとめましょう。

また、始末書や念書、進退伺いなどの場合は、お詫びの姿勢や潔さなどが冒頭に来ます。事情や原因の説明等の記述は、その後に簡潔に行います。言い訳がましいことは避け、責任の所在や辞職理由などをはっきりさせるようにしましょう。

つまり、身内同士のやり取りのため、儀礼的なあいさつが省かれた社内文書は、主文のみの文書といっても差し支えないのです。

必要以上の敬語は避ける

しかし、ぶっきらぼうな文面は困ります。かといって、ばかていねいな文面も常識知らずに当たります。

文面は、必要範囲のていねい語・尊敬語・謙譲語（→P20）を正しく使い、一社会人として恥ずかしくないものにまとめましょう。

必要以上に敬語を使いすぎると、逆に相手を小ばかにしたような文面になりかねません。たとえば、同期社員を相手にした文書では、「まことに恐れ入りますがよろしくお願いいたします」などとせず、「お願いします」だけで十分です。かえって親しみを喚起させ、仲間意識の向上につながるでしょう。

基本的な文面は、次のことを念頭に置くとつくることができます。

①できるだけ、単刀直入に要点を伝える。
②ていねいな文章を心がける。
③必要以上の敬語は控える。
④文体は「です・ます」調を用いる。

ただし、「別記」で述べる場合は、箇条書きになることが多いので、文体は「である」調がふつうです。

〈書面・FAX・メールの使い分け〉

最近はデジタル化が進むなかで、ビジネス文書もメールで済ませることが多くなってきました。しかし、従来からある書面やファクシミリによる手段も見逃すことはできません。じょうずに使い分けることが、「ビジネス文書」のコツでもあります。

●書面

礼儀を重視しなければならない文書や正式な文書とする場合に、もっとも適した手段です。発信者の気持ちや姿勢を文書に込めたい場合や掲示文書や回覧文書の場合は、どうしても書面ということになります。

ただし、速達で発送するにしても、発信と受信の間に時間的なズレが生じるので、緊急を要する場合には適しません。

本書の文書区分で言えば、社交儀礼の文書における一般的な手段と言えるでしょう。

●FAX

緊急を要する文書を確実に送る場合に、もっとも適した手段です。

メールによる文書のやり取りが盛んになってきましたが、いつ開けてもらえるかわからないメールに比べて、一応書面として相手に届くため「超速郵便」の機能を有していると言えます。

社外文書で、メールではどうも不安だという場合に、活用するとよいでしょう。

●メール

パソコンを導入している職場における社内文書のやり取りに、もっとも適した手段です。

添付ファイルなどを使えば大量の文書を、多数の受信者に同時にかつ瞬間的に送ることができます。

ただし、受信者がいつメールを開くかわからないのが欠点です。過信は禁物です。

社内文書の基本スタイル

社内文書は、A4用紙に横書きが一般的で、「前付」「主文」「後付」で構成されます。内容によっては、「別記」が入ることもあります。

前付

「発信年月日」「あて先」「署名」は、必ずつけなければなりません。

「発信年月日」は、文書を発信する日です。

「あて先」は、発信先の職名・受信者名・敬称です。略称は避け正式名称を、敬称は「殿、様、各位」などが無難です。左上に書くのが一般的。

「署名」は、発信元の職名・発信者名です。部課名のみですませることもあります。

また、「文書番号」は、必要に応じてつけましょう。

主文

用件を表す「件名（標題）」の次に書かれます。用件を伝える部分で、文書で一番重要な部分です。要点を過不足なくおさえ、簡潔な文面をつくることが肝心です。

主文の内容のうち、詳細については「別記」扱いとします。その際、「下記に示す通り」などのひと言を入れるのが一般的です。

別記

主文で詳細を述べると、ダラダラと要領を得ないものになる場合には、主文の下に「記」と記して、その下で内容の補足をします。その際、間違いを避ける意味からも、項目ごとに番号をふり、簡潔さを心がけます。

参考資料や証明書など「添付書類」がある場合は、その内容と枚数を書きます。要返却書類は、その旨を忘れずに明記しておきます。

また、主文以外につけ加えるべき内容がある場合、再確認すべき項目がある場合には、「なお」などの起こしの語に続けて、用件を述べます。

結び

末文としてのあいさつや結語は必要ないが、用件をすべて伝え終えたら、右下に「以上」と記入します。

そのほか

必要に応じて問い合わせのため、担当者名、問い合わせ先電話番号（内線番号）などを結びの言葉の下に添えます。

●社内文書の例

前付（文書番号／年月日／あて先／発信者名）

総1第65号
平成○年8月7日

防災責任者各位

総務部長　佐々木恒夫

件名

震災・防災訓練開催について

主文

きたる9月1日の防災の日に合わせ、社員一人一人の防災意識を高め、各部門における災害対策を再確認する目的で、社内の防災設備の定期点検もかねながら、下記の要領で震災・防災訓練を実施いたします。

なにとぞ、ご協力お願いします。

別記

記

1. 実施日　8月25日（金）
2. 訓練内容　避難訓練、消火訓練
（避難通路、ならびに消火器の設置場所は、別紙の図の通りです）
3. 訓練時間　例年通り各部門により異なります。
●工場管理・事務部門…10時～10時30分
●工　場　資　材　部　門…11時～11時30分
●工　場　作　業　部　門…13時30分～14時
●本社管理・事務部門…14時30分～15時
●本社営業・販売部門…15時30分～16時
4. 災害・防災講習
今年は、各部門ごとに訓練終了後、○○消防署職員による講習を10分ほど予定。

結び（担当者名）

なお、各部門から4名の新消火班員を、8月18日（金）までに選出してください。各部門の防災責任者は、選出結果を総務・岬（内線1141、misaki-so@○○.co.jp）まで、連絡よろしくお願いします。

以上

伝言メモ

メモ用紙による伝言／
書式による電話メモ／連絡メモなど

ここがポイント

■不在の人に代わって受けた電話や伝言の内容を、確実に当人に伝える。
■先方の社名、部署名、氏名などを正確に書き取る。
■用件や伝言は、要点のみを簡潔に書く。
■走り書きのままではなく、整理して、読みやすく書き直す。

メモ用紙による伝言

❶最重要事項をまっ先に書く。

❷責任の所在を明らかにするためにも、自分の名前を必ず書く。

書き換え

A「本日2時10分、奥様からお電話がありました」

前田係長へ

・A3月12日 2時10分、奥様よりお電話。
「❶ご長男が事故で入院。
肩の脱臼と打撲があるが、重傷ではないもよう。
詳しい検査はこれから。」
とのこと。
・病院は○坂中央病院。
電話番号は、03－XXXX－XXXX。
・奥様は夜まで病院にいらっしゃるつもりで、ご次男は隣の白川様に預かってもらっているそうです。
・係長は会議中ですがおつなぎしましょうか、と申しあげたところ、重傷ではないからいいとおっしゃいました。会議が終わる3時すぎに、もう一度電話をするとのことでした。

❷島崎

ここに注意

・伝える内容がいくつかあるときは、箇条書きにするとわかりやすい。

書式による電話メモ

電話メモ

滝沢課長宛

---

❶株式会社　一〇社　営業部　森川様より

◯1. 連絡してほしい
　2. 再度連絡する
　3. 以下の伝言をしてほしい

　前にお話しした部品を本日入手しました。早急に現物をお見せしながらご説明したいので、ご都合のよい時間・場所等❷お知らせください、とのこと。

＊本日は午後2時まで席にいらっしゃるそうです。

6月12日（午前）午後　10時25分　桑原受信

❶課長から部長への敬意を正しく表す。

❷自分から課長への敬意を正しく表す。

ここに注意

・連絡内容は、要点を簡潔にまとめる。短い文で箇条書きにすると、自ずとむだのないわかりやすいメモになる。

連絡メモ

桜井部長へ

庶務課　本木課長より

備品請求に関する書式の件

・新しい書式の原案ができたので、❶ご覧いただきたいとのこと。部長ご不在のため❷置いていかれました。
・煩雑《はんざつ》さをなくすこと、よりわかりやすくすることに主眼を置いてご検討くださいとのこと。
・疑問点、質問、修正点などは8日までに出していただきたい、とのことでした。

10月3日　15時20分
松下記す

❶課長から部長への敬意を正しく表す。

❷自分から課長への敬意を正しく表す。

ここに注意

・連絡内容は、要点を簡潔にまとめる。短い文で箇条書きにすると、自ずとむだのないわかりやすいメモになる。

回覧文

忘年会の案内／会議日時の案内／
資料供覧の文書など

ここがポイント

■部・課内だけ、あるいは特定のメンバーだけが回覧する文書である。
■左上に「回覧」か「供覧」の文字をつけるのが、ふつうである。
■回覧の目的、発信者の部署や名前を明らかにしておく。
■全員に確実に回覧されるように、確認の押印欄などを設けておく。

忘年会の案内の回覧

❶楽しい気分を作り出すため、軽いジョークも有効だ。

❷参加したい、という気持ちを起こさせるような表現を入れる。

書き換え

Ａ「全員がそろうようぜひとも都合をつけて参加してください」

回覧

営業２課の皆様

課内の忘年会のお知らせ

とうとう今年も最後の12月になりました。❶12月といえば忠臣蔵、ではなくて、忘年会です。今年は次のように決定しました。多忙な折ではありますが、Ａ万障お繰り合わせの上、ぜひご参加ください。❷飲み、歌い、語り合って、一年の疲れを癒しましょう！

記

1. 日時　12月20日（金）17時30分～20時00分
2. 場所　和食れすとらん「たちばな」
   電話　0467－○○－1234
   （添付の地図をご覧ください。）
3. 会費　3,000円

会場予約の都合により、13日までに参加・不参加を幹事までお知らせください。

以上

20XX年12月6日　　幹事　石谷・杉山

回覧									

ここに注意

・読後に印を押す欄を作っておくと、回覧もれをチェックできる。印の代わりにサインでもよい。

会議日時の案内の回覧

回覧　　　　　　　　　　　　　　　　20XX年5月24日

10周年記念企画委員各位

委員長　宮沢正治

第3回委員会開催のお知らせ

第3回の記念企画委員会を次のとおり行います。これまで同様、病欠以外の欠席は認められませんので、全員必ず出席してください。よろしくお願いします。

❶記

1. 日時　6月1日（水）　午後3時～5時

2. 場所　第2会議室

＊❷前回残った三案について検討します。各自の意見を明確にしておいてください。

以上

→印	阿部	市川	須藤	田村	深田	矢野

＊全員が回覧した後は、宮沢へ戻してください。

❶日時・場所は別記としてまとめると、印象が強くなる。

❷会議の場合、議題や事前の準備について書いておくと、スムーズに議事を進めることができる。

ここに注意

・特定の人間だけに回覧する場合は、押印欄に名前を書いておくとよい。

資料の供覧

供覧

20XX年2月8日

企画課各位

総務課　立川宏明　㊞

❶「製品モニター調査」の集計について

1月に実施しました「顧客の製品モニター調査」の集計ができましたので、供覧します。

分析につきましては、ア○バ研究所に依頼しており、15日までにあがってくる予定です。

❷供覧後は、総務課にて保管します。

以上

❶短い文書であっても基本的には見出しをつけることが望ましい。

❷供覧《きょうらん》後の文書をどこが保管するかを明記しておく。

掲示

社内セミナー開催／健康診断実施／訃報など

ここがポイント

- ■掲示は、全社員に向けてのお知らせや、通知、案内などの文書である。
- ■見過ごされやすいので、大きく、目につくような見出しをつける。
- ■参加や出席を呼びかける場合は、意欲を喚起するような表現をする。
- ■日時・場所などは別記として、まとめて示す。

社内セミナー開催の掲示

❶何の掲示かが一目でわかるとともに、注意を引く見出しをつける。

❷❸読み手の興味を引くように工夫する。特に呼び物になるような事柄は必ず書く。

書き換え

Ａ「大勢の方の参加をお待ちしております」

---

❶〈喜びを生む光〉のセミナー開催

今年度第1回目の社内セミナーを、下記のとおり行います。講師は光デザイナーの第一人者にして、本社特別顧問の藤川真澄氏です。❷明るさを生むだけの光から、安らぎ、さらには喜びを生む光へ——光の新しい価値について学んでみましょう。❸さまざまな器具を使った照明の実際も見られます。Ａぜひご参加ください。

記

1. 講　師　藤川真澄氏（光デザイナー）
2. テーマ　「新しい光、癒しと喜び」
3. 日　時　6月11日（金）　15時～16時30分
4. 場　所　5階・ホール

お問い合わせは、下記へお願いします。

総務課　セミナー企画室　立木・袴田

（内線335）

ここに注意

・掲示は大勢の目にふれる文書。誤字や脱字、表現に特に気をつけること。

健康診断実施の掲示

社員各位

総務部厚生課

定期健康診断のお知らせ

❶平成○年度の健康診断を、下記の通りに行います。

記

1. 期　　日　4月25日（木）＝男子、26日（金）＝女子
　　　　　　午前10時～午後4時
2. 場　　所　第1会議室
3. 検査項目　体重測定、血圧測定、検尿、血液検査、
　　　　　　視力・聴力検査

※❷病気や体調不良は、個人の問題だけでなく、家庭生活にも業務にも影響します。必ず受診してください。
※当日受診できない人は、下記へ連絡してください。

以上

担当　村里（内線648）

❶毎年恒例の掲示の場合は、細かい説明は不要。事務的に伝える。

❷健康診断は、面倒に思って受診しない人が少なくない。受診しようという気にさせる工夫も大切。

ここに注意

・出張などで受診できない人もいるので、その対応も忘れないこと。

訃報の掲示

訃《ふ》　報《ほう》

本社編集部・雑誌部門　渡辺勝也氏が、10月13日、❶交通事故により逝去されました。享年52歳。
謹んでお悔やみ申し上げます。
葬儀等は以下のとおりです。

通　　　夜　10月15日　午後6時～8時
葬儀告別式　10月16日　午前10時～12時
会　　　場　埼玉県○○市友上町斎場
　　　　　　電話0492－XX－4367

❷喪主　長男　渡辺和幸氏
❸無宗教にて行うとのことです。

❶事情のある場合もあり、死因には特にふれなくてもよい。

❷弔電や供花のために必要なので、喪主の名は必ず入れる。

❸仏式・神式・キリスト教式・無宗教という葬儀の行われ方も忘れずにふれる。

案内する

社内旅行実施／厚生施設利用／
社会保険料変更など

ここがポイント

■確実に読んでもらうために、個別に配付する文書である。
■娯楽的な内容と事務・業務にかかわる内容とで、表現を使い分ける。
■事務・業務にかかわるものは、要点だけを簡潔にまとめる。
■行事などは、参加・出席したいと感じさせるような表現を工夫する。

社内旅行実施の案内

❶行きたい、と思わせるように、最初に旅行の魅力を伝える言葉を出す。より簡潔にしてサブタイトルのようにするのもよい。

❷日時などは別記として箇条書きにする。

書き換え

A「候補地のアンケート第1位の地での社内旅行です。ストレスも疲れも、お湯にとかして流してしまいましょう」

ここに注意

・具体的な見どころを伝えると、さらに行きたい気持ちにさせることができる。

社内旅行のご案内

❶鮮やかな紅葉を愛で、名湯につかり、湖畔を散策する――そんな旅に出かけましょう。A開放的な気分で語り合えば、互いの親睦も深まり、日ごろの疲れやストレスも湯煙の中に消えていきます。

今年は次のように行います。

❷記

1. 日　時　10月20日（土）・21日（日）
2. 行き先　伊香保温泉（群馬県）
3. 宿泊先　伊香保○○ホテル
4. 申し込み締め切り　10月5日（金）

＊伊香保温泉は二千年も前に発見されたという、名湯中の名湯です。竹久夢二の美術館もあります。
＊バスで二十分ほど登れば榛名湖があります。
＊途中には、霊験あらたかな水沢観音があり、有名な水沢うどんも味わえます。

●楽しみ方いろいろ、ぜひご参加ください。
●お申し込み・お問い合わせは、下記へ。

総務課　山崎（内線284）

以上

厚生施設利用の案内

厚生施設利用のお知らせ

❶7・8月の厚生施設の利用についてお知らせします。

記

1. 施　　設
- ・御宿海の家（千葉県・御宿）
- ・しゃくなげ荘（栃木県・那須温泉）

2. 利用資格
- ・社員及びその家族、その同伴者

3. 申し込み
- ・6月1日より、先着順に受け付けます。
- ・❷夏期は利用者が多いので、お早めに。

※使用料など詳細は、総務課にあるパンフレットをご覧ください。申し込み・お問い合わせは下記まで。

・総務課　樫村　内線561

以上

❶くり返し配付される文書なので、ずばりと用件のみ書けばよい。

❷わかりきったことでも、書いておくのが親切。

ここに注意

・大きな用紙を使う場合は、使用料や施設の特徴も書き込むとよい。別紙にして添付してもよい。

社会保険料変更の案内

社会保険料変更のお知らせ

20XX年○月18日

広報課　松崎昭三殿

経理課

❶平成○年度4月昇給により、あなたの社会保険料（健康保険料、厚生年金保険料、雇用保険料）が、下記のとおり変更されることになりました。当月の給与から、新保険料で計算されますので、お知らせします。

・健康保険料	○○○○○円
・厚生年金保険料	○○○○○円
・雇用保険料	○○○○円
合計	○○○○○円

詳細は、別紙の明細書をご覧ください。また、質問等は、内線251～3か、直接経理課でお尋ねください。

以上

❶このような事務的な用件の場合は、必要な事実だけを、わかりやすく、簡潔に書く。

ここに注意

・名前、金額に誤記がないように気をつけること。

通知する

店長会議招集／取締役会招集／営業所移転／価格改定／設備工事／情報セキュリティなど

ここがポイント
- ■決定事項などを、個々に配付することで確実に通知する。
- ■内容を正確に伝えることが第一。誤りのないように注意する。
- ■儀礼的な表現は不要。要点を簡潔にまとめる。
- ■日時などは、別記として箇条書きにする。

店長会議招集の通知

❶公式で重要な文書の場合は、文書番号を入れる。

❷定例の会議であれば「定例の店長会議を、下記のとおり開催します」だけでよい。

書き換え

A「別便で送付した資料に必ず目を通し、意見等まとめておいてください」

ここに注意

・このような会議は必ず出席が前提。必要事項を確実に伝えることに、神経を集中すること。

❶本第425号
20XX年6月18日

店長各位

本社営業部長　熊谷康幸

臨時・店長会議開催について

❷このたび、臨時の店長会議を下記のとおり行うことになりました。店長各位は必ず出席してください。また、A別便にて資料を送付しましたので、事前に必ず目を通しておいてください。

記

1. 日時　7月5日（水）午前9時～11時
2. 場所　本社　6階第1会議室
3. 議題　・顧客リストなど、個人情報の管理
　　　　・アルバイト採用基準の見直し
　　　　・競争激化に伴う業績低下への対策

＊別便の資料を持参してください。
＊資料についての不明点等は、本社営業部長宛に問い合わせてください。

以上

取締役会招集の通知

❶社通第385号
20XX年11月5日

❷鈴木隆義殿

代表取締役社長　榊原　靖

定例取締役会招集通知

11月度定例取締役会を、下記のとおり開催致します。万障お繰り合わせの上、ご出席願います。

記

1. 日　　時　9月15日（木）　午後2時より
2. 場　　所　3階　第1会議室
3. 主要議題　当月度売上予定報告
　　　　　　前月度売上実績報告
　　　　　　業績不振店舗への対応
　　　　　　新製品のキャンペーンについて

＊やむをえず欠席する場合は、12日までに連絡すること。

以上

❶重要な公式文書、文書番号は必須。

❷取締役という地位を尊重して、一人ひとりの氏名で出す。敬称は、「様」ではなく「殿」が一般的。

※万障《ばんしょう》：いろいろなさしさわりのこと。

ここに注意

・出欠や、ほかに議題としたい案件を記入する書式を添えると、いきとどいたものになる。

営業所移転の通知

20XX年6月8日

社員各位

総務課

西東京営業所移転のお知らせ

❶西東京営業所は、来る6月20日より、下記の場所に移転します。Ａ確認のうえ、間違いのないようにお願いします。

記

・新所在地　〒171－0021
　　　　　　東京都豊島区西池袋4丁目○番
　　　　　　　　○○ビル2階（地図添付）
・新電話番号　03-3973－XXXX
・新FAX番号　03-3973－XXXX
　　　　　　（メールアドレスは変更ありません）
・❷業務開始日　200XX年6月20日（月）

なお、移転準備のため、❸6月18日（土）は終日休業となります。

以上

❶社内文書なので、要点だけを簡潔に書く。

❷本文の中でふれていても、別記には改めて明記する。

❸移転に伴う休業や営業時間の変更などがあれば、書いておく。

書き換え

Ａ「新しい所在地、電話番号等、必ず確認し、間違いのないようにすること」

価格改定の通知

❶儀礼的な表現は省いて、要点だけを書く。

書き換え

A「日付と新価格を全従業員に徹底し、取り扱いに遺漏《いろう》のないようにすること」

ここに注意

・価格や期日を誤ると購入者など対外的なトラブルにもなるので、念入りにチェックする。

商第254号
20XX年9月5日

営業店各位

商品管理部長　山崎定人

商品価格改定の通知

❶次の商品について、10月1日より価格を改定する。

各店舗では、A日付と新価格を確実に把握し、対象商品の取り扱いに万全を期されたい。

1　期日　10月1日より実施
2　対象商品と価格（税込み）

商品名	旧価格	新価格
○○スイートチョコ	165円	175円
ぐる○○キャンディ	105円	100円
○○黒糖飴	205円	195円

以上

設備工事の通知

❶主文では通知の要点を簡潔に述べ、具体的な内容は別記や補足的な文章で述べる。

❷事故が起きないように、十分な予防策が必要である。

書き換え

A「社員の皆さんは、工事区域に近寄らないように注意してください」

工事のお知らせ

❶本ビルの改修工事が、下記のように行われます。A社員各位は事故に注意するとともに、工事の妨げにならないよう留意してください。

記

期間　2月13日～22日
場所　4階・5階の各一部
備考　・期間中、3号エレベーターは工事関係者専用となる。
・❷工事区域、4・5階に立ち入る際の注意は別紙1を見ること。
・工事区域の部署は、6階会議室で業務を行う。その配置は別紙2を見ること。

以上

情報セキュリティについての通知

200XX年10月21日

社員各位

総務部企画課

情報セキュリティについて

ネットワーク化の進展に伴い、❶個人情報流出が大きな社会問題になっています。個人情報保護法施行後も❷個人情報の流出はあとを絶たず、毎日のようにマスコミに取り上げられています。

わが社でも、以前から情報管理に力を注いできましたが、Ａ社員の皆さんにも、今後さらに一層の注意と努力を心がけるよう、お願いします。

それにつき、情報セキュリティに関する講演会を下記のとおり行います。

記

1. 日　時　11月11日（火）　14時～15時30分
2. 場　所　3階　第1会議室
3. 講　師　市橋新造氏（○○情報研究所長）
4. テーマ　情報管理の落とし穴

ぜひ参加してください。

以上

❶情報の流出がもたらす害について書くのもよい。

❷新聞記事のコピーなどを添えると実感がわく。

書き換え

Ａ「社員の皆さんは、責任の大きさをよく認識し、情報管理の大切さを肝に銘じてください」

ここに注意

・問題の深刻さや重大さが伝わるような表現のしかたを工夫することが大切である。

依頼する

社内報の原稿／社内研修会の講師／
社内アンケート調査など

ここがポイント

- 社内の特定の人（人たち）に、業務に関する協力や援助を頼む。
- 社内向けなので、過度な敬語や儀礼的な表現は不要。
- 「お願いする」という気持ちで、誠意をもって書く。
- 具体的な依頼内容は、別記として、箇条書きにする。

社内報原稿の依頼

❶会ったことのない相手でも、「初めてお便りいたします」といった類のあいさつは不要。

❷テーマ、字数などを明確に書く。

❸原稿が編集の意図から外れる心配があるときは、より詳しく説明する。

広第58号
20XX年4月10日

海外事業部　平島一郎様

社内報編集部　木守　定

社内報原稿執筆のお願い

❶社内報第233号（7月15日発行）で、〈アジアの若者が今ほしいものは何か〉という内容の記事を掲載する予定です。平島様がインドネシアの若者の実情に詳しいと、うかがいましたので、下記の要領で原稿執筆をお願いしたく存じます。

❷記

1. テーマ❸インドネシアの若者が今ほしいもの
2. 字　数　1,500字程度
3. 期　日　5月20日まで
4. 送付先　広報課　社内報編集部　木守　定
　　　　　（内線5234 kimori@XXX.co.jp）

以上ご検討のうえ、執筆可能かどうかご連絡ください。ご質問等ありましたら、木守まで。

よろしくお願いいたします。

以上

ここに注意

・急ぐ場合は、電話で執筆の可否を聞き、そのうえで依頼書を出す。その場合は、「先ほどは、社内報の原稿執筆をご承知くださり、ありがとうございます」などと書き出す。

社内研修会の講師の依頼

食品衛生部長殿

商品開発部

研修会の講師の依頼

❶新商品の開発に際して、食品添加物についてあらためて徹底的に見直したいと考え、研修会を行うことになりました。つきましては、貴部より講師1名を派遣していただきたく、お願いします。

記

1. 日　時　8月18日（月）　午前10時～12時
2. 場　所　2階　第2会議室
3. テーマ　❷安全な食品への志向の高まりの中で、食品添加物の危険性をどう考えるか

＊人選はそちらにお任せいたします。
　不明点などは、商品開発部　村田（内線2228）へお願いします。

❶なぜ講師を派遣してほしいのか、その理由も明らかにする。

❷テーマはできるだけ詳しく書いておく。

ここに注意

・「いつ」「どこで」「どのようなテーマで」「だれに、あるいは人選は任せる」を簡潔に伝えること。

社内アンケート調査の依頼

社員各位

労務厚生課

アンケートへの協力のお願い

わが社の厚生施設について、皆さんの考えを聞かせてください。それに基づいて❶施設の改善、運営方法の見直しなどを行い、Ａ皆さんがより快適に休暇を楽しめるようにしていきたいと思います。
❷回答は、6月10日までにお願いします。記入後は1階受付わきのアンケート回収箱に入れてください。
　では、以下の質問に答えてください（あてはまるほうに○をつけ、〔　〕には自由に書き込むこと）。

厚生施設についてのアンケート

問1　あなたは、わが社の厚生施設を利用したことがありますか。
　　ある　　　ない　　　（以下略）

❶アンケートの目的をまず述べる。

❷締め切りと、用紙の回収方法を忘れずに書くこと。

書き換え

Ａ「子どもから高齢者まで、だれもが楽しく快適に過ごせる施設にしたい」

照会する

販売状況／在庫状況／製品取り扱いなど

ここがポイント

■社内の状況などについて、他の部門から資料や情報を求める文書。
■必要に応じて、照会の理由や使用目的なども示す。
■社内文書なので、過度な敬語や儀礼的な言葉は不要。
■「お願いする」という気持ちで、誠意をもって書く。

販売状況の照会

❶重要な公式文書として文書番号を入れる。

❷内容が一目でわかるような、簡潔な見出しをつける。

❶宣第28号
20XX年7月19日

販売部長
清水五郎殿

宣伝部長
外山大介

❷販売状況についての照会

4月からの新しいＣＭの効果を把握するため、該当商品の販売状況を調査中です。

下記の項目に関して、7月31日までにご回答くださるようお願いします。

記

1. 該当商品　「天の露」各商品
2. 内　容　①今年度4月～6月の月別販売数
　　　　　②昨年度4月～今年度3月の月別販売数
3. 期　日　7月31日まで

担当　小林貞治（内線521）

以上

ここに注意

・照会内容が複雑な場合は、回答用紙を添えて、数字だけ書き込めばよいようにする工夫も必要。

在庫状況の照会

本第45号
20XX年6月3日

店長各位

本社生産管理部長　木平賢人

在庫状況の問い合わせ

❶7月以降に実施する生産調整のため、対象商品について、各店の在庫数などを確認します。

以下の点について、6月10日までにご回答ください。

記

1. 対象商品　添付の回答用紙に記載
2. 照会内容　・対象商品の現時点での在庫数
　　　　　　・同・本年1～5月の月別販売数
　　　　　　・同・6月以降の販売見込み数

以上

❶理由や目的を明らかにし、協力を求める。

ここに注意

・回答期限に余裕がないときは、「短時間で恐縮ですが」などの言葉を添える。

製品取り扱いの照会

本社総務部御中

○○駅ビル店店長
松田浩一

❶製品の取り扱い方についての照会

❷お客様より、わが社製品の取り扱い方についてご質問をいただきました。「取り扱い説明書」にも記載がなく、当方でも調べてみましたがわかりません。本社でお調べのうえ、至急お知らせください。

なお、❸お客様には、結果がわかるまで使用を控えていただいています。

照会内容

・製品名　○○○○○　TAS－513
・ご質問内容

（以下略）

❶照会の内容が一目でわかるような見出しをつける。

❷照会の事情を説明する。

❸客にどのような対応をしたかを書いておくとよい。

回答する

販売状況／在庫状況／製品取り扱いなど

ここがポイント

- ■照会された内容について、的確に回答する。
- ■社内文書なので、過度な敬語や儀礼的な言葉は不要。
- ■期日に間に合わないときは、早めに連絡し、新たな期日を決める。
- ■回答がある程度まとまった範囲で、中間報告という形をとってもよい。

販売状況照会への回答

❶重要な公式文書として文書番号を入れる。

❷先方の照会に対する回答であることを明確に示す。

❶販第46号

20XX年7月28日

宣伝部長

外山大介殿

販売部長

清水五郎

❷販売状況照会への回答

7月19日付、宣第28号で照会のありました件につきましては、別紙〔「天の露」販売状況〕にまとめたとおりです。

なお、当方で一部販売店を調査した際、ついでに聞きこんだことですが、このところ、従来に比べて「天の露」を買う若者が増えたという印象をもっているところがありました。

データとはいえず、新しいCMとの関連も不明ですが、参考までにお知らせします。

以上

ここに注意

・照会内容以外のことを書く必要はないが、相手に役立つと思われる情報なら、書いておくのが親切である。

在庫状況照会への回答

千〇第13号
20XX年6月10日

本社生産管理部長
木平賢人殿

千葉・〇〇支店店長
松田真一郎

在庫状況のお問合わせへの回答

❶6月3日付の本第45号にてお問合わせのあった件につきましては、添付いただいた❷回答用紙に記入したとおりです。

なお、回答用紙の★印を付けた箇所は急に販売数が増加していますが、これは地区に大型マンションが完成し、入居が始まった影響です。

❶いつの照会かを、まず記す。

❷回答では商品名や数字に間違がないか、念入りに確かめる。

ここに注意

・回答について疑問が生じると予想される点は、説明をつけておくのがよい。

製品取り扱いの照会への回答

〇〇駅ビル店店長
松田浩一様

本社総務部
北原　聡

❶製品の取り扱い方の照会に対する回答

A〇〇〇〇〇　TAS－513の件にお答えします。

技術部がチェックした結果、お客様よりご指摘の状態が生じても、❷機能上の不具合はまったくなく、危険なども生じることも一切ないので、そのまま安心してお使いいただけるとのことです。

技術部による説明書を添付しましたので、詳しくはそちらを見て、お客様に適切にご説明してください。

以上

❶先方からの照会に対する回答であることを見出しで示す。

❷細かい説明は後にして、まず結論を簡潔に述べる。

書き換え

A「松田様よりご照会のあった……の件は、以下のとおりです」

日報

業務／営業／作業など

ここがポイント

- ■その日1日の仕事をきちんと整理し、簡潔に記録する。
- ■正確第一。人名、会社名、数量、金額などは特に正確に書く。
- ■記入後にもう一度読みなおし、誤りがないか確認する。
- ■自分の仕事以外でも、会社にかかわるような情報があれば記入する。

業務日報

❶1日の主な仕事について、事柄だけ書いていく。具体的な内容などは不要。簡潔に書く。

❷先の予定や注意点は備考欄に書く。

業務日報

20XX年1月26日

黒沢正子

9：00	❶春休みセールに関する会議の資料作成
10：00	〃
11：00	〃
12：00	昼食
13：00	春休みセールに関する会議
14：00	〃
15：00	女子学生対象アンケート案作成
16：00	〃
17：00	17：30　退社
18：00	
19：00	
20：00	

❷備　考　次回の会議は2月2日。

アンケート案は28日昼までに作成。

ここに注意

・1日の主な仕事の内容と、先の予定や注意点をまとめる。

営業日報

営業日報

20XX年5月18日
営業課　春田　光彦

訪問先	内　　容
○○マート	❶花の種プレゼントが好評。 ❷××コーヒー2ケース納入。
村○商店	即席スープで、粉末は主婦、カップは若者に人気。各3ケース受注。
ユ○ストア	○×ドリンクは、△△社の新製品により（？）売り上げ減。
※　○×ドリンクの不調は各店共通の傾向。 スープの種類を増やしてほしいという声も。	

❶聞き込んだ情報から役に立ちそうなことを簡潔に書く。

❷商品の納入、受注などを正確に記入。

ここに注意

・営業活動で取引先を回り、そこで得た情報や受注などを、簡潔にまとめる。気づいたことなども書いておく。

作業日報

作業日報　No. 1

20XX年10月21日
監督者　倉本正伍

運転	大石	助手	清原

❶茅ヶ崎○ビル店向け特配

商　品	数　　量	
❷黒豆煎餅	❷大　4箱	小　1箱
ピーナツ煎餅	3	0
薄焼き煎餅	3	0
あられ詰合せ	4	1

特注・詰合せ　14缶あり。＊午前11時必着

＊返品　・XXX○缶（破損）
　　　　・ZZZ○缶（期限切れ）
＊出発が遅れた。30分前には到着するようにする。他は問題なし。

出発	9：50
到着	10：50

❶その日にした作業の内容を見出しとして示しておく。

❷商品名、数値などは間違いのないように。書いたあとでもう一度確かめる。

ここに注意

・その日1日に、どういう作業をしたのかを書く。問題点、反省点などがあれば必ず書く。

週報

業務／営業など

ここがポイント

- ■1週間のサイクルでの自分の仕事の内容を、的確にまとめる。
- ■毎日の仕事のまとめやメモをもとに、重要事項を選んで書く。
- ■表現は簡潔・明瞭にする。
- ■反省点・課題なども、きちんと記入する。

業務週報

❶1週間の仕事について、1日ごとの主要な業務を、簡潔に記入する。

❷補足事項、次週の予定、私見などは備考欄に書き入れる。

週間業務報告

200XX年3月8日～14日　　鎌谷繁春

月日	業務内容
3／ 8（月）	❶新製品開発予備会議に出席
3／ 9（火）	2月販売結果の分析を検討 市場調査開始
3／10（水）	2月販売結果の分析を再検討
3／11（木）	支店長会議用の追加資料を作成
3／12（金）	支店長会議用の資料説明 新製品開発会議用の資料を作成
3／13（土）	休日
3／14（日）	休日
［備考］	❷15日より、新製品開発会議始まる。 2月販売結果の分析に新観点を導入。 最近の傾向がより鮮明になったと思う。

ここに注意

・1週間の仕事の内容や進み具合と、次週の予定や自分の意見をわかりやすくまとめる。

営業週報

営業週間報告書（2月13日～19日）

200XX年2月20日

担当　熊谷芳江

検印	

日付	訪問先	❶新製品チョコちゃん反応調査
13日（月）	金谷駅東側	❷「パッケージがかわいい」の声。 小・中学生の女子が買う。 逆に大人はほとんど買わない。
14日（火）	金谷駅西側	
15日（水）	松原1・2丁目	あまりよくない。 ワゴンで「新発売」としてもらい、売れ出したスーパーも。
16日（木）	松原3・4丁目	
17日（金）	室町・四王町	買うのは子ども。 「まだ客の認知度が低いようだ」
18日（土）	北金谷駅東側	「パッケージがよいらしい」 女の子が割とよく買う。
19日（日）	休日	

［備考］

❸ネーミングとパッケージから子ども向けの印象が強すぎ？

→子ども（特に女の子）のよく来る店では好調。

新発売のアピール不足の面もあるか。

❶営業活動としてどんな仕事をしたのかを示す。

❷地域の各店から聞き込んだ情報のうちから、重要と思われるものを選び、要点をまとめる。

❸備考欄には、私見や反省点などを書く。

ここに注意

・1週間の営業活動の内容を要領よくまとめる。個別の聞き込みだけでなく、全体を通して気づいたこと、注意点なども書こう。

月報

業務／営業／作業など

ここがポイント

- ■1か月間の仕事の内容、結果などが一目でわかるようにまとめる。
- ■データによる数値などを踏まえ、客観的に分析する。
- ■内容によっては表やグラフによって、見やすく仕上げる。
- ■反省点や課題、今後の見通し、対策なども述べてまとめる。

業務月報

❶文章で報告するときは、このような見出しを立てて、ポイントを絞ってまとめる。

❷問題点がはっきりわかるデータを挙げる。細かい数字などは別の資料にまかせればよい。

業務月報（20XX年6月期）

200XX年7月5日

国内旅行担当　敷島沙弥佳

●全体の状況❶

6月は、❷3・4月に対して約50%、5月に対して62%のダウンとなった。春休み、ゴールデンウイークの後であり、連休のない6月ということで、これはほぼ例年どおりの結果である。

●注目点

6月の客層の中心は、20〜30代の女性グループと、60代である。前者は休暇が取りやすい層、後者は定年退職後で時間のある層。これらの層が、混雑を避けて6月に旅行をするものと考えられる。

●課題

6月の売上げを伸ばすには、上記の二つの層をさらに取り込む必要がある。価格やサービスの面ではすでに限界であり、魅力のあるコースやパックの開発を進めることで打開していきたい。

以上

ここに注意

・1か月の業務の結果を報告する。売り上げを伸ばすための対策も考えて提示すること。

営業月報

20XX年7月期　営業月報

20XX年8月1日
長谷川夏美

●概況❶
　上旬は5～6月並みだったが、中旬以後急速に売上げが伸びた。

●理由と課題
　これは、新しいCMの効果である。特に都市部でポスターの希望者が多く、自然への憧れが感じられる。癒しをテーマとしてシリーズ化したい。

❷○○の月別売上げ

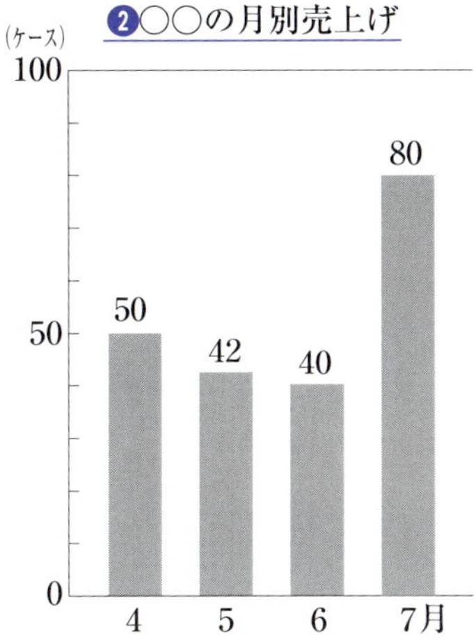

❶文章には適切な見出しをつけ、文章も要点に絞って書く。

❷図表を入れると、細かい説明なしで一目でわかる。

ここに注意

・1か月の成果とともに、理由の分析や課題、今後の対応策などを、しっかり書くことが大切。

作業月報

作業月報（20XX年5月期）

20XX年6月4日
担当　犬飼道雄

●概況❶
　夏期を控えて、1日30台生産の目標を課せられたが、それをやや下回る結果となった（❷別表参照）。

●問題点
　新規導入した機械のうち2台に不具合が生じ、負傷者3名を出した（いずれも軽傷）。上旬の生産低迷はそのためで、原因は作業員の機械操作の習熟不足であった。

●課題
　新しい機械の導入を焦り、作業員が十分に習熟しないうちに本格稼働しないこと。生産を上げるよりも作業員の安全を第一にしなければならない。

❶適切な見出しを立てて、それぞれの要点を簡潔にまとめる。

❷文章でていねいに述べたいときは、図表は別紙で添えればよい。

ここに注意

・1か月の作業の結果だけでなく、問題点や課題をとらえ、対応策も考える。

年報

売上げ／工場出荷数など

ここがポイント

- ■1年間の総括。データを基にして、業績などをまとめる。
- ■1年間を振り返るだけでなく、今後の課題や見通しなども述べる。
- ■客観的に分析し、プラス面もマイナス面も率直にとらえる。
- ■図表を活用し、わかりやすく、簡潔にまとめる。

売上げの年報

❶月別の状況をグラフで表現すると、1年間全体がひと目でわかる。

❷自分がそう感じているだけではいけない。客観的な資料やデータがなければ、「……ではないだろうか」などと表現する。

年間売上げ報告

20XX年12月26日

本店販売部長殿

○○駅前店　佐伯光正

❶200XX年度の月別売上高は以下のとおりです。

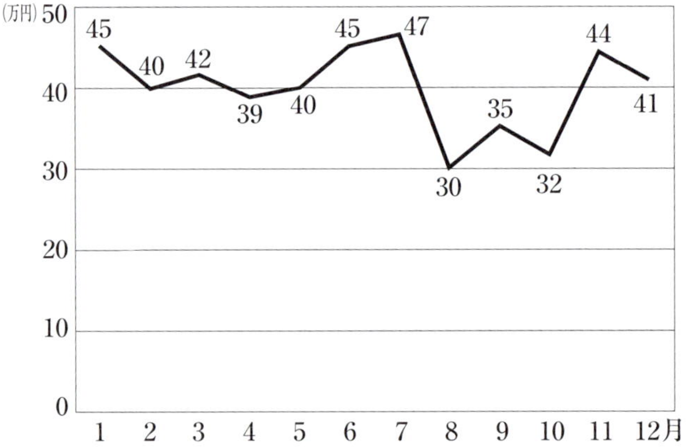

＊問題点と対策

❷去年に比べ全体に売上げが落ちている。高価な和菓子は専ら贈答用で、自家で食べるには安価なものという形が進んだ。❸安価なものならコンビニやスーパーのほうが気楽に買えるのが現実だ（別紙資料参照）。

老舗の風格も大切だが、通りすがりに気楽に入り、買っていけるような雰囲気づくりを考えるべきだろう。

ここに注意

・1年間の売上げの結果を振り返り、その原因の分析と、対応策や今後の見通しなどをきちんとまとめる。昨年度データとの比較も必要に応じて入れる。

工場出荷数の年報

年間出荷数の報告

20XX年1月8日

生産管理部

岡谷工場　小池和介

昨年の本工場からの出荷数について、ご報告します。まず、月別出荷数は❶次図のとおりです。

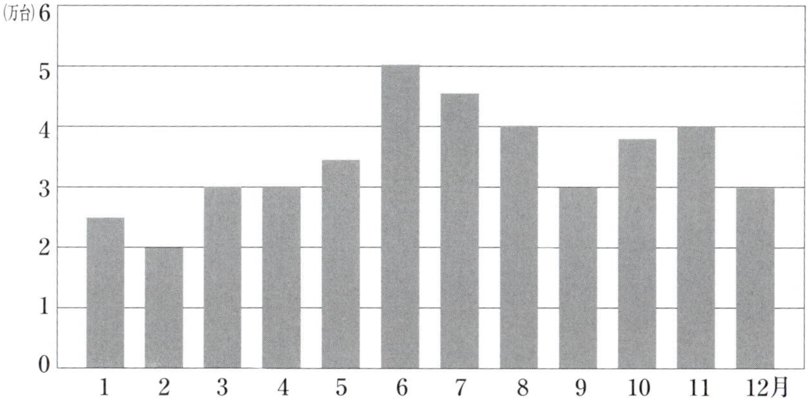

●概況と問題点

最新のＶＸ型が注目される一方、低価格のＳＷ型にも人気が集まり、二極分化の形となった（❷資料別紙）。また、6月に予想外の暑い日が続き、増産の指示が出たが、❸態勢が整わず、達成できなかった。フレキシブルな生産システムが課題である。

●今後の対応

夏の酷暑、極端な豪雨など気象の異常は増加しそうである。それに的確に対応できる態勢を、強化していきたい。

❶月別のグラフを挙げると、1年間の流れが一目でわかる。正確な数値は別紙を添えて示す。

❷個別のデータは別紙に整理して添える。

❸反省点も挙げ、次年度の課題とする。

ここに注意

・一年間の出荷数を振り返り、結果はどうだったか、その原因は何かを考察し、次年度の見通しや対策などを書く。

出張報告

出張報告書（視察）／
旅費精算を兼ねた出張報告書など

ここがポイント

■出張中の行動や、その成果などが明確に伝わるようにまとめる。
■表形式や箇条書きを用いて、わかりやすくまとめる。
■成果が上げられなかったときは、原因や今後の対策なども明記する。
■記入もれやミスがないか、必ずチェックする。

出張報告書

❶出張から戻ったら、できるかぎり速やかに報告する。

❷まず全体的なこととそれについての所見を述べる。箇条書きにするとわかりやすい。

出張報告書

❶20XX年8月28日

総務部長殿

榎本功大

○○県内の直営店12店の視察（8月25～27日）結果について、報告します。

❷［全体の問題点］

1. 開店準備について（2店のみ視察）

　開店時に清掃が終わっていない店、ワゴンなどの準備ができていない店が各1店見られた。

2. 接客について

　客が来店しても無言、そっぽを向いたまま声を出す、客の質問に答えられないなどの店員もあった。

3. その他

照明が暗い、通路が狭い、雑然としているなど。

＊所見

　問題のある店については、店長に注意を促すとともに、店員の再教育が必要。マニュアルの配付に頼らず、視察・指導の強化も図るべきである。

●次ページより、各店ごとの状況を述べます。

ここに注意

・視察の結果を要領よく問題点や成果などの項目でまとめる。あくまでも具体的事実に基づく表現で。

旅費精算を兼ねた出張報告書

出張報告書

20XX年10月5日

営業部長殿

森仲里美

出張先	岐阜県○○市・○○市			
期　間	10月3・4日			
目　的	特約店への、新製品「ピュア」シリーズ紹介			
結　果	事前に見本や資料を届けているため、❶各店とも好評で、協力の約束を得られた。❷主な声を別紙にまとめる。			
所　感	各店からは好評であったが、宣伝が不十分だという声もあった。実際、列車内や駅で聞いてみても認知度は低かった。❸キャンペーンやＣＭについて見直し、強化する必要があるのではないか。			
交　通	月日	交通機関	利用区間	料金
	10／3	ＪＲ○○線（以下略）	○○〜○○	○○○○円
宿　泊	月日	宿泊先		料金
	10／3	ホテル○○（以下略）		○○○○円

❶成果として得られたことをはっきりと書く。

❷数値などのデータがない場合、先方の生の声や反応が重要な報告内容になる。

❸出張で得た事実からの意見を述べる。

ここに注意

・経費の金額に誤りがないように交通機関を利用したら必ずメモを取る。領収書は必ずもらうこと。

研修会報告

研修会／セミナー受講など

ここがポイント

■研修会・セミナー名、日時、テーマなどの基本データを明記する。
■研修会・セミナーの主な内容を、簡潔にわかりやすくまとめる。
■何を学んだか、それをどう業務に生かすかを述べる。
■参加後、速やかにまとめて提出する。

研修会受講報告書

❶ここにはごく簡単に書く。詳しいまとめは別紙とし、もらった資料とともに回覧できるようにする。

❷所感は、自分の学んだことや考えを積極的な姿勢で書く。

20XX年4月15日

海外事業部長殿

大林　亘

研修会受講報告書

1. テーマ　アジアの中の日本～文化と経済～
2. 日時　　20XX年4月13・14日
3. 場所　　○○文化センター
4. 講師　　アジア○○研究所長　木笠天造
　　　　　アジア○○振興会　　神林正二
5. 内容（詳細は別紙）❶
   13日・反日と親日の真実
   　　・心で通じ合えるアジア
   14日・アジア諸国の経済の現状
   　　・アジアこそ経済機会の宝庫
   　　・アジアの発展に果たす日本企業の役割
6. 所感❷

　アジア諸国についての自分の無知を思い知らされた。アジア諸国との貿易を進めるには、彼らの歴史や文化をさらに学び、おごりを捨て、思いやりをもって、ともに発展していくことを肝に銘じたい。

以上

ここに注意

・研修会の内容、知ったことや学んだこと、これからの業務にどう生かしていくか、などをていねいに書く。

セミナー受講報告書

❶「企業の社会貢献」セミナー受講報告書

金城三津雄

このたび標記のセミナーを受講しましたので、報告します。

1. 日時❷　7月16日　午後1時～3時
2. 場所　　神田○○講堂
3. テーマ　企業の社会貢献――生き残れる企業とは
4. 講師　　巣元幸平（○○大学社会学教授）
5. 内容（別紙参照）❸
 - ・利益追求に走る企業――さまざまな不正行為
 - ・マスコミや消費者の目は厳しさを増している
 - ・企業は精神の改造をしないと生き残れなくなる
 - ・儲けたら社会に還元する――社会への貢献――欧米の例
 - ・企業は社会の中でしか生きられないという自覚を
6. 所感

企業も、儲かればよいという世の中ではないことがわかった。

ただ企業活動をするだけでなく、社会に役立つ活動を積極的に進めることでイメージアップが図れるだけでなく、社員一人一人も会社に誇りを持つことができる。それにより、毎日の業務への熱意も増して、企業の力も増大するはずだ。大きな目で企業の未来を考えるという視点を大切にしていくつもりである。

以上

❶標題にセミナー名を入れるとわかりやすい。

❷日時、場所、テーマなどは、箇条書きで示す。

❸内容は簡潔に書くが、このように講師の話の流れがわかるようにまとめるとよい。

ここに注意

・時間をおかずにまとめるのがポイントとなる。「学んだ知識や経験が業務に役立ちます」が基本姿勢。

会議報告

定例会議／販売促進会議／営業会議／会議議事録など

ここがポイント

- ■さまざまな会議について、その記録を正確に書き残す。
- ■日時、場所、出席者（欠席者）、議題、決定事項などを書く。
- ■議題、決定事項は、箇条書きにして簡潔にまとめる。
- ■感想などは交えず、客観的に事実だけを書く。

定例会議報告書

❶定例会議で決まった用紙がある場合は、それに従い、記入もれのないようにする。

❷出席者、欠席者をもれなく書く。欠席者については理由も明示する。書き誤りのないように、十分注意する。

❶定例会議報告書

会議名	定例課長会議
日　時	20XX年5月18日　13時～15時
場　所	第2会議室
❷出席者	経理課長　営業課長　人事課長 総務課長　販売課長 欠席＝企画開発課長（出張のため）
議　題	新入社員の勤務態度、言動への対策
内　容	次のような問題点が見られる。 ・遅刻、不注意、居眠り等。 ・他の社員となじまない、孤立。 ・先輩に対し、反抗的。
決　定	・課内でのよい人間関係を確立する。 ・中堅社員と適切に組み合わせる。 ・仕事の意義を実感できる工夫をする。
備　考	・焦らず、時間をかけて社会人としての心構えや自覚を育てていく。 ・他に対策があれば随時知らせ合う。
記録者	人事課　笠間安光

！ここに注意

・今後のために、決定した事項を正確に記録するのが主な目的。正確に、もれなく書く。

販売促進会議報告書

販売促進会議報告書

1. 日　時　20XX年3月6日　午前10時～12時

2. 場　所　第3会議室

3. 出席者❶販売課長　丹沢恒夫
　　　　営業課長　遠山彦四郎
　　　　宣伝課長　大川康正
　　　　総務課長　田代　守

4. 議　題　新製品「アル○スジャム」の販売促進について

5. 決定事項❷

(1) 発売日は、7月1日とする。

(2) パンフレット、ポスター、テレビ等のCM、新聞広告、ホームページ等は、宣伝課が直ちに製作にかかる。

(3) パンフレット、ポスターができしだい、営業課と販売課は、スーパー、小売店等への新製品紹介を開始する。

(4) キャンペーンの計画進行に従い、総務課は代理店に向け、店頭ＰＲおよびキャンペーンへの協力依頼をする。

6. 備　考

・コピーは「すこし　すっぱい　すっきり甘い」を第一案とし、10日の部長会議に提示する。

以上

❶役職名と氏名は正確に書く。氏名はフルネームで書くこと。

❷決定事項は、わかりやすく箇条書きにして、簡潔に書く。

ここに注意

・どういう議題について、どういうことが決定されたかを、明確に書く。あいまいなところがないか読み返して確かめる。

営業会議報告書

営業会議報告書

1　日　時　20XX年1月18日　午後1時～5時

2　場　所　本社　4階会議室

3❶出席者　本社　　　　営業部長　営業課長

東京支社　　営業部長　営業課長

名古屋支社　営業部長

広島支社　　営業部長　営業課長

欠席者　名古屋支社　営業課長（顧客への対応のため）

4　議　題　1　高○物産の安価製品による影響の報告

2　1に関する分析と対応策

5❷資　料　・本社及び各支社からの、最近4か月の営業報告

・高○物産及びその製品に関する調査報告

6❸決定事項

・高○物産の製品に対して、当社製品のグレードの高さを改めて強調する。

・品質的には当社が圧倒的に優っているが、価格の差が大きい。当社製品の価格面での特例的な対抗処置を考える。

・購入者への特典、サービス面での対策も検討する。

以上

❶出席者の氏名を書く場合は、フルネームで、正確に書くように注意する。

❷資料がある場合は、それを明記しておく。

❸決定事項は私見を交えず、正確に簡潔に書く。

ここに注意

・業務上の記録として、日時、出席者など、基本的なデータを書いたうえで、議題と決定事項をきちんと正確に書く。

会議議事録

部長会議議事録

❶記録者　総務部　谷　賢一

1　日　時　20XX年8月6日　午前10時30分～12時
2　場　所　第1会議室
3　出席者　営業部長・友田勇吉　　総務部長・会原正也
　　　　　人事部長・秋山　昇　　企画部長・岸辺繁兼
　　　　　経理部長・宮本健二　　広報部長・大前田欣一
4❷議題１　残業の増加について
　　・繁忙期でもないのに残業が多いのはおかしい。
　　・照明等、経費のむだにつながるのは問題。
　決定——●各部課で、至急実態と原因を調査する。
　議題２　「ごま○おかき」の異物混入問題について
　　・総務部長より、これまでの経過説明。
　　・広報部長より、マスコミ等への対応を説明。
　　・資料：昭島工場長より提出された原因調査報告および今後の対策を検討。
❸決定——●マスコミに発表するまでの素早い対応が必要。そのため確実で速やかな情報伝達を徹底する。
　　●原因調査は不十分。さらに詳しい説明を求める。場合によっては調査員を派遣する。

❶記録者は自分の名前を明記する。

❷議題が複数の場合は、はっきり分けてまとめる。

❸箇条書きで、簡潔に書く。会議の経過についても、わかりやすい簡潔な記録をする。

ここに注意

・議事録といっても、すべての発言を記録するわけではない。会議の経過がある程度わかるようにまとめ、決定事項を明確に書く。

調査報告

市場調査／出張調査／信用調査／物件調査など

ここがポイント

■さまざまな調査の結果とその分析、今後の見通しなどをまとめる。
■調査の目的、期間、方法、結果、考察、見通し、といった順が基本。
■それぞれの項目は、箇条書きにして、簡潔にまとめる。
■細かいデータ、図表が多いときは、別紙として添えるのがよい。

市場調査報告書

❶何についての調査かを見出しで明らかにしておく。

❷調査目的を最初に明記しておくと、読み手が理解しやすい。

❶テレビ―大きさに関する意識調査

1 ❷調査目的　薄型の時代におけるテレビの大きさについての消費者の意識を知ること。

2 調査方法

・日　　10月18日（土）・19日（日）
・場所　秋葉原駅周辺
・方法　買い物客等に対するアンケートによる

3 調査結果（詳細は別紙参照）

913人から回答が得られ、

・1位　10～15型―――29％
・2位　26～30型―――23％
・3位　31～35型―――19％　であった。

4 分析・考察

机の上に置ける10～15型が29％と最も多い。一方26～30型、31～35型はリビングや寝室用であり、これらを合わせると42％になる。

40以上の大型は、あこがれはあるものの、部屋の広さ（テレビとの距離）の点で、需要は低かった。

薄型の時代になったものの、部屋の広さが根底にあるため、今後もこの傾向は変わらないだろう。

以上

ここに注意

・考察、意見、今後の見通しなどが大切。調査目的に合った内容を論理的にまとめる。

出張調査報告書

播磨工場の事故原因調査報告書

❶Ａ播磨工場で3月7日起こった事故の原因及び対策について、報告いたします。

1　調査日　3月10・11日

2　調査員　総務部　課長・紙田以下、安本、大田原、森

3　調査方法　・工場長以下、従業員からの聞き取り
　　　　　　・事故現場を含め、工場全体の視察

4　調査結果

・原因の第一……播磨工場は約20前に建設された。
その後、生産量の増加に伴い、建て増し等によって対応してきた。
その結果、作業の流れ、作業員の動きがスムーズでなくなっている。❷（別紙の図参照）

・原因の第二……上のような状況において、作業員が狭い通路を通ろうとした際に、積み上げてあった梱包済み段ボールがくずれたものである。

5　対策　当面は、生産量を減らすとともに材料・製品等の置き方、機械の配置の工夫で対応できる。しかし、工場そのものの老朽化も進んでいるため、根本的には建て替えか新工場の建設が必要と思われる。

以上

❶このように前書きをつけるのもよい。

❷図などで具体的に示し、文章を補う。

書き換え

Ａ「標記の件について、報告いたします」

ここに注意

・対策として、原因で書いた事実をきちんと踏まえた内容を、筋道を立てて書く。説得力のある内容でなければならない。

信用調査報告書

平成○年10月5日

販売統括部長殿

総務課長　柳生　忠彦

奥○運送株式会社の信用調査報告書

1. ❶結　論

奥○運送株式会社の信用性は申し分なく、発展性もかなりの程度見込めるため、今後も取引継続には支障がないと考えられる。

2. 理　由

・最近の原油価格の高騰による燃料コスト上昇も、関連業者とのガソリン・軽油の共同購入の推進、車両の効率配置による空荷運行抑制システムの構築で、❷3年連続増収・増益を実現。来期においても、期待の持てる展望を打ち出している。

・少量・多品種荷の扱いが軌道に乗り、新規顧客の増大が見込まれ、着実に事業を拡大し、経営は同業他社と比べても抜群との評価を受けている。

・取引銀行である山○銀行○山支店との関係も良好で、❸同銀行の調査によると、資金現況、企業活力度が高得点など、総合評価A（100点中87点）と高い評価を得ている。

3. 添付資料

・同社の平成○年度の決算書と事業計画書

・同社の主な顧客リストと事業実績

・山○銀行○山支店の調査資料

以上

❶結論を最初に述べるのが適切。

❷最近の実績と今後の見通しは、判断の決め手になるので、必ず述べる。

❸他の調査結果による評価も載せ、調査に客観性を持たせる。

ここに注意

・客観的なデータや冷静な判断に基づいた結論であることを、相手に理解させることを心がけた文書にする。

物件調査報告書

❶工場建設候補地についての調査報告書

新工場建設候補地のうち、東金市の物件についての調査結果を次のとおり報告いたします。

1. 所在地❷東金市○町2－2
2. 交　通　JR東金線東金駅より、バスで約15分、下車後徒歩約8分。
3. 面　積　○○○m²（約○○○坪）

　（1～3については、別紙の図を参照）

4. 地　価　3.3m²当たり○○千円（総額○○○○千円）
5. 所有者　東金市○町1－22　苫野三吉氏
6. 概　況❸東金市は地域活性化のため企業誘致を政策としており、工場建設が決まれば、さまざまな便宜を図るということである（候補地周辺の道路整備など）。
7. 私　見　現時点では、工場建設には最適地の一つと言える。
8. 理　由
   - ・面積、価格ともほぼ予定範囲内である。
   - ・駅からバス15分という距離で、これだけの土地を確保できる所はなかなか見つからない。
   - ・候補地から車で約20分の所を国道○○号が通っており、首都圏へ容易に入れる。
   - ・上に述べたように市から便宜を図ってもらえる。

以上

❶何に関する調査かを見出しで明示する。

❷場所、交通など基本的なデータを必ず書く。

❸工場建設にマイナスの要素がある場合も、きちんと指摘しなければいけない。

ここに注意

・工場建設用地としてよいか悪いか、自分の見解をはっきり書くことが大切。むろん、理由も明快に示すこと。

事故報告

業務災害／交通事故など

ここがポイント

- 事故の起きた日時、場所、被災者、物的損害などをまとめる。
- 事故当日か次の日、できるだけ早く文書として報告する。
- 原因などその時点で不明な点は、後日追加報告をする。
- あいまいな記述や、責任逃れのごまかしなどは絶対にしない。

業務災害報告書

❶すぐに電話などで報告し、当日か翌日には文書で報告する。時間をおかず、速やかに報告することが大切。不明点などは後日改めて報告する。

❷具体的な状況を、的確に伝える。

業務災害報告書

❶20XX年7月16日

総務部長殿

資料室長　棟方　均　㊞

昨日の事故について報告いたします。

1　日　時　7月15日　午後2時15分ころ

2　場　所　資料室前の廊下

3　被災者　資料室員　山本美樹

4　傷　害　左肩打撲、全治1週間程度

5❷状　況　営業課員・田村浩一が廊下を通行中、前方から来た台車をよけようとしてバランスを崩し、積んであった用具に倒れかかった。そのため用具が崩れ、執務中の山本美樹左肩に当たった。

6　原　因　用具などが積み上げられて廊下が狭くなっていたことが原因である。

7　対　策　室内に用具等の置き場を確保し、必ずそこに片づけるようにする。間に合わせに、通路付近や廊下などに放置しないということを徹底する。

ここに注意

・同じような事故を二度と起こさないために、という姿勢で原因や対策をきちんと書く。

交通事故報告書

❶20XX年2月1日

営業部長殿

営業2課　富田沙登実　㊞

交通事故報告

小売店回り中の交通事故について、以下のとおり報告します。

記

1　発生日時　1月31日　午後3時40分頃

2　発生場所　さいたま市○○1丁目交差点

3　相手氏名　西谷町在住の小学生　木村真由未（9歳）

4❷発生状況　古○街道を走行中、左手の路地より、自転車に乗った女児が飛び出した。急ブレーキをかけたことにより、軽い接触で済んだ。

　女児は転倒し、手足に軽い打撲とすり傷を負った。当方は異状なし。自転車と車双方に、こすった程度の傷が生じた。

5　事故処理　目撃者があり、女児が一時停止することなく古○街道に飛び出したと証言したため、当方に過失なしと認められる見込みです。

　なお、今後については、すべて松沢弁護士事務所を通すことになっています。

以上

❶その場で会社に電話連絡をしておき、帰社後、できるだけ早く文書での報告をする。

❷どのようにして事故が起こったかを、正確に書く。自分に非がある場合でもごまかそうとしないこと。感情を交じえず、客観的に書く。

ここに注意

・交通事故は、訴訟などにつながる場合もある。大小にかかわらず速やかに報告して、事後の対策を立てられるようにすること。

クレーム処理報告

機器の不具合／接客態度など

ここがポイント

- ■消費者や取引先からクレームのついた問題に関しての報告である。
- ■関係者と協議したり調査したりして処置し、速やかに文書にまとめる。
- ■クレームの内容と、それに対する対応、事後処置を中心にまとめる。
- ■内容によっては、再発防止のための対策なども必要になる。

機器の不具合へのクレーム処理報告書

❶後に特別な対応が必要になるかもしれないので、顧客の氏名は必ず書いておく。

❷言葉で説明するのがむずかしい場合は、図で示すようにする。

商品管理部長殿

20XX年11月25日

営業管理課　渡会幸三　㊞

クレーム処理報告書

1. 顧客氏名❶多田やすみ様（東京都品川区○○町2丁目5番34号　TEL03 - 3491 - XXXX）
2. 発生日　　11月20日
3. クレーム内容

　ガスこんろ（SA254WI8）のグリル用操作ボタンを押しても点火しなくなった。

　点検したところ、内部に欠損箇所があることがわかった（❷別紙の図に示す）。

4. 顧客への対応

本日（25日）別の製品とお取り替えした。

5. 今後の対策

　この製品は、ご購入後7か月しかたっておらず、かなり頻繁に使っても欠損が生じることは考えられない。製造段階での問題も考えられ、徹底的な調査が必要であると考える。

以上

ここに注意

・単なる故障でない場合は、欠陥商品という可能性もある。顧客への対応だけで済ませず、原因解明や再発防止のための提言も必要である。

接客態度へのクレーム処理報告書

20XX年4月22日

店舗統括部長殿

赤坂店店長　八尾詩織　㊞

接客態度に関するクレーム処理報告書

1　発生日　4月21日　午後2時頃

2　お客様　三橋恒子様　豊島区西池袋5－○

TEL 03 - 5979 - XXXX

3❶クレーム内容　店内に入り、商品のある場所を聞こうとしたが、店員が隅でおしゃべりをしていた。カウンター内の別の店員に声をかけると、三度目でやっと返事をしたが、やりかけの用事が済むまで待たされた。

4❷調査結果

前者——お客様が立て込んだあとで、つい気が緩んだため。

後者——風邪気味でぼうっとし、お客様の声が聞こえなかった。また、計算中で中断したくなかったため。

❸各店員とも、ふだんの勤務態度は良好で、問題はなかった。

5　お客様への対応　八尾が対応し、お詫びにうかがった。

6　対　策　全店員に対し、お客様との応対は一期一会と心得、決して気を抜かないことを訓示した。また、自分が手が離せないときは別の店員を呼ぶなど、基本的な対応を改めて確認しておいた。

以上

❶クレームの内容は正確に、わかりやすく書く。

❷クレームの内容が事実かどうか、事実なら、なぜそうなったかも調べる。

❸ふだんの態度によって、対策も違ってくるはず。

ここに注意

・再発防止のための対策が最も大切になる。クレームの内容と、クレームがついた原因に応じた、具体的な対策を述べる。

稟議書

備品購入／アルバイト雇用／
パートタイマー雇用／新規取引／
イベント参加／見舞金支出など

ここがポイント

- ■事業や業務上の案件について決裁・承認を求める文書である。
- ■会社上層部に対し、提案の目的・理由を明確にする。
- ■それが実施されるとどんな効果があるかも書くとよい。
- ■必要なことは調べ、不明点が残らないようにする。

備品購入の稟議書

❶その機器が、なぜ必要になるのかを明確に書く。

「記」の中で、「理由」または「目的」として書いてもよい。

❷品名、価格などは、間違いのないように正確に記す。

稟議書《りんぎしょ》

起案番号	第53号		年月日	20XX年8月18日	
稟議番号	号		起案者	開発課長 矢沢徹㊞	
社長	常務	部長	決裁	年月日	年　月　日
㊞	㊞	㊞		可決　保留　否決	
件名	パソコン購入について				

9月10日より、❶当課に新たに配属される人員1名が使用するパソコンが必要となりますので、下記の機種を購入したく、おうかがいいたします。

1. 品　　名❷P8－FC5089（○○社）
2. 予定価格❷250,000円
3. 数　　量　2台
4. 添付資料　当該機種のパンフレット

ここに注意

・品名、価格など必要なことは調べて、読み手に疑問が生じないようにする。

アルバイト雇用の稟議書

社長	専務	常務	総務

20XX年11月5日
市川配送センター所長
渋川栄三　㊞

稟議書
学生アルバイト雇用について

❶年末の繁忙期のため、例年どおり商品配送の助手として学生アルバイトを雇用したいと思いますので、おうかがいいたします。

記

1. 期間　20XX年11月25日～12月31日
2. 人員　20名
3. 条件　時給1,000円
　　午前7時より、配送車がセンターに戻るまで

以上

❶アルバイトを雇う必用性や、目的、理由を明記する。

ここに注意

・例年同じであっても、期間、人員、時給などはきちんと書く。わかっていることだからと省いたりしないこと。

パートタイマー雇用の稟議書

社長	専務	常務	総務

20XX年4月25日
川崎店店長　前山新平　㊞

稟議書
❶パートタイマー雇用の件

お客様の集中する時間帯に、レジ係のパートタイマーを雇用する必要がありますので、おうかがいします。

記

1. 時間帯　午前11時～午後1時、午後4時30分～6時30分
　　（年間を通じて）
2. 人　員　6名
3. 時　給　900円
4. 目　的❷混雑時間に、お客様を長く待たせることなく、スムーズにレジ処理をするため。

以上

❶最初に何についての稟議書であるのか、件名を記す。

❷パートタイマーを雇用する目的を書く。長く待たされて、客がイラ立ち不快になるのを防ぐ、客が店の姿勢に好感をもつ、といった効果を述べてもよい。

新規取引に関する稟議書

20XX年3月18日

営業部長殿

営業2課長　緑川　定　㊞

稟議書《りんぎしょ》

シ◯ルＳＰとの新規取引に関して

シ◯ルスポーツプラザの関東進出が計画されているとのことで、❶当社としてはぜひ取引を行うべきであると考え、ご検討を願います。

シ◯ルスポーツプラザは九州・福岡に起こり、九州・中国・四国・近畿地方に26のスポーツジム等を運営しています(昨年末時点)。高齢者の体力・健康維持と増進に力を入れ、急成長してきました。

指導員の数が多く、親切・ていねいな個別指導が受けられるうえ、医師・看護師・栄養士等も常駐し、生活全般のアドバイスも受けられるとのことです。関東進出となれば、スポーツ用具等の需要が急増することは確実ですので、ぜひ取引をご検討いただけるようお願いいたします。

以上

＊❷シ◯ルスポーツプラザの資料添付

❶提案の趣旨を最初にはっきりと書いておくこと。

❷客観的な資料も集めること。その努力をしないと、安易な思いつきと思われかねない。

ここに注意

・新規取引を提案する文書なので、先方のよい点をアピールする。問題点があれば、ふれておく。

イベント参加の稟議書

近畿ブロック本部長殿　　　　　　　　20XX年3月20日

岡○店店長　津真敏絵　㊞

稟議書

市のフェスタ参加について

5月18〜24日に、岡○市では、市制30周年記念フェスタが行われます。当店でもこれに全面的に参加・協力したいと思いますので、おうかがいします。

今回は、特別セールを行うといった形だけの参加でなく、駅前広場や公園でのイベントにも参加したいと思います（詳細は別紙参照）。

それを通して地元の人々と交流し、❶よそからやってきた店というイメージを払拭して、土地に根づいた店として親しんでもらえるのではないかと考えます。

以上

❶フェスタに参加することで、店としてどんな効果が期待できるかを書くと、説得力のある文書になる。

ここに注意

・ただ参加したいではダメ。何にどんな形で参加するのか、その経費などについても、別紙で詳しく説明する。

見舞金支出の稟議書

営業本部長殿　　　　　　　　20XX年8月22日

営業部長　柾昭次郎　㊞

稟議書

台風被災農家への見舞金の件

❶8月15〜16日の台風9号により、宮崎県の当社の契約農家が被災しました。その見舞金の支出をお願いいたしたく、おうかがいします。

・軒数　5軒

・金額❷被災の程度により、20万円……2軒
　　（詳細別紙）　　　　30万円……1軒
　　　　　　　　　　　　40万円……2軒

今後も安定した農作物の供給をしてもらうために、激励と長年の感謝の気持ちも込めて送りたいと考えます。

以上

❶どういう事情で見舞金が必要なのか、原因や理由を明確にする。

❷出費を伴うので、だれもが納得できるように、被災状況をきちんと調べたうえで、文書にすることが大切。

提案する

オフィス環境改善／創立記念行事／作業の安全管理／海外視察など

ここがポイント

- ■会社の「利益」につながる提案を、上部に対して行う。
- ■どんな問題を解消できるか、どんな効果があるかを明確に書く。
- ■不平・不満、批判という印象にならないように注意する。
- ■提案の実現にかかる費用などの資料も、きちんと用意する。

オフィス環境改善の提案書

❶何についての提案であるかが一目でわかるように、見出しをつけておく。

❷だらだらと締まりのない文章にならないように、箇条書きなどを取り入れる。

20XX年3月6日

編集部長殿

編集2課　塩田鉄理　㊞

❶部内資料のデータ化の提案書

部内でもネットワーク化が進んでいるにもかかわらず、編集室内では、デスク上、通路、壁際にさまざまな資料類が積み上げられています。

そのため、

❷・通路を通るのに不都合が生じている。

・何かのはずみでそれらがくずれることがある。

また、

・共有資料が乱雑で、探すのに苦労する。また、共有資料として何があるのかわからなくなっている。

・そのため、各自が自分用の資料を持とうとしがちで、デスク回りがいよいよ片づかなくなる。

という事態になっています。

編集部共有の資料類をすべてデータ化し、各自のPCとつなぐことで基本的に解消され、仕事の効率も上がります。ご検討を願います（詳細は別紙参照）。

以上

ここに注意

・IT関係の提案はとかく専門用語を使いがち。読み手の理解をまず考えること。

創立記念行事の提案書

20XX年6月17日

総務部長殿

総務課　松崎健哉　㊞

創立5周年記念の海外社員旅行について

9月に当社は創立5周年を迎えます。その記念行事として、社員の海外旅行を下記のように提案いたします。

記

1.　月　日　8月23～25日
2.　期　間　2泊3日
3.　旅行先　韓国・ソウル
4.　❶費　用　1人58,000円（日○ツーリスト試算）
5.　日　程　成田空港～インチョン空港　ソウル市内2泊
　　　　　　インチョン空港～成田空港
6.　旅行社　日○ツーリスト
7.　その他　添乗員同行、通訳はインチョン空港より同行
8.　資　料　費用内訳、詳しい日程、その他、添付
9.　❷提案理由　創立5周年は大きな節目であります。厳しい競争のなかで頑張ってきた社員を慰労し、さらなる活力と意欲を引き出すために、ぜひ実現させたいものと思います。

以上

❶多額の経費がかかるものなので、いくつかの旅行社に相談・見積りをとり、納得のいくものを挙げる。他社の例を資料の中に加えるとよい。

❷節目の行事としての位置づけと、今後への効果を、提案理由ではきちんと書いておく。

ここに注意

・費用は全額会社が出すのか、会社が補助する形にするかなど、いろいろなケースを考えて提案する。

作業の安全管理についての提案書

20XX年11月7日

工場長殿

第1作業場主任　陰山　勲　㊞

❶安全のための作業場拡張の提案書

1　提案

第1作業場での作業の安全について。

2❶現状

第1作業場では、移動中に機械に接触した、作業中に袖などを機械に挟まれそうになった、という報告が出ています。至急現状を改善しないと、いずれ人身事故につながることは確実かと思われます。

3　原因

最新の大型機械導入により、作業場が狭くなったことが原因だと思われます。

4❷改善方法

第1作業場に隣接する喫煙所を撤廃し、壁を取り除くことにより、第1作業場を拡張することを提案します。

喫煙所は、2階、西側廊下の突き当たり部分、休憩室の一部を囲うなどすれば間に合うと考えます。

作業員の安全確保のため、至急ご検討ください。

以上

❶どんな問題点があるか、現状をきちんと述べる。いつ、何があったかを一覧表にして資料として添付すると効果的。

❷対策は具体的に書くこと。その影響についても考慮する。できれば経費の見積りも添えたい。

ここに注意

・「何とかしてください」では能力を疑われる。原因を踏まえて、適切な対策を自分なりに考えて提案することが大切だ。

海外視察の提案書

20XX年8月2日

営業部長殿

営業課長　鮫島誠二　㊞

アメリカの大型店の視察について

標記の件につき、下記のとおりご提案申し上げます。

記

1　視察員　営業課員3名　山下肇　友坂梨絵　田口健二

2　視察先　米国、ニューヨーク等の大型店舗（❶別紙参照）

3　期間　　9月3～10日

4　目的等

日本では店舗は物を買うだけの場所で、どの店舗へ行くかは商品の善し悪し、種類の多少と価格で決まります。

しかし、❷アメリカの大型店の中には、店内にオープンな休憩スペース、幼児の遊び場などを設け、一種の社交場のようにしている店があります。客は買い物をするだけでなく、楽しいひとときを過ごすことができ、それが集客力につながっているそうです。その実態を知るとともに、当社に取り入れる方法を探らせたいと思います。

店の中に安らぎの場などを設け、あの店に行きたいと客に思わせることができれば、価格競争に限界がある現状において新しい力になるのではないかと思われます。

以上

❶細かく、煩雑《はんざつ》な内容については、別紙にきちんと整理してまとめる。

❷このことをどういう形で知ったのか、例えば、新聞や雑誌の記事、テレビ番組など、資料として集めて、添付するとよい。

ここに注意

・海外視察までする必要性があることを、十分に納得させなければならない。いろいろな角度から現状やメリットを述べること。

企画する

新商品開発／新規プロジェクト／新商品宣伝／キャンペーン／社内行事／講演会開催／社内環境改善／アンケート調査実施など

ここがポイント

■新しく行いたい業務などを企画し、まとめた文書である。
■企画の「魅力」をわかりやすく、説得力ある文書にまとめる。
■企画のメリット、実現したときの成果などを十分に主張する。
■現状分析など、企画の背景となる事柄も盛り込む。

新商品開発の企画書

❶「どんなもの」を「なぜ」、「今」、企画するのか、簡潔に示す。

❷企画のコンセプトをキーワードかワンフレーズで明確に表現する。

書き換え

Ⓐ「企画意図」

20XX年1月15日
商品企画課　夏川章太郎

"新シリーズ――レトロ気分で昭和に帰ろう"企画書

企画趣旨❶Ⓐ昭和30年代が静かなブーム。今年の夏は、「粋で、イナセで、可愛くて」が、若者間のトレンド。そこで、花火見物にマッチしたレトロなデザインの浴衣を開発販売。

戦略方針　緊急企画ゆえに、商品を若者向けに絞り込む（他の層向けは、反応を見て次年度検討）。

コンセプト　❷風と花火と恋人が寄り添う浴衣

企画内容

・ターゲット：首都圏の15～25歳男女
・商品内容：素材はあくまでも水洗いの利く綿布。模様は紺か茶の藍染で、昭和30年代に流行ったものを基本にアレンジ（デザイン部と相談中）。
・付属アイテム：各担当部に照会済み
・販促策：従来販売店ルート以外にスポーツ用品店でのルートを強化（スポーツ感覚重視）。インターネットによるオンライン販売を充実。
・キャンペーン：6月下旬（梅雨明けの頃をねらって1週間、内容未定）を予定。
・販売価格：○千円以下に抑えたい。　　以上

！ここに注意

・新商品は売れるかどうかが最大の問題だ。必ず売れると考える根拠をていねいに書き、説得力をもたせよう。

新規プロジェクトの企画書

20XX年10月6日

取締役各位

企画開発室　保坂綱正

安全食品に関するプロジェクトの企画書

1 ❶趣旨　安全な食品を求める消費者の声に応え、徹底的に安全性を追求した食品を、生産から加工、販売まで一貫して当社で扱う体制を構築したい。

2　背景　残留農薬の危険性はすでに常識であり、添加物の問題も広く知られている。最近では、遺伝子組み替え野菜の問題、BSEの問題もあり、食品の安全に対する要求は強まる一方である。

3　コンセプト　安全性を追求した食品の安定的な供給。徹底した食品安全の追求。

4 ❷内容（詳細は別紙参照）

・農家と提携し、化学肥料を使用しない無農薬の野菜・穀物・果実を安定的に生産してもらい、買い取る。

・加工業者とも提携し、添加物を極力減らした食品を開発し、製造する。――例えば、色が悪くても、これが自然な色、安全な色と強調することで、着色料を使わずに済ませる。

・それらの食品を、安全ブランドとして定着させる。

以上

❶「趣旨」「背景」「目的」などは一つにまとめて詳しく述べることもできるが、項目に分けて簡潔に書くほうが、読み手にはわかりやすい。

❷ここでは概略を知ってもらうように、基本的なことに絞り、詳しい説明は別紙でていねいに行うとよい。

ここに注意

・農家や加工業者が関係してくるので、そちらともある程度は可能性を打診しておく。それがないと単なる空想になってしまう。

商品宣伝の企画書

20XX年1月26日

藤原販売部長殿

宣伝部　間宮理恵

カップ飲料「○カフェ」の新しい宣伝の企画

1. 現状について

昨年11月に新発売したカップ飲料「○カフェ」の販売実績は、12月末の時点でも目標の50パーセント程度である。（資料1添付）

2. 問題点について❶

現在の放送ＣＭについて、

・関西弁による叱り方が不愉快

・やかましく、いらいらする

などの投書や電話が、本社に来ている。12月に都内で行った調査でも同様の反応が見られた。これが商品のイメージをダウンさせ、売り上げに響いているということである。（資料2添付）

3. 改善策の概要（経費等、詳細別紙）

1）放送ＣＭ、ポスター等を、ほのぼの、温かい、優しいなどのイメージのものに切り換える。

2）1）から2週間ほど遅らせて、街頭での試飲、プレゼント等のキャンペーンを実施する。

❷＊商品イメージを完全に転換させた後、新発売時並みのキャンペーンを行えば、当初予測の売上げのラインにまで増加させられる。

❶売上げが低迷している原因の分析である。投書や調査の具体的な内容を添えると、新しいＣＭが必要な客観的な資料として、有効である。

❷社内で上申する新しい宣伝企画。改善策によって、どのような効果が出るかをはっきりと述べる。

ここに注意

・現状の紹介、その問題点（＝原因）、改善策と、順を追って述べていくことで、説得力が出る。資料もできるだけそろえたい。

キャンペーンの企画書

20XX年4月10日

販売部企画室　屋祖川共世

一口アイス「パコ」のキャンペーン企画書

記

1. キャンペーン名　一口アイス「パコ」新発売キャンペーン

2. ねらい❶

・新発売に先立ち、街頭などで試食してもらい、商品名・味・食べやすさなどをアピールする。

・CM、ポスター等に起用した西村みのりを試食会場に登場させ、「パコ」を配らせ、「パコ」を印象づける。

3. キャンペーン概要（経費等、詳細は別紙記載）

・期間　6月の1か月間（土・日、計8日間）

・場所　都内の駅前広場、歩行者天国、遊園地等

・内容　各味1,000個、計4,000個を用意する。午前10時より配付し、なくなりしだい終了とする。

❷＊西村みのりの愛らしさは確実に人気を呼ぶはずである。彼女を試食会場に登場させることで話題性を高め、CM等との相乗効果で売上げを伸ばすことができる。

＊○映プロも西村みのりの売り出しを図っており、「パコ」に関しては全面的な協力が得られるので、大いに活用したい。

以上

❶そのキャンペーンによって、どのような効果を上げたいのかを簡潔に書く。いくつかに分けられるときは箇条書きにするとよい。

❷キャンペーンで売上げを伸ばせるということを、はっきりと書いておく。

ここに注意

・どういう方法でキャンペーンを行うか、どんなねらいがあるのかを、売上げを伸ばすという最終目的に論理的につなげて書く。

社内行事の企画書

20XX年8月18日

総務部長　鎌田殿

総務課　宮原　清、経理課　三橋泰明

社内運動会復活の企画書

❶この2年間行われていない社内運動会を復活させたいと思い、以下のように企画しました。ご検討をお願いします。

1. 企画意図❷

1）現代社会に生きるものとして、童心に帰って楽しく体を動かすことで、ストレスを解消することができる。

2）デスクワークでなまった体に活を入れるとともに、健康の大切さを知り、健康管理を考えるきっかけとなる。

3）社員同士、業務や役職を離れてふれ合い、互いの素顔を知ることで、よりよい関係を築くことができる。

2. 実施概要（経費等、詳細は別紙参照）

1）日時　10月10日（土）　9時30分～15時00分

2）場所　○○町長内グラウンド

3）その他

・家族参加は自由とする。

・賞品を多数用意する。

・競技は楽しいものを中心とし、年代別、部署対抗など、工夫する。競技種目は社員からも募集したい。

以上

❶社内で特に話題になっていない事柄について企画を出す場合は、ぜひ前書きをつけたい。前書きは、会社の上層部が読むことを考えてていねいに。

❷企画書に不慣れな場合、むずかしい表現は不要。それよりも「～したい」を伝える率直な表現を。

ここに注意

・何のために社内運動会をするのか、どんなメリットがあるのかを詳しく書く。十分に説得力も持たせるように考えること。

講演会開催の企画書

20XX年10月6日

総務部長殿

総務部企画室　上川辺晶子

❶高齢者について知るための講演会の企画書

高齢者の生活実際を学ぶための講演会を企画いたしましたので、ご検討ください。

1. 企画の趣旨❷

私たちは高齢者の福祉・介護の仕事に関係しているが、社員の多くは高齢者の生活の実際を知らないでいる。友人に相談を受けたものの、何も答えられない自分に疑問を感じたこともあった。こういう仕事にかかわっている以上、高齢者について学ぶことはやはり必要であろう。それにより、業務に取り組む姿勢も自ずと違ってくると思われる。

2. 講演会の概要❸

1）日　時　11月15日（木）　14時～16時

2）場　所　本社6階会議室

3）テーマ　高齢者の食事と栄養のあり方

4）講　師　○○栄養短期大学助教授　二階堂恒子先生（打診中）

※できればシリーズ化して、いろいろな方面から学んでいきたい。
さらに、介護施設等の訪問なども考えたい。

以上

❶見出しとしてどういう企画書であるかを示す。

❷なぜその講演会を企画したのかを詳しく述べる。

❸実現するという前提できちんとした計画を立てる。計画がきちんとしているほど実現の可能性も高まる。

ここに注意

・その講演会を開催する意義やメリットを、説得力のある表現で述べる。テーマと講師選びがポイントになる。

社内環境改善の企画書

20XX年5月25日

本社総務部長　緑谷壮一殿

○川工場長　富山秀大

トイレ等改善についての企画書

1. 現状と問題点

・当工場においては、近年女子作業員が増加しつつある。この傾向は今後も続き、さらに女子が増加することは確実と見られる。

・❶女子作業員の増加により、昨年、男子トイレ2か所を女子用にしたが、依然として不足かつ不評である。女子更衣室も一部会議室を代用している状態で、これも不評である。

2. 改善の目的

・トイレ及び更衣室は働く者にとって基本的な施設であり、早急に改善しなければ、会社の評判にもかかわる。

・改善により、作業員の不満等が減り、気分よく働くことができるようになる。

3. 改善策について❷（改装内容、予算等、別紙にあり）

・女子用トイレを増やす。最新式の設備を備えた、清潔感のあるものに全面的に改装し、設置箇所も増やす。

・それに伴い、男子用トイレも改装する。

・女子更衣室を2階にまとめ、スペースを広げる。

以上

❶本社では、工場の実態はわかりづらい。作業員の生の声を集めたり、写真を撮ったりして資料として添えるなどするとよい。

❷どこをどうするのか、具体的な内容は、図面なども添えて、別紙で詳しく説明する。

ここに注意

・改善の必要性を、どれだけ納得させることができるかがカギになる。作業員はもちろん会社のためにも必要であると訴えよう。

アンケート調査実施の企画書

20XX年2月24日
渋谷店　百瀬実生

「顧客が望む旅行」の調査の企画書

標記の件について、アンケート調査を企画しましたので、ご検討お願いいたします。

1　調査の目的

顧客がこれからどんな旅行をしたいのか、さまざまな角度からニーズを探り出し、国内旅行の新商品の開発を図る。

2　調査の理由

これまで私たちは、少しでも安く、盛りだくさんな旅行を、ということでさまざまなパック旅行やツアーを計画してきた。しかし、❶競争激化により値下げ・サービスもすでに限界にきている。集客は頭打ちとなり、定員に達しなくて取りやめになるケースも目立つ。社会状況の変化は激しい。私たちの発想を一度忘れ、これから顧客がしたい旅行はどういうものかを、改めて徹底的に調査する必要がある。

3　調査の方法（アンケート用紙、予算は別紙）

渋谷店で顧客に調査への協力を依頼し、アンケート記入とともに、面談も行う。❷アンケートだけでは、私たちの発想から抜け出せない。面談との二本立てで、私たちの思いつかない、まったく新しい発想の旅行の形が浮かび上がることを期待する。

以上

❶会社の上層部でもわかりきっていることだが、現状のむずかしさを言っておくことは欠かせない。

❷「顧客の声を聞く」ということを、具体的なアンケート調査と面談で行う効果を強調する。

ここに注意

・現在の状況を踏まえ、それを打開するためには何が必要か、そのためにアンケート調査がどう役立つか、筋道を明確にしよう。

遅刻・早退届

一般的な遅刻届／
急な事情での遅刻届／
早退届

ここがポイント

■事前に予定がわかっている場合は、早めに提出する。
■社で決められた書式がある場合は、それにのっとる。
■理由は簡潔にまとめる。
■証明する書類が必要な場合は、届に添付する。

一般的な遅刻届

❶署名と捺印を必ず入れる。捺印を忘れないこと。

❷出社が何時になるのかを明記する。

❸理由は簡潔に述べる。

遅　刻　届

平成○年7月7日

営業部
第一営業課長　殿

❶第一営業課　中村正文 ㊞

下記のように遅刻をいたしたく、お届け申し上げます。

記

1. 遅刻日時
　❷平成○年7月10日午前11時まで
2. 理由
　❸十二指腸潰瘍の疑いによるレントゲン検査受診のため
3. 添付書類
　緑ヶ丘中央病院診断書1通

以上

ここに注意

・出社予定時間は、確実なところを書くことが大事。不在の間の業務処理についても同僚と相談しておくこと。

急な事情での遅刻届

遅刻・早退届

総務部長　殿

届出日平成○年8月5日

所属／氏名	営業第3課　本田道夫
日時	平成○年8月2日午前9時より （早退・遅刻（○で囲む） 1時間）
理由	○○電鉄人身事故による遅滞のため。 ❶（遅延証明書添付いたします）

月　日承認

検印		

❶証明書などの書類があれば添付する。

ここに注意

・事後の届も早めに提出すること。理由は言い訳でなく、事実を簡潔に書く。

早退届

早退届

平成○年9月11日

生産部第二生産課長 殿

第二生産課　橋本聖子 ㊞

下記の通り A 早退いたしたく、お届け申し上げます。

記

1. 早退日時
   平成○年9月13日15時より
2. 理由
   長男大樹の三者面談のため。
3. 添付書類
   面接日時通知書類1通

以上

書き換え

A「いたしましたので」

＊緊急な理由で早退した場合は、後日届出を出す。

欠勤・休暇・休職届

所用のため／病気のため／休暇／特別休暇／育児休暇／忌引き／休職など

ここがポイント

- ■件名は、「○○届」とする。
- ■会社に所定の書類がある場合はそれを使用する。
- ■期間と理由の2つがはっきりとわかるように書く。
- ■健康上の理由では、病院の診断書の添付が必要なこともある。

所用のための欠勤届

❶突発的な出来事が理由でない限り、早めに届出る。

❷理由は簡潔に。

欠　勤　届

総務部長殿　　　　　　　　　　　20XX年9月11日届

下記の通り❶欠勤（します・しました）ので、ご報告いたします。

所属／氏名	経理部　中山知朗
期間	20XX年9月25日（月）から 20XX年9月27日（水）まで
理由	❷アメリカ在住の友人の結婚式出席のため
備考	

検印		

月　日承認

ここに注意

・有給休暇が残っていれば休暇届を出すのが一般的。

病気のための欠勤届

欠　勤　届

総務部長殿

平成○年6月23日
営業部販売促進課
早川創一　㊞

下記の通り、欠勤いたしましたのでご報告いたします。

記

1. 日数：6月20日から6月22日まで　計3日間
2. 理由：出張宿泊先で食中毒を起こしため
3. 有給休暇への振替：❶3日間の振替を希望します
4. 添付書類：診断書1通

以上

❶社内の慣習として有給休暇への振替が認められている場合は、その申請も行う。

ここに注意

・欠勤届では、日数と理由は必須事項、これが抜けては意味がない。

休暇届

休暇届

総務部長　殿

20XX年10月5日

所属／氏名	生産管理課　／　橋本吾郎
期間	20XX年10月19日から 20XX年10月19日まで
種別	☑有給休暇　□生理休暇　□慶弔休暇 □特別休暇　□振替休暇　□産休 □その他（　　　　　　　　）
理由	母、心臓手術のため
備考	

検印		

月　日承認

ここに注意

・前もって申請しないと有給休暇が認められない場合もあるので注意が必要。

特別休暇届

❶まず簡単に理由を述べる。

❷やや詳しく理由を述べる。

特別休暇届

平成○年9月26日

第二営業課長殿

第二営業課　満吉真平　㊞

❶郷里鹿児島台風被災のため、下記の通り休暇をいただきたく、お願い申し上げます。

記

1. 期間　平成○年9月27日から　平成○年9月29日まで
　3日間
2. 理由
　❷家族行方不明につき捜索手伝いおよび被災後片づけのため

以上

ここに注意

・特別休暇とは、「出産・育児」「冠婚葬祭」「社会貢献・権利行使」「災害」「家族」などの休暇の総称で有給である。

育児休暇届

❶女性が休暇を申請する場合は「出産休暇届」になり、出産予定日を明記し、産婦人科の診断書を添付する。

育児休暇届

平成○年11月15日

総務課長殿

研究開発第三課　畠山信吾　㊞

妻出産のため、下記の通り休暇をいただきたく、お願い申し上げます。

記

1. 期間
　平成○年12月1日から平成○年11月31日まで
　1年間
2. 理由
　平成○年12月25日出産の妻の育児休暇が切れるため
　(平成○年11月31日まで)
3. 添付書類
　❶出生証明書写し1通

以上

忌引き届

忌引き届

平成○年12月6日

総務課長　殿

開発部開発課　新藤奈緒子　㊞

わたくしこと、下記の通り忌引きをいたしたく、お願い申し上げます。

記

1. 期間

平成○年9月27日から　平成○年9月29日まで

❶（3日間）

2. 理由

祖母尚江死亡のため

以上

❶忌引きが認められる日数は、故人との親等により変わる。また会社によってもちがうので社の規定に従う。

休職届

休　職　届

平成○年3月30日

総務部長　殿

わたくしこと、このたび下記の理由により休職をいたしたく、お願い申し上げます。

所属／氏名	伊勢崎店店長／斎藤肇　㊞
期間	平成○年4月1日から 平成○年4月30日まで
理由	胃潰瘍手術のため
❶添付書類	○○総合病院診断書1通

月　日承認

検印		

❶病気療養による休職届には、病院の診断書をつけるのが一般的。

ここに注意

・長期療養の場合は、あらかじめ上司に相談し、部下にもよく指示を出しておく。

異動・変更届

結婚届／改姓届／出生届／離婚届／死亡届／
住所変更届／扶養家族異動届／
身元保証人変更届／身上異動届など

ここがポイント

- ■件名は、「○○届」とする。
- ■あて名は、直属の上司に提出の場合でも担当部署の部・課長。
- ■改姓届、出生届の姓名にはふりがなをふる。
- ■所定の書類がある場合は、それを利用する。

結婚届

❶直属の上司に出す場合でも、あて名は人事部・課長などになる。

❷住民票と戸籍抄本を添付する。

> 結　婚　届
>
> 平成○年5月14日届
>
> ❶人事課長 殿
>
> 第一営業部第二課　野口誠二 ㊞
>
> このたび、下記のごとく結婚いたしましたのでお届け申し上げます。
>
> 記
>
> 1. 結婚年月日
> 平成○年5月5日
> 2. 配偶者氏名
> 野口美紀（旧姓　佐々木　）
> 3. 結婚後の住所
> 〒221-○○○○
> 神奈川県横浜市○○○町1-2-3　505号
> 4. 添付書類
> ❷住民票1通
> 戸籍抄本1通
>
> 以上

ここに注意

・扶養家族異動届（P. 234）の必要があれば、同時に提出する。

改姓届

改　姓　届

平成○年6月12日

総務部長　殿

営業部販売企画課　遠野弥生　㊞

私こと、このたび下記のごとく改姓いたしましたので、お届け申し上げます。

記

1. 新姓名　　：遠野弥生《とおのやよい》❶
2. 旧姓名　　：西岡弥生《にしおかやよい》
3. 本籍地　　：千葉県千葉市
4. 改姓年月日：平成○年6月5日
5. 理由　　　：結婚により
6. 添付書類　：❷戸籍抄本1通　住所変更届
　結婚届

以上

❶姓名にはふりがなをふる。

❷添付書類「結婚届」は、会社によっては「身上異動届」が使われることもある。

出生届①

❶出　生　届

平成○年7月20日届

人事部長　殿

物流部輸送課　原本鉄男　㊞

このたび、長男が出生いたしましたので下記のように、お届け申し上げます。

記

1. 氏名　　：原本大地《はらもとだいち》❷
2. 生年月日：平成○年7月19日
3. 続柄　　：長男
4. 添付書類：戸籍抄本1通　出生証明書1通
　扶養家族異動届1通

以上

❶父親が届ける場合は「出生届」。母親ならば「出産届」になる。

❷氏名にはふりがなをふる。

ここに注意

・添付書類の「扶養家族異動届」は、会社によっては「身上異動届」を使う。

所定の書式による出生届②

ここに注意

・「扶養家族移動届」や「身上異動届」を、「出生・出産届」の代わりとしている会社もある。

出生・出産届

<table>
<tr><td colspan="4"></td><td>届出日</td><td colspan="2">平成○年8月11日</td></tr>
<tr><td colspan="2">所属</td><td>人事部教育課</td><td>氏名</td><td>榊原英市</td><td>印</td><td></td></tr>
<tr><td rowspan="2">新生児</td><td>氏名</td><td>(フリガナ)
榊《サカキ》 原《バラ》 英《ハナ》 絵《エ》</td><td colspan="2">性別</td><td colspan="2">男・女（女に○）</td></tr>
<tr><td>生年月日</td><td>平成○年8月8日</td><td colspan="2">続柄</td><td colspan="2">長女</td></tr>
<tr><td colspan="2">提出書類</td><td colspan="5">1. 戸籍抄本　1通
2. 出生証明書　1通
3. 扶養家族移動届　1通
4. その他（　　　）　通</td></tr>
<tr><td colspan="2">備考</td><td colspan="5"></td></tr>
</table>

離婚届

❶うっかり結婚中の姓にしないように注意。

ここに注意

・扶養手当がはずれるなど、事務処理が発生するので、すみやかに届け出る。

20XX年7月20日届

離　婚　届

人事部長殿

営業企画部第二課　中山梧郎　㊞

このたび、一身上の都合により離婚いたしましたのでお届けします。

記

1. 離婚年月日
   20XX年7月15日
2. 相手氏名
   ❶原田　佳美
3. 添付書類
   戸籍謄本1通

以上

死亡届

死　亡　届

平成○年8月11日

緑ヶ丘支店長　殿

経理課　今井隆一郎　㊞

妻、死亡につきお届け申し上げます。

記

1. 氏　　　名　今井花江
2. 死亡年月日　平成○年8月3日
3. 続　　　柄❶妻
4. 添付書類　　戸籍謄本1通

以上

❶申請者本人からみた故人の続柄を記入する。

住所変更届

住所変更届

20XX年9月25日

工場長　殿

生産第1課　松井一茂

住所変更につき、下記の通りお届けいたします。

記

1. 新住所　　❶○○県大空市虹町4－3－7
2. 旧住所　　○○県希望市未来町1389－2
3. 移転年月日　20XX年9月23日
4. 通勤経路　　自宅→青空バス「虹町」バス亭→
JR青空線「青空」駅→
JR青空線「新工業団地」駅

以上

❶新住所・旧住所をまちがいなく記入する。

ここに注意

・定期券の変更手続きも考慮して、新しい通勤経路を記入する。

扶養家族異動届

❶結婚、出生などの場合は、「増加」になる。

扶養家族異動届

平成○年3月31日

人事部長殿

広報部宣伝課　細川和孝　㊞

このたび、扶養家族が下記のように異動いたしますのでお届け申し上げます。

記

1. 異動該当者　細川美樹
2. 続　　　柄　長女
3. 異　動　日　平成○年4月1日
4. 異動の内容❶扶養家族の減少
5. 異動の理由　就職のため

以上

ここに注意

・扶養家族の死亡、離婚。そして、結婚、出生の場合も届出が必要になる。

身元保証人変更届

❶新身元保証人とともに旧保証人も記載する。

身元保証人変更届

平成○年11月14日

総務部長　殿

生産部製造三課　西田知美　㊞

このたび、下記のように身元保証人を変更いたしたくお届けいたします。

記

1. 新身元保証人　氏名：山辺泰造
住所：埼玉県○○町456－4
職業：公務員
続柄：叔父
2. 旧身元保証人❶氏名：西田省三
住所：埼玉県○○市○○2－4－3
職業：会社員
続柄：伯父
3. 変更理由　旧身元保証人死亡のため

以上

ここに注意

・身元保証人を立てることは一般的に労働契約に定められていて、本人が会社に対して問題を起こした場合、責任を負う。

身上異動届

身上異動届

　このたび、一身上につきまして、下記のとおり異動がありましたので、お届けいたします。

届出日：平成○年5月13日

所属	営業部　第3課	氏名	瀬川恵子	印	
❶届出項目	☑住所・定期券代変更届　□扶養家族異動届　□結婚届 □離婚届　□出生届　□死亡届　☑改姓届 □資格・免許習得喪失届 □その他（　　　　）				
異動の内容・理由	❷（内容） 旧住所　鎌倉市○町4丁目2の1 新住所　藤沢市○○3丁目16の3－402号 ❷（理由） 離婚のため				
異動日	平成○年5月10日				
添付書類	1. 戸籍抄本				
備考					

❶所定の一括届出書では、該当する項目をチェック。

❷各届に必要な内容・理由を列挙する。

ここに注意

・異動はプライベートであることが多いが、諸手当に関係し事務処理が発生するので、すみやかに届け出るようにする。

その他の届

資格取得届／直行・直帰届／時間外勤務・休日出勤届／出張届など

ここがポイント

- ■件名は「○○届」。
- ■あて名は人事や総務の部・課長、あるいは部署の上司。事前に確かめる。
- ■資格取得以外は、事前提出が原則。
- ■資格取得の場合は、合格証明書を添付する。

資格取得届

❶合格証書は必ず交付してもらい、添付する。

❷社内の助成制度を利用した場合は、それを明記する。

資格等（取得・喪失）届

このたび、下記のとおり（資格・免許）を（取得・喪失）しましたのでお届けいたします。

		届出日	平成○年7月18日		
所属	経理部経理課	氏名	吉岡瑞枝	印	

資格・免許の名称	日商簿記2級
取得・喪失年月日	平成○年7月14日
資格・免許試験名	日商簿記検定
試験実施団体名	日本商工会議所
添付書類	❶合格証書（写し）1通
備考	❷社内助成制度「ステップアップ」の助成をいただきました。

！ここに注意

・資格手当てなどの事務処理にかかわることなので、喪失した場合も届出をする。

直行・直帰届

直行・直帰届

マーケティング課長殿

❶平成○年10月30日

下記のように直行・直帰いたしますので、お届けいたします。

所属／氏名	マーケティング課　野々宮誠
日時	平成○年11月7日、8日 午前9時より午後7時
行先	東京ビッグサイト
理由	展示会立会いのため

検印		

❶事前提出が原則である。

時間外勤務・休日出勤届

時間外勤務・休日出勤届

営業課長殿

❶平成○年12月7日

下記のように（時間外勤務・休日出勤）をいたしたく申請します。

所属	営業三課	氏名	鮎川孝之	印	
日時	平成○年12月9日土曜日 10時00分から16時00分まで				
事由	プレゼン資料作成のため				
備考	・振替休日は平成　年　月　日（予定）				

❶事前提出が原則である。

ここに注意

・休日出勤を願い出る場合は、理由を明確にすることが必要。

出張届①

出張申請書

平成○年2月5日

営業部長殿

営業部販促課　柳沢　毅　㊞

下記のように出張いたしたく申請いたします。よろしくご裁可のほどお願い申し上げます。

記

1. 期間：平成○年2月12日から平成○年2月14日
(3日間)

2. 目的：❶関東地区バレンタイン販促応援のため

3. 業務の内容：○○ＳＣ店にて販促活動及び販売応援

4. 同行者：なし

5. 備考：❷休日出勤届を添付いたします。

以上

❶目的は簡潔に述べる。

❷休日出勤にあたる場合は、休日出勤届も添付することも。

ここに注意

・恒例のキャンペーンなど事前にわかっているものは、早めに届け出るようにする。

出張届②

❶諸　　届

❷届出日　平成○年5月25日

所属	営業部　第三課	所属	原田大二郎	印	

区分	就業	1. 出張　2. 時間外勤務　3. 休日出勤
	休暇	1. 有給　2. 代替　3. 生理　4. 特別（　　　　）
	欠勤	1. 病欠　2. 無断欠勤　3. その他（　　　　　）
	その他	1. 遅刻　2. 私用外出　3. 早退　4. 直行　5. 直帰
日時	年月日	平成○年5月23日より平成○年5月24日まで（2日間）
	時間	時　　分より　　時　　分まで（　時間　分）
事由	（就業・欠勤・その他の届出の場合は、必ず記入すること） 納品先トラブルによる出張修理のため	
備考	24日は修理終了後、○○課長のご指示で顧客メンテナンス訪問を行った。	

❶会社によっては所定の一括届出書が用意されていることもある。

❷急に出張した場合は後から届出ることを忘れずに。

ここに注意

・事前申請の場合は、不在中の連絡先（滞在先・出張先・携帯電話番号など）を備考欄に書く。

顛末書・理由書

不良品混入／製品返品／部下の交通事故／部下による納入商品破損／納期遅延／商品破損など

ここがポイント

- ■件名は「顛末書」、あるいは「理由書」とする。
- ■「顛末書」はトラブルのあらましを過不足なく述べる。
- ■「理由書」はトラブルの原因を端的に述べる。
- ■最後は、トラブル再発防止に向けての心構えや対策を述べてしめる。

不良品混入の顛末書

❶最初に、何についての、顛末《てんまつ》なのかを述べる。

❷トラブルの発端から要領よく述べる。

❸トラブル再発防止策を述べる。

ここに注意

・顛末とは、「事のすべての事情」のこと。トラブルの経緯を過不足なく説明し、最後に再発防止に努めることを表明する。

顛　末　書

平成○年11月28日

生産本部長　立木信雄様

緑ヶ丘工場長　畠山孝明　㊞

❶平成○年11月10日～13日納品分のビス「ＤＤＭ型」への不良品混入についてご報告いたします。

❷13日午後、京○自動車より納品ビスに不良があるとの連絡があり担当者がかけつけチェックしたところ10日から13日納入分50ケースのうち5ケースが不良品でした。急ぎ同型のロットを止めチェックいたしますと、Ｂラインで工作機の旋盤角度が0,01度ずれていることが判明いたしました。同ラインから納品した得意先は京○自動車を含み3件であり、残り2社も担当者が直接不良ビスを引き取り、不良品は10ケースにのぼりましたが、13日夜3ラインで残業体制をしき、翌14日には良品を再納入いたしました。またこの分は代金をいただかず誠意を持ってお詫びし、3社ともお取引を続けていただいております。

❸さらに、トラブル再発を防ぐため、

1. 機械メンテナンスの励行。
2. 仕様書チェックを2回行う。
3. 検品を2回行う。

を実行しております。

製品返品の顛末書

顛　末　書

平成○年12月16日

営業本部長　下平公一様

営業課長　小林直己　㊞

このたび米国A社製のメリーゴーランドを返品いたしましたことにつきご報告申し上げます。

1. 来春開園予定のアミューズメントパーク「み○いハウス」❶の遊戯施設として、かねてからA社にメリーゴーランドを発注していたが、納期を1か月も過ぎて12月1日到着した。
2. 契約時の取り決めでは技術者が同行し設置作業に当たるはずであったが、A社からは営業担当が1人来ただけであった。
3. 当社技術者が設置を始めたが、パーツの一部が足りないことがわかり問い合わせたが、到着はいつになるか不明とのこと。
4. 以上のようにA社の態度にはまったく誠意が感じられず、このままでは来春開園に支障をきたす恐れもあり、遺憾《いかん》ながら製品を返品することとし、A社の営業担当にその旨を13日に伝えた。
5. 「み○いハウス」に観覧車を納品しているC社が、メリーゴーランドも対応できるということで、急遽14日下平社長以下役員部長会議でプレゼンの上採用を決定。1月下旬納品予定。

❷A社とは10年前にも取引があり信頼しておりましたが、その後経営者が変わり業績が思わしくなく、会社運営もずさんになったようです。今後は事前チェックを慎重に行うよう努めます。

❶箇条書きにすると、物事の流れが説明しやすい。

❷最後は、トラブル再発防止に努めることを明記する。

ここに注意

・顛末書は、時間の流れにそって事実を書き記すようにすると、わかりやすくなる。

部下の交通事故の顛末書

❶事故発生の経緯、その後の処分などを時系列にそって過不足なく説明する。

❷上司としての監督不行き届きを詫び、再発防止に努めることを述べる。

顛《てん》　末《まつ》　書《しょ》

営業部長殿

営業部第二営業課係長　相沢信一　㊞

このたび、本課所属の上野博文が交通事故を起こした件につきましてご報告いたします。

❶去る1月5日、上野は恒例の新年得意先回りから帰社の途中、営業車を電柱にぶつけ破損せしめました。幸い、人身事故には至らず本人も全治3日のかすり傷でした。しかし呼気からアルコールが検出され酒気帯び運転で免許は停止となりました。本人は1週間の謹慎を務め十分反省が見られましたので、13日より勤務を許可いたしております。また自発的に業務終了後、講習受講のため教習所に通っております。

❷このたびの監督不行き届きをお詫び申し上げ、以降二度とこのような事故が起こらないよう再発防止に努めてまいります。

以上

部下による納入商品破損の顛末書

❶再発防止策は具体的なほうがよい。

ここに注意

・事実を客観的に報告し、部下への私情が入らないように心がける。情状酌量を訴える場合は、最後にまとめる。

顛　末　書

去る2月25日○広百貨店納入のマネキンが破損したことにつきましてご報告申し上げます。

1. 2月25日、本課佐山信道は○広百貨店に納品する春季セール用新型マネキン25体の積み込みに立ちあったのち、本人は電車で○広百貨店に向かい、川○運輸のトラックの到着を待った。
2. わが社出発からおよそ1時間後、トラックは○広百貨店に到着。マネキンを降ろして梱包を解いたところ、10体に破損が見られた。
3. ○広百貨店は15体のみを購入し、10体分は古いマネキンを使って春季セールの準備に入った。
4. 川○運輸は全面的に責任を認め、マネキン10体分の金額を支払った。
5. 今後マネキン輸送業務は、中○運送に委託する。❶
6. 今後、わが社担当者はマネキン輸送時には必ずトラックに同乗する。

納期遅延の理由書

理　由　書

平成○年3月10日

部品調達部部長　尾上英雄様

第二工場長　森田篤　㊞

❶3月20日納品予定の部品「DR－2500」につきまして、一部納品が不可能となりましたのでご説明申し上げます。❷昨今の金供給ひっ迫にともない、今月に入り一時的にまったく金原料が入手できなくなりました。在庫で製品の製造は続けておりますが、今の状況が続きますと、20日には予定の85%程度の納品とならざるを得ない見込みです。日夜、原料調達の努力を続けておりますが、万が一の場合にはご理解のほどお願い申し上げます。

また金価格の継続的上昇が見込まれますので、価格についてもご検討のほどお願い申し上げます。

以上

❶何についての説明なのか、テーマを最初に述べる。

❷トラブルの原因を述べる。

ここに注意

・理由書はトラブルの原因を述べるもの。顛末書のように事件の背景まで詳しく書く必要はない。

商品破損の理由書

理　由　書

20XX年9月25日

営業部長殿

販売2課　園田恵子　㊞

❶ベネチアグラス20個（合計300万円相当）が破損いたしました原因につきましてご報告申し上げます。

1. 4月25日午前2時15分、○○地区は震度4の地震に見舞われました。
2. 同日午前4時頃売り場に到着しますと、ベネチアグラス用の陳列棚が通路に向かって倒れており、グラス25個のうち20個が破損しておりました。
3. 同棚はゴールデン・ウイークに合わせて24日に急遽設置されたもので、地震対策用の金具などが施されておりませんでした。

今後は棚の固定などを行い、さらに定期的に状態を確認し、人知で防げる事故は100%防止できるよう努力してまいる所存です。

❶個数、金額などの数字は、あいまいにせずハッキリと間違えないように書く。

始末書・念書

一般的／交通事故／
部下のトラブル／
社内行事での不祥事／資料紛失など

ここがポイント

- ■件名は、「始末書」「念書」。
- ■最後に反省の気持ちと、再発防止に努める誓いを表明する。
- ■始末書には必要ならば、「顛末書」「報告書」などを添付する。
- ■念書は、対会社でなく、対個人への約束になる。

一般的な始末書

❶まず、トラブルの概要を述べる。

❷具体的内容はなくてもよい。

始　末　書

平成〇年5月25日

営業部長殿

営業部第三課　早瀬富男　㊞

❶私こと、このたび製品パンフレットの金額を間違えて印刷するという不始末をいたしました。

❷急遽訂正文書とシールを印刷し、全国の支店、百貨店、量販店に配布しました。

全国の営業マン、またこのパンフレットをご覧になったお客様にご迷惑をおかけし、会社に対しても多大な損失をおかけいたしました。

ひとえに私自身の不注意によるもので、深く反省するとともに心からお詫び申し上げます。

今後は、ひたすら業務に集中し、このようなミスを二度と犯すことのないよう精励《せいれい》いたします。

このたびに限り寛大なるご処置を賜りますようお願い申し上げます。

！ここに注意

・始末書は、トラブルを起こしたことを十分に反省し、会社の処置を仰ぐもの。詫びる気持ちや、二度とトラブルを起こさない決意を明記する。

交通事故の始末書

始　末　書

平成○年6月4日

支社長
堀内輝政殿

営業二課
仁科耕一　㊞

私は、去る6月1日、営業車で走行中のところ○○街道××交差点を右折中に事故を起こしました。

対向車線に停車中のトラックの陰から中学生の自転車が飛び出し、接触し、あわてて急ブレーキをかけて停車したため、後続車から追突されたものです。

❶幸い、中学生はかすり傷程度で命に別状はございませんでした。また私も、軽いむち打ちと診断され通院中です。

❷私は交通法規を遵守した運転をしておりましたが、なにぶん未来あるお子さんに、けがをさせてしまったことは痛恨の極みであります。山辺課長にご同行いただき、見舞金をお届けしました。

また保険がほぼ満額支給され、営業車は修理中です。

❸不慮の事故とはいえ、人車の往来の多い幹線道路で、社名の入った営業車で事故を起こしました不始末を深く反省しております。

今後は、いっそう安全運転に心がけ、会社の信用をそこなうような事態は招かないことを誓い申し上げます。

以上

❶けがの状態は、まず先方から述べる。

❷自分に落ち度がなくても、会社の信用を傷つけることもある。

❸ひたすら反省の気持ちを表す。

ここに注意

・始末書には、事故の詳細を詳しく書かず、「顛末書」あるいは「報告書」を添付することもある。

部下のトラブルの始末書

始　末　書

平成○年7月1日

代表取締役社長　羽田直治殿

開発部部長　所沢一志　㊞

❶このたび開発部開発二課森下剛史が、新製品情報漏洩という事態をひきおこしました。

去る5月15日、一部新聞にわが社の夏期新製品である多機能家電KD-08P（製品名称『ピピッ◯くん』）の写真が掲載されました。6月10日のリリース発表を前に極秘の写真がリークされたわけであります。急きょ部内で調査いたしましたところ、製品開発チームのメンバーであった森下剛史より写真が漏洩したことが判明いたしました。森下は5月5日に学生時代の友人数名と飲食をしたおり、携帯電話内に保存していたKD-08Pの写真を同席者に見せ、その中にいた業界紙記者がひそかに自分の携帯電話に転送していたということであります。幸い、価格、機能等のライバル社に有利となる情報は漏れず、6月10日のリリース発表、6月26日の製品発売も無事行われました。

❷私の指導が行き届かぬことを反省し、今後このようなことが二度と起こらないよう管理と指導に努めてまいる所存です。

❸森下は大変に優秀なエンジニアでわが社のヒット商品RB-06A（名称『LOVE-POT』）の開発メンバーでもあります。データ管理には重々注意させ、さらに研究にまい進させますので、どうか今回に限り寛大なご処置を賜りますようお願い申し上げます。

❶まず、誰がどんなトラブルをひきおこしたのかを明記する。

❷上司としての監督不十分を詫びる。

❸部下の過去の業績を挙げ、同じ過ちをおかさせないことをうたい、寛大な処置につなげる。

ここに注意

・部下の不始末の内容によっては、上司である自分も責任をとらねばならないことも。その場合は「進退伺い」（P. 248）の提出も。

社内行事での不祥事の念書

念　書

❶木本誠一郎様

生産二課　等々力史郎　㊞

私こと、去る7月14日夜、市内割烹店での部内懇親会の折、泥酔の上、浜田雅夫君に無礼な振る舞いをいたしました。

社会人としてあるまじき侮蔑の言葉を発し、さらになぐりかかるという暴挙にいたりました。

浜田君本人はもとより、部内の皆様に多大なご迷惑をおかけしたことを深く反省し、二度とこのよう行為におよばないことを誓います。

❷平成○年７月16日

❶念書は個人宛の文書であり、殿ではなく様を使う。

❷日付は末尾に。

ここに注意

・職場のチームワークを乱すような人物には、書名捺印した念書を取ることで、反省をうながすことができる。

資料紛失の念書

念　書

第三マーケティングチームリーダー
畠山英一様

堺淳子　㊞

❶私こと、このたびA社プレゼン用資料データを紛失し、チームリーダーおよびチームの皆様に多大なご迷惑をおかけいたしました。

規則では禁止されているにもかかわらず、週末自宅で資料を作成するためにノートパソコンを持ち帰り、さらにパソコンが入ったバッグを電車内に置き忘れ、紛失いたしました。

週明けがプレゼンであったため、資料をゼロから作成しなければならずリーダーおよびチームの皆様に休日出勤をお願いすることになってしまいました。

ここに深く反省し、念書をもって二度とこのようなミスをおかさないことを誓い、お詫びいたします。

平成○年10月30日

❶何のために念書を書くに至ったかを簡潔に述べる。

ここに注意

・念書は、もともと契約の再確認、部分改定などの場合に双方で作成して1通ずつ保管するものだが、例文のような場合は1通のみ作成する。

進退伺い

部下の不正／部下による取引停止／
出火事故／プロジェクト中止など

ここがポイント

■件名は、「進退伺い」とする。
■役職にある者が、過失の責任を負うために提出する。
■潔く過失を認め、言い訳はしない。
■辞表を添付するのが一般的である。

部下の不正についての進退伺い

❶事件の概要を述べる。

❷潔く責任を認め、言い訳をしない。

❸進退伺いには、辞表を添付する。

進退伺い

平成○年8月3日

代表取締役社長　豊川守様

経理部長　織部主税　㊞

❶今般、経理部主任百瀬○子が長年に渡り不正にコンピュータオンラインを操作し、多額な金を着服していた事実が明るみに出ました。

百瀬はすでに、懲戒解雇され、また業務上横領の罪で逮捕されております。

連日のマスコミ報道によりわが社の名誉はいちじるしく損なわれ、また横領された金も回収の見込みは、10%足らずであります。

❷今回の事件の原因は、すべて小職の監督不行き届きにあり、他の誰の責任を問うものではありません。

会社に対して著しい損害を与えたことを心からお詫び申し上げます。

事件の責任を負うものが進退を明らかにすることで、社内外へけじめを示し、新リーダーの元で再発防止策にのっとった新システムのいち早い構築と稼動をめざすことが必要であると考え、ここに❸辞表を同封の上、進退伺いを申し上げます。

ここに注意

・「進退伺い」は職務上に過失があったときに、責任を負って職務を辞すか、それには及ばないかの判断を上司に仰ぐことである。

部下による取引停止に対する進退伺い

進退伺い

平成○年9月9日

代表取締役社長

後藤正臣殿

生産流通部長　斉藤肇　㊞

このたび、○○百貨店より取引停止の通告を受けました。去る8月20日に納入した「コエンザイム○○10リンゴジュース」100ケースの賞味期限が切れており、一部は消費者に購入されクレームがあいついだことがその理由です。○○百貨店は新聞にお詫びの広告を出し、さらに記者会見を行うほどの大事にいたりました。

原因を調査いたしましたところ、御殿場倉庫出荷担当立花仁が、誤って賞味期限切れの商品をトラックに搬入したことがわかりました。❶しかし、これは立花一人の責任ではなく、人為的なミスを防ぐ出荷管理体制を築いてこなかった、小職のミスであります。

○○百貨店は、取引額の高さからも、ブランドの高さからもわが社にとっては重要な取引先でありました。それを失い、会社の信用を傷つけたことを、心からお詫び申し上げます。

❷出荷の責任者として、いかなるご処分も受ける覚悟であります。

ここに辞表を同封し進退伺いを申し上げます。

❶直接ミスをおかしたのは部下でも、その責任は自分にあることを認める。

❷潔く進退を上司に預ける。

ここに注意

・部下のミスは事実を客観的に報告するにとどめ、感情的にならないようにする。

出火事故への進退伺い

進退伺い

平成○年10月22日

代表取締役社長
柳沢竜太郎殿

桜ヶ丘工場長
東尾康文

　去る10月15日、桜ヶ丘工場東棟中央部より出火し、幸い東棟のみで鎮火いたしましたが、工場は２日間全館生産活動ができませんでした。さらに東棟は現在もまったく機能しておりません。
❶製品の受注が好調で、生産体制の強化がうたわれていた矢先の出火に大変申し訳なく、管理者として責任を痛感しております。
❷消防の調査によると出火場所は、もともと火の気のないところであり、放火の疑いもあるということで、防犯会社のパトロールを強化しております。また所定の場所以外の禁煙の徹底も改めて工員に訓示いたしました。さらに、副工場長以下5人の防火研究チームを組織し、現在の問題点の洗い出しと新システムの構築を至急進めております。

　桜ヶ丘工場は、今度の教訓をいかし、二度と火事のおこらない工場づくりをめざしております。

　しかし、出火の事実は消すことができません。責任者が責任をとりけじめをつけることが必要であると考え、ここに辞表を同封して進退のお伺いを申し上げます。

以上

❶責任者として、非を認める。

❷出火原因がわかっている場合は、それにふれてもよい。

ここに注意

・進退伺いは、部課長級以上の役職者が、辞意を持って提出するもの。平社員が出すことはない。

プロジェクト中止の進退伺い

進退伺い

平成○年9月25日

取締役社長
戸板保雄様

CCCプロジェクト室長
東海林健一

このたび、A○社よりCCC（children-chance-creation）プロジェクト凍結の令を受けました。室員12名、全員が困惑いたしております。

❶3年前にA○社前社長のご理解を得て共同開発となった、CCCプロジェクトは1年目のリサーチ、2年目の組織づくりが終わり、いよいよ3年目の実現を迎えるばかりとなっております。来春から運営を開始する予定で、人材育成、場所の選定、教材製作、CM製作なども順調に進んでおりました。それが、突然の凍結命令とは、まったく寝耳に水の思いです。A○社からは方針転換による凍結とだけで、その後納得のいく説明はありません。本プロジェクトの存続はないと思われます。

❷本プロジェクト凍結により会社に多大な損害を与えますこと深くお詫びし、職を辞して責任を負う所存であります。ここに辞表を添え、今後の進退についてのご指示をお待ち申し上げます。

❸また、プロジェクトのメンバーは社内公募で集まった、意欲のある人間ばかりです。どうか、彼らに温かいご処遇《しょぐう》をいただけますようお願い申し上げます。

以上

❶プロジェクトについて概要を述べる。

❷凍結による損害を与えることの責任を辞職のかたちで示す。

❸メンバーへの温情を願うひと言を入れる。

ここに注意

・事態をまず見据えること。だめならプロジェクトの凍結に対し責任を感じ、進退伺いを提出して指示を潔く待つという姿勢が大事。

退職届(願)・辞表

一般的／縦書き／辞表など

ここがポイント

■件名は、「退職願」あるいは「退職届」。どちらも意味は同じ。
■理由は「一身上の都合により」が一般的。
■日付が大切。退職の具体的な理由を書いてもよいが簡潔に。
■縦書きでは、あて名・日付・自分の氏名を本文の後にする。

一般的な退職願

❶提出は会社の規定に従った日付であることが大事。

❷形式を重んじる文書では、自分の名称は行の最後にもってくる。

❸年金、保険の手続きなどで退職後も連絡が必要なことがある。

退　職　願

❶平成○年2月28日

華○産業株式会社
代表取締役社長
鳥野雄介殿

生産部労務課
山河朝則　㊞

❷私儀

このたび一身上の都合によりまして、来る3月31日をもって退職いたしたく、お願い申し上げます。
　なお退職後の連絡先は下記のとおりです。

❸〒□□□－□□□□
群馬県華菱市○○町1－2－33
電話：××××－××－××××

ここに注意

・退職「届」も退職「願」も、意味に変わりはない。印象として「届」は事務的、「願」は円満な感じがする。

縦書きの退職届

退職届

私こと

一身上の都合により、来る平成〇〇年九月三十日をもちまして退職いたしたく、お届け申し上げます。

❶平成〇〇年八月二十二日

宣伝部宣伝課　仁科昌美　㊞

六〇木電気株式会社
代表取締役社長
松方敬三様

❶日付、自分の名前、宛名は文末に書く。

ここに注意

・縦書きの場合、日付は漢数字で書く。

一般的な辞表

辞　表

平成〇年11月30日

株式会社五〇産業
代表取締役社長
磯谷浜雄

営業本部長　花田光太郎

私こと

❶このたび一身上の都合により、平成〇年12月31日をもって辞職いたしたく、お願い申し上げます。

❶重要な役職につく者が辞職するときに辞表を出す。

ここに注意

・会社の都合による場合でも、「一身上の都合により」が無難。

指示する

販売促進／防災対策強化／
経費節減／省エネ対策／
接客態度／報告書提出期限厳守など

ここがポイント

- ■件名は、「○○について」「○○のお願い」などとなる。
- ■上意を下位に伝える場合が多いが、です・ます調を使うのが基本。
- ■指示の内容（やるべきこと・期限など）を明確にする。
- ■なるべく箇条書きを使い、ポイントをわかりやすく伝える。

販売促進の指示

❶指示文書では時候のあいさつは必要ない。直接、用件に入る。

❷指示内容は、記書きで箇条書きにするとわかりやすい。

20XX年11月11日

店長各位

営業本部長　橋爪啓治

クリスマスキャンペーンについて

❶来る11月23日から、全店合同のクリスマスキャンペーンが始まります。下半期の売上高を左右する重要なキャンペーンですから各店の奮起を望みます。詳細は下記の通り。不明点は本社の各地域営業担当に問い合わせてください。

❷記

1. クリスマスキャンペーン期間：
   11月23日～12月25日
2. 統一キャッチフレーズ：
   「あったかいね　メリーX'マス」
3. 販促グッズ：
   ●ポスター　●のぼり　●販売員用サンバイザー
   ●おまけフィギア（500円以上購入者）
   ＊各地域の営業担当から送付します。
4. 重点商品の選定：別紙資料
5. 期間中は毎日、目標売上高を設定し、達成率を本部に報告する。上位5店、下位5店を毎日発表する。＊詳細は別紙

以上

ここに注意

・指示文書であっても、です・ます調が無難。

防災対策強化の指示

平成○年8月20日

関係者各位

総務部長　園田薫

防災対策強化について

❶大地震はいつ起こってもおかしくありません。内閣府の推定によると、首都圏でマグニチュード7.3の地震が発生した場合、およそ650万人の帰宅困難者が発生します。そこで今年は、○○地区商工会議所が主催する大震災帰宅訓練に参加し有事に備えます。

また、火災は人災。一人一人の心がけで必ず防げるものです。秋には消防検査が入りますので、各課、防災責任者を中心に通路に物を置かないよう徹底を願います。詳細は下記のごとくです。

記

1. 防災訓練：

●9月1日（金）午前8時50分から約30分間
恒例の防災訓練を行う－全員参加

●9月2日（土）午前11時から
商工会議所主催「大震災帰宅訓練」―各課2名参加

＊各訓練の詳細は各課の防災責任者より連絡があります。

2. 防火対策：

9月の下旬から10月にかけて、消防検査、スプリンクラーなどの防災設備の検査があります。各課防災責任者より連絡がありますのでご協力をお願いします。

以上

❶時候のあいさつなどは不要。ストレートに用件に入る。

ここに注意

・防災対策は日ごろの心得が肝心。折にふれて社員の注意を喚起したい。

経費節減の指示

❶経費節減を求める理由がはっきりしている場合はそれを書く。

❷伝達事項は、記書きで箇条書きにするのがわかりやすい。

平成○年11月11日

社員各位

総務部長　畑中修

経費節減について

❶ここ2四半期において経費の割合が増加しております。社員一人一人が経費削減に留意し、日常業務に取り組まれることを切に希望します。なお、下記の項目については特に徹底してください。

❷記

1. 社内用コピーには不用になった紙の裏を使う。
2. 社内閲覧文書は、Eメールを使い、紙の使用量を減らす。
3. トイレの水は1度だけ流す。
   気になる場合は消音器を使う。
4. 残業時には必要な部分の照明だけをつける。

以上

省エネ対策の指示

❶温度、日付などの数字は間違えないように明記する。

ここに注意

・例年の指示は、徹底して守らせるために、タイミングよく出す。

社員各位

省ネエの徹底について

未来創造を社是とするわが社は、国が推進する地球温暖化防止対策に強い賛同を示しています。これは、企業のイメージづくりというものだけではありません。

日々の業務においても各人下記の項目を徹底するよう願います。

記

1. 冷房設定温度を❶○度とする。
2. ❶6月1日から9月30日までの期間、原則としてノーネクタイとする。

＊希望者には、わが社も紹介されている冊子『企業における21世紀の省ネエ対策事例集』を無料で配布。
問合せは、総務二課・斉藤慶子（内線4590）まで。

以上

接客態度についての指示

社員各位

接客態度について

残念ながら社内外から、わが社社員の接客態度の悪さを指摘されております。特に内勤の諸君にとっては他社と比較する機会がなく自覚しにくい問題でありますが、❶社員全員がわが社のイメージを担った営業マンであるとの認識を持って来訪者の接客にあたってください。具体的には以下の点に注意してください。

1. 来訪者には、必ずあいさつをし、必要であれば要件を尋ねる。
2. 相手の目を見て話す。
3. 電話をとったら「ITソリューション○○でございます」と名乗る。
4. 接客コミニケーション研究所の早川ナナミ先生のセミナーを10月1日から3日まで開催。所定の用紙に希望日と時間を書いて申し込む。**全員参加のこと**。

以上

❶まず大きな心構えを示して、後の具体的項目につなげる。

報告書提出期限厳守の指示

平成○年11月6日

関係者各位

営業企画部　山下真奈美

報告書ご提出のお願い

先月ご依頼いたしました、「お客様意識アンケート」の期限が❶今週末にせまっております。皆様、日常業務でお忙しい中恐縮ですが提出期限厳守で❷所定のエクセルのファイルに結果を集計の上、10日（金）までに、営業企画部・山下（yama-@＊＊＊.com）宛にお送りくださいますようお願い申し上げます。

今度の戦略部長会で、大野経営企画本部長が来期新戦略を発表する際の重要な資料となります。わが社の未来の舵取りを行う大切な会議ですので、皆様のご協力をお願い申し上げます。

ご不明点は、山下までお問い合わせください。

以上

❶締め切りの5営業日ぐらい前に出すのが適当。早すぎても遅すぎても効果はうすい。

❷形式、送り先、期限などを再確認する。

ここに注意

・通常業務外の仕事依頼だが、重要度を強調して、提出率のアップを図る。そのための指示文。

通達する

社員証管理徹底／法令遵守徹底／
個人情報管理徹底／時間外労働／
社内規定改定／製品管理体制強化など

ここがポイント

- ■件名は、「○○について」あるいは「○○の通達」となる。
- ■通達文は、命令文と同じ効力を持つ。指示はずばり的確に。
- ■必要であれば、通達の背景を説明することもある。
- ■頭の文はある程度、ていねいな調子が望ましい。

社員証管理徹底の通達

❶時候のあいさつなどは不要。

❷実務担当者の連絡先を明記する。

平成○年12月8日

社員各位

総務部部長　堀田正文

社員証の管理徹底についての通達

❶昨今、社員証のトラブルが相次いでおります。社員の安全、会社の機密保持にも関わる問題ですので、小さなカード1枚ですが、くれぐれも軽んずることのないよう、社員諸君一同の意識強化を願います。具体的には下記の項目に注意してください。

記

1. 社屋の出入りには必ず社員証を提示する。自宅等に忘れた場合は、管理センターで本人であることが確認されてから入館すること。
2. 社員証を紛失した場合は、休日であっても速やかに管理センターに届け、そのカードを無効にし、他者の悪用を防ぐ。
3. カードを紛失した場合は、所属長がやむを得ないと認めた場合を除き、再発行時に実費を払う。
4. 社員証の貸し借りは絶対行わない。発覚した場合は貸した方借りた方双方が処罰の対象となる。

❷＊社員証についての問い合わせは総務部・堀内（内線：2234）まで。

以上

ここに注意

・「通達文」は「指示文」より強く、反論の余地を残さない文書である。高圧的になるのは避けながら、それなりに威厳のある文書を心がける。

法令遵守徹底の通達

平成○年1月8日

各部長殿

代表取締役社長　加藤義男

コンプライアンス（法令遵守）徹底の通達

❶新年のあいさつでも述べましたが、わが社にとってコンプライアンス（法令遵守）の意識を高め、その制度を整えることは急務であります。昨年の○○食品や、○○自動車の例に見るように今や企業不祥事の発覚は、その会社を消滅させるに足る大事であります。しかし、伝統的な企業の多くは、先人からの商慣習を引き継いでおり、ともすればコンプライアンスに反するような行為も今までは妥当であると看過されてきたことはいなめません。また、明らかな法令違反であっても、社内に自浄作用の制度がないために摘発されず、一部の社員に不当な利益をもたらしている行為もないとはいえません。

そこで、1月より総務部法務課に特別チーム「コンプライアンスプロジェクト」を発足させ、今までの商慣行の見直しと、社員一人ひとりの法令遵守への意識を高める教育を実施します。おそらくは、各課からメンバーを出す「コンプライアンス委員会」が発足し、具体的な活動を行うことになろうかと考えます。❷そのときは各部長も積極的に後押しをしていただきたいと思います。

❷しかし、まずは社員の模範たる部長諸君から、徹底的にコンプライアンスの意識を持っていただくのが先決です。取引先等、社外への対応も足並みが乱れないようお願いする次第であります。

以上

❶通達文の趣旨をまず述べる。

❷通達（指令）は、はっきりと。

※遵守《じゅんしゅ》は順守でもよい。

ここに注意

・実務の通達でない場合は、ポイントがぶれやすいので、指令をはっきりさせるように心がける。

個人情報管理徹底の通達

平成○年2月15日

社員各位

代表取締役社長　平野哲夫

個人情報管理徹底の通達

諸兄諸姉も知ってのとおり、昨今個人情報の漏洩が問題になっています。わが社にも、お客様からご登録いただいた大切な情報があり、万が一のことがあれば、会社の信用をそこない、会社の存続すらあやうくなる事態を引き起こします。

情報漏洩には二つのルートしかありません。ひとつは、外部からの侵入者によって情報を盗まれる場合、もうひとつは、不注意にも内部の者が情報を漏らしてしまう場合です。

前者については、わが社においては世界でも最新の暗号システムを導入しており、絶えず細心の注意が注がれております。❶しかしどんなにパーフェクトなガードを行っても、内部の人間のうっかりミスで情報が漏れてしまえば、すべてはご破算です。社員諸兄諸姉は、ひとりひとりが会社の機密を守る責務にあることを自覚し、情報管理の徹底に努めてもらいたいと考えます。

具体的には、業務パソコンの持ち出しは今までも禁じられていましたが、❷これからは、データの持ち出しも禁止します。業務を自宅に持ち帰ることはせず、すべて社内で行うこととします。在宅勤務者については、この限りではありませんが、詳しくはシステム管理部へ問い合わせてください。(内線5555：中田)

社員の自覚と自律により通達が徹底されることを望みます。

以上

❶ときには通達の理由を論理的に説明することも必要である。

❷通達（指令）は、はっきりと書く。

ここに注意

・社長から社員への通達は、社長命令と同じである。社員に絶対な拘束力を持つが、あまり高圧的にならないように注意したい。

夏期休暇の通達

平成○年6月20日

社員各位

緑ヶ丘工場長　村田高治

夏期休暇について

❶本年度の夏期休暇について以下のように通達します。

❷記

1. 期間：8月13日（水）から16日（土）
 ＊16日は休日なので18日（月）に振り替える。

2. 日数：実質6日間

3. 例外：ただし繁忙なラインは、この限りではない。
 期間中に出勤したラインは1か月以内に振替休暇をとるものとする。

4. 注意：行楽などで出かける場合は、事故に気をつけ、トラブルに巻き込まれないよう注意する。

以上

❶内容が項目化されているものならば、頭書きはシンプルにする。

❷箇条書きにする場合は記書きにする。

ここに注意

・事務職では、いっせいに休暇をとらず、業務を調整しながら交代で休むことも多い。

インターネット利用についての通達

平成○年1月20日

社員各位

情報システム管理部長　平岡幹夫

インターネット利用について

昨今、インターネットの利用についていくつかの問題が指摘されておりますが❶そのほとんどは社員一人一人が良識と常識をもって利用すればすみやかに解決する問題であります。わが社の誇りある社員としての行動を望みます。❷また下記の通達に違反する者は、社内規則により罰せられることをここに明らかにしておきます。

記

1. ウィ○ー、シェ○ーに代表される、交換ソフトをダウンロードすることを禁止する。
2. 昨今、部課内の共用パソコン上で、インターネットの有料サイトにアクセスする者が続出している。共用パソコンの匿名性を利用した悪質な確信犯である。2月1日より、個人のIDを入力しなければ、アクセスできないようにシステムを変更する。

＊IDを登録していない者は、個人用パソコン、共用パソコンともにインターネットを利用できなくなるので、今週中に登録するように。

3. 個人がプライベートでブログを発信することは自由であるが、社内の機密をもらす、あるいは告発文、暴露文に類する内容を発表することは、会社に著しく損害を与えるものとして、これを禁じる。

以上

❶社員一人ひとりの自覚をうながす。

❷違反者は、罰せられることを明記して、通達の徹底を図る。

ここに注意

・インターネットの世界では、ささいなミスが大事に発展しやすく、システム管理者には毅然とした態度が求められる。

時間外労働についての通達

❶社外秘

平成○年2月19日

❷各課長殿

総務部長　戸塚五朗

時間外労働の管理徹底について

去る2月18日の社長臨席の部長会において、組合から要求のあった「時間外労働のガイドライン徹底」について協議がなされ、以下のような結論を得ました。各課において徹底されるように通達いたします。

記

1. 時間外労働については、原則として36協定に基づいて実施されることが望ましい。
2. しかし、わが社業務の特殊性、各社員の専門性の高さから、36協定の範ちゅうに入らない時間外労働が発生することはやむをえない場合もある。
3. その場合は、各課長は該当社員と相談の上、時間外労働時間を決定できる。が、その場合、組合の了承を得ることが必要である。
4. また、各課長は、時間外労働が原因で社員に心身の不調が見られた場合は、すみやかに産業医の受診を勧めなければならない。
5. 全社員の有給休暇消化率80%以上を目標とする。

以上

❶会議での決定事項の通告は「社外秘」となることも多い。

❷社員労働管理の現場責任者があて先となる。

ここに注意

・時間外労働についての労使の交渉は、デリケートな問題なので、「社外秘」にする場合もある。

社内規定改定の通達

平成○年3月13日

各店長殿

代表取締役社長　都城法利

パートタイマーの社内規定改定について

❶昨今の労働事情変化により、パートタイマーの処遇《しょぐう》をより選択的なものにするよう、社内外から要望が目立っていましたので、4月1日より下記のようにパートタイマー就労規則を改定することとしました。❷各店、より効率的な人材活用に努められることを希望します。

記

●旧規定

（契約期間）

第5条　パートタイマーの雇用期間は1年以内とし、雇用契約書にその期間を明示する。

2　会社は、業務上の必要に応じて契約を更新することがある。

●新規定

（契約期間）

第5条　パートタイマーの雇用期間は1年以内とし、雇用契約書にその期間を明示する。

2　会社は、業務上の必要に応じて契約を更新することがある。

3　半年ごとに売り場のパートタイマーから社員登用候補生を選出し、社員教育を行いながら試用し、合格すれば正社員とする。

以上

❶規定改定の背景を説明する。

❷規定改定を効率的に利用するように求める。

ここに注意

・新規定はいつから有効なのか、日付を明言する。

雇用保険料変更の通達

平成○年9月3日

社員各位

代表取締役社長　山上竜彦

雇用保険料率変更について

❶厚生労働省より、10月1日より雇用保険料率引き上げの通知がありました。これにのっとり下記のように雇用保険料率を変更することを通知します。

記

1. 旧雇用保険料率：賃金の1000分の17.5
（内会社負担1000分の10.5）

4. 新雇用保険料率：賃金の1000分の19.5
（内会社負担1000分の11.5）

3. 施行日：平成○年10月1日より

以上

❶引き上げの理由を述べる。

ここに注意

・具体的な引き上げ額を「賃金30万円の場合2,100円→2,400円」のように例としてあげてもよい。

製品管理体制強化の通達

平成○年4月18日

営業部第三課各位

統括営業部長　佐伯益三

製品管理体制強化について

❶去る4月14日、米国向け製品出荷に不備があったことを受け、至急出荷システムの見直しを図ります。❷各人が的確で迅速な出荷を心がけることが、わが社の信用を築くことだと肝に銘じ業務に励んでいただきたいと考えます。

記

1. 出荷手配書を作成したら必ず、注文書と照らし合わせながら、声を出して型番、個数、金額などをチェックする。
2. 担当者は、倉庫あるいは、工場からの出荷完了の報告を確認した後、顧客にあて出荷通知書を発送する。

以上

❶通達の背景を簡潔に述べる。

❷社員一人ひとりの自覚を求める。

辞令

配属／異動／転勤／海外出張／定年退職通知／
懲戒処分（出勤停止・減給・解任・解雇・即時解雇）／
入社誓約書／身元保証書など

ここがポイント

- ■辞令には、配属、異動、転勤、海外出張などがある。
- ■定年退職の通知文には、ねぎらいの気持ちをこめる。
- ■懲戒処分の通知文には、処分の根拠となる規定を明記する。
- ■入社誓約書・身元保証書には住所、生年月日などを明記する。

配属の辞令

❶所属がつかないのは新入社員であるため。

辞　令

❶柏崎文夫

平成○○年四月一日をもって、
営業企画部調査課調査担当を命ずる。

平成○○年四月一日

株式会社花○物産
代表取締役社長　吉田一郎　㊞

ここに注意

・「。」「、」をつけるかつけないかは、会社の慣習に従う。

異動の辞令

辞　令

生産部総務課　天野昇

平成○年9月1日をもって生産部総務課係長を命じる

平成○年9月1日

U○P株式会社代表取締役社長
西　表　円　三　　㊞

ここに注意

・「異動」とは、地位や勤務が変わることである。

転勤の辞令

辞　令

盛岡支店営業部係長　本庄篤

❶平成○年6月1日より、広島支店営業部課長代行を命じる。

平成○年6月1日

株式会社ニコ○コ商事代表取締役社長
葉　山　竹　蔵　　㊞

❶異動は4月、9月とは限らない。年月日に注意すること。

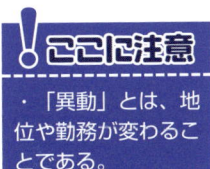

海外出張の辞令

❶期間及び赴任休暇の期間を明記する。

辞　令

営業部技術援助課　樋口佐緒里

タイ国ウェー○ラー社への技術指導を命じる。
期間❶　　平成○年9月15日から12月15日まで
赴任休暇　　平成○年9月12日から9月14日まで

平成○年8月30日

株式会社ナショ○ルシステム
技術支援課長　仲間公一

定年退職の通知文

❶就業規則にのっとり通知する。

❷長年の労をねぎらう表現を入れる。

定年退職通知書

平成○年10月20日

望月智彦殿

株式会社大山産業
代表取締役社長　池尻泰造　㊞

貴殿は平成○年11月12日をもって満60歳を迎えられます。つきましては、❶当社社員就業規則第19条により来る11月30日をもって、定年退職となりますことをお知らせいたします。
❷長年にわたり業務を遂行され、わが社の発展に寄与されたことを深く感謝いたします。
なお、退職に関する諸手続きを行いますので、印鑑をご持参の上、11月15日までに人事部にお越しください。

以上

懲戒処分（出勤停止）の通知

懲戒処分通知

平成○年12月12日

営業部第二課　河内義信殿

株式会社はや○さ通信
代表取締役社長　佐々木正雄　㊞

貴殿を、❶就業規則第9条第3項の定めにより、平成○年12月13日から3日間出勤停止の懲戒処分に処する。

(事由)
去る12月5日の取締役会議に、他2名を先導し乱入し、会の進行を著しく妨害したことによる。このことは当社❶就業規則第18条第3号に抵触する。

以上

❶懲戒処分を行う場合は、必ず就業規則等社内規定にのっとる。

※抵触《ていしょく》：規則などにふれること。

懲戒処分（減給・解任）の通知

懲戒処分通知

平成○年1月20日

経理部システム管理課課長　金沢隆

みや○ファイナンス株式会社
代表取締役社長　小野寺修司　㊞

就業規則第10条第1項により、貴殿を❶2月から6ケ月の減給処分とする。金額は給与の1割5分減とする。
また、就業規則第12条第2項により、❷1月30日付をもって現職を解任する。
(事由)
部下の佐伯恵子が行っていた業務上横領に気づかず、会社に多大な損失を負わしめた責任による。

以上

❶減給の場合、期間、割合を明記する。

❷解任の日付を明記する。

懲戒処分（解雇）の通知

❶労働基準法第20条により、解雇の日は少なくとも30日前に予告しなければならない。

❷締め日を過ぎた分の給与は日払い計算にすることが多い。

解雇予告通知書

平成〇年3月25日

坂口敦夫殿

い〇はコーポレーション
代表取締役社長　園田省吾

就業規則第3条第2項に基づき、貴殿を解雇いたします。
❶労働基準法第20条に従い、解雇の日付は4月26日とします。
3月26日から4月26日までは出社におよびません。
❷なお4月11日から26日までの賃金は、経理部で直接受け取るか、銀行振り込みするか選ぶことができます。

以上

懲戒処分（即時解雇）の通知

即時解雇通知書

平成〇年 5 月16日

森中雅恵殿

昇竜〇興産株式会社
代表取締役社長　高井一平

下記の事由により、貴殿を平成〇年5月16日付をもって解雇します。
なお労働基準法第20条により、平均賃金の30日分を解雇手当として支払います。経理部で6月30日までを受領してください。

記

解雇事由　当社就業規則第21条第2項に抵触《ていしょく》

以上

ここに注意

・即時解雇を行う場合は、労働基準監督署で解雇予告除外の認定を得ることが必要。

入社誓約書

誓約書

貴社社員として、左記の事項を遵守《じゅんしゅ》し、誠実に任務を遂行することを誓います。

❶記

一、履歴書・身上書の内容に相違ありません。
二、就業規則、その他の規則を遵守します。
三、故意または重大な過失によって貴社に損失を与えた場合は責任をとります。
四、貴社の機密事項を他に漏らしません。

以上

平成○○年四月一日

○飛脚運送株式会社
代表取締役社長　平瀬正一郎殿

神奈川県横浜市○○町一丁目八番二十五号
木下郁美　㊞
昭和五十九年十月十八日生

❶その他の誓約事項としては、
・上司の指示に従い、会社の秩序を守ります。
・違反行為をした場合は解雇されても異議を唱えません。
・つねに修養に努め、社員として対面を汚すような行為はしません。
など。

身元保証書

身元保証書

平成○年4月1日

株式会社サ○フラワー興産
代表取締役社長　重信清人殿

私こと、この度貴社に採用されました木下郁美について、❶その身元を保証し、上記の者が故意または重大な過失によって貴社に多大なる損害を与えた場合は、❷本人とともにその責任を負うことを確約いたします。

（被用者）
神奈川県横浜市○○町1丁目8番25号
木　下　郁　美

（保証人）
埼玉県和光市○○町3丁目5番4号
木　下　八　郎　㊞
昭和25年3月22日生
被用者との続柄　伯父

❶身元を保証する。

❷責任を負う。

ここに注意

・身元保証契約の存続期間は原則3年、長くても5年までである。

社交儀礼の文書

社交儀礼の文書作成の基本知識

「おつきあい」のための文書

取引先や顧客に対して出す社外文書のなかでも特に品格が求められるのが、あいさつや案内、お礼、お祝い、お悔やみなどのときに出す儀礼的な文書です。

プライベートでも冠婚葬祭などの改まった場合にはきちんとしたお知らせや案内状を出す必要がありますが、会社の代表として出す文書になると、会社全体の信用にもかかわるので、なおさら注意が必要です。誤字脱字や敬語の間違いがあったからといって、すぐ取引停止になることはなくても、悪い印象が今後の取引に影響を及ぼすかもしれません。ですから、取引に直接関係しないお知らせや案内、お礼状などにも十分気を配る必要があるのです。

形式を守る

儀礼的な文書にいちばん重要なのは、礼儀正しさと品格。最低でも相手に不快感を与えるようではいけません。こんな場合に安全なのが、きちんとした形式にのっとって書くこと。手間が大変なようにも思えますが、形式を守ってさえいれば間違いはおかしにくいので、かえって楽です。文章に個性を出そうと努力する必要はありません。

また、こちらから出す文書だけではなく、返信はがきの返事の出し方などにも決まりがあります。ちょっとした不注意から"非常識"と思われないよう注意しましょう。

忌み言葉に気をつける

不吉なことを連想させる忌み言葉も、「縁起が悪い」と嫌われます。以前よりうるさくないとはいえ、相手が不快に思う可能性のあることは極力避けたいもの。書いた文書は読み直して出すようにしましょう。
忌み言葉は場合によって違うので、違いをおさえておく必要があります。「壊れる」「倒れる」など、誰が聞いてもまずいと思う言葉はもちろん、弔慰・葬礼関係や結婚などでは、くり返しを思わせる言葉も禁物。うっかり使わないよう注意が必要です。

●主な忌み言葉

開店	失う、落ちる、終わる、さびれる、閉じる、つぶれる、燃える、焼ける
新築	壊れる、崩れる、倒れる、散る、つぶれる、燃える、焼ける、赤、火
結婚	追う、帰る、変わる、壊れる、去る、戻る、別れる、再び、また、重ね重ね
弔慰・葬礼	落ちる、消える、切る、追って、いろいろ、再び、次々、しばしば、死、苦

弔慰・葬礼にはくり返す言葉が嫌われるが、結婚なども原則的に一回とされるのでタブー。開店・新築の場合、火事を思わせる火や赤などが嫌われる。

●返信はがきの書き方

表書き

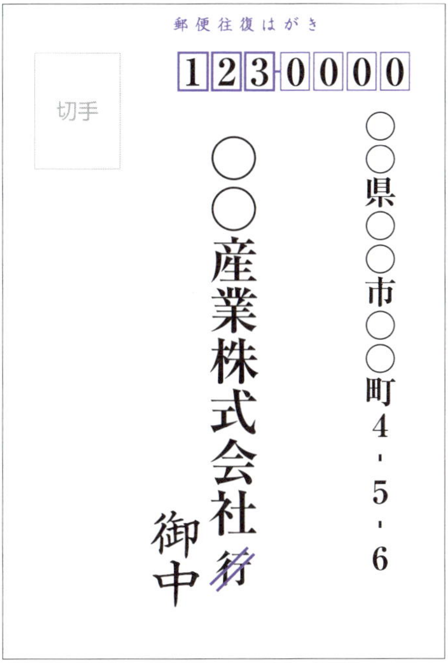

「行」を二重線で消し、会社宛の場合は、隣に「御中」と書き直す。

文面　出席の場合

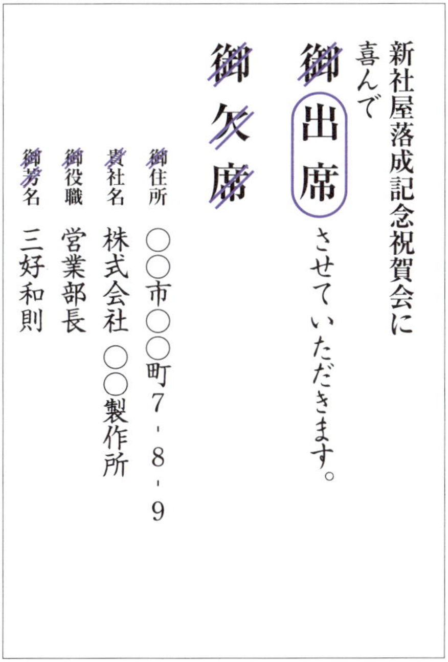

出・欠席をまるで囲み、「御」と「芳」などを二重線で消す。出席の横に「喜んで」と書き足すとよりていねいな印象に。

社交儀礼の文書の基本スタイル

儀礼的な手紙は、主に「前文」「主文」「末文」と、その後ろにつく「後付」からできています。

前文

「拝啓」「謹啓」などの頭語、時候のあいさつなどはきちんとした社交的な文書には欠かせません。その後、先方の安否を気づかう言葉、いつもお世話になっているというお礼、当方の近況報告などが続きます。

主文

あいさつが終わってから、「さて」「ところで」「このたびは」などの起こしの語で話を変え、用件に入ります。肝心の用件は、礼儀を尽くしながらも、ポイントをおさえてわかりやすく書くこと。

末文

文の最後には、結びのあいさつと「敬具」「敬白」など結語を入れます。頭語と結語は、必ずペア扱いなので注意。またペアによって格があり、一般的には、

拝啓—敬具

一般的な返信の場合は、

拝復—敬具

で問題ないのですが、よりていねいにしたいときは、

謹啓—謹言

謹呈—謹白

改まった返信の場合は、

謹復—謹言

などを使います。

後付

「日付」「署名」「あて名」は、すべて正式な文書には欠かせないものです。「日付」は文書を出した日で、西暦あるいは元号。「署名」は会社名、役職名、名前を下にそろえて書き、「あて名」は相手の会社名、役職名、名前を上にそろえて書きます。会社名はもちろん、株式会社、有限会社なども省略せずに書くこと。

別記

パーティーや催し物を行う場合など、場所や日時などを記す必要があるときは、中央のやや上に「記」とします。以下、別記として大事なことがらを間違いにくいよう箇条書きにしておきましょう。

その他、注意書きがあればその後に書き、最後に「以上」と入れます。

前文
頭語
時候のあいさつ
お礼の言葉

主文

末文
あいさつ
結語

後付
発信年月日
署名
（あて名）

別記
別記末尾

謹啓　初夏の候、ますますご清栄《せいえい》の段お喜び申し上げます。平素は格別のお引き立てを賜り、誠にありがたく厚くお礼申し上げます。

さて、弊社はお陰様をもちまして本年、創業三十周年を迎えることとなりました。これもひとえに皆々様の多大なるご指導ご支援の賜物と、深く感謝申し上げる次第でございます。今後も皆様のご要望にお応えできますよう、誠心誠意努力いたす所存でございます。

つきましては、多年にわたり多大なるご厚情《こうじょう》を賜りました皆様をお招きし、左記におきまして、ささやかながら創立記念式典ならびに心ばかりの小宴を催したいと存じます。ご多用のところ誠に恐縮ではございますが、なにとぞご来臨《らいりん》の栄を賜りますようお願い申し上げます。

まずは略儀《りゃくぎ》ながら書中をもちましてご案内申し上げます。

謹言

平成○○年○月○日

〒一二三-○○○○　東京都中央区築地○—○○
株式会社○○○△△
代表取締役社長　上村浩介

記

一、日時　平成○○年○月○日　午後三時～六時
一、場所　東京都中央区東銀座○-○-○
東銀座○○ホテル一階　レストラン「花」（ご案内図同封）

なお、お手数ながらご出欠の有無を同封のはがきにて、○月○日までにお知らせいただきますよう、お願い申し上げます。

以上

あいさつする

年賀状／暑中見舞い／中元／歳暮／新規開店／会社設立／業務提携／社名変更／社長就任／転勤／退職

ここがポイント

- 広報的な役割を念頭に置き、企業のイメージアップにつなげる。
- 格調高く、かつ要点は簡潔に。
- "これまで世話になった感謝" "これからもよろしく" の気持ちを込める。
- 年号、日付は不可欠。慶事では "○月吉日" とする場合もある。

年賀状（縦書き）

❶新年を祝う言葉は、本文より大きく書くが、バランスに注意。

❷取引先にあてた年賀状には、旧年中にお世話になった感謝の言葉が欠かせない。

書き換え

A「本年も倍旧《ばいきゅう》のご厚情《こうじょう》を賜りますよう」

❶謹んで新年の
お慶びを申し上げます

❷旧年中は格別のお引き立てを賜り、
まことにありがとうございました。
皆様のご繁栄とご多幸をお祈り申し上げます。
A本年も変わらぬご厚誼《こうぎ》のほど、
心よりお願い申し上げます。

平成○○年元旦

有限会社　○忠商会
代表取締役社長　青田　伸朗
〒一〇二‐〇〇八一
東京都千代田区○番町一‐二‐三
電話　〇三（〇〇〇〇）一二三四

ここに注意

・住所等は印刷でも自分の名前だけは自筆にしたい。

年賀状（横書き）

謹賀新年

A 旧年中はいろいろとご指導いただき、
まことにありがとうございました。
お陰様でどうやら新春の企画の見通しも
立ってまいりました。
本年はまず、この成功を目指し、
力を尽くしていく所存でございます。
どうか変わらぬご指導ご鞭撻《べんたつ》のほど、
よろしくお願いいたします。
❶20XX年元旦

〒279 - 0031　千葉県浦安市美浜○○ - 20
株式会社○忠商事
第二営業部　矢作　淳一
電話047（○○）1111（代）

❶○○年は必ず書くこと。忘れるとあいさつの意味がない。元号でも西暦でもどちらでもかまわない。

書き換え

A「旧年中は公私にわたっていろいろとお世話になり」

ここに注意

・親しくおつきあいいただいている取引先なら、近況の報告を書き加えてもよい。

暑中見舞い（夏季休業の知らせを兼ねる）

暑中お見舞い申し上げます。
❶日頃お引き立ていただき、ありがとうございます。
当社では、このたび夏季休暇のため、まことに勝手
ながら下記の通り臨時休業させていただきます。
　ご多忙の折ご迷惑をおかけいたしますが、何とぞ
ご了承のほど、お願い申し上げます。
A 厳しい暑さが続きますが、貴社のますますのご発
展をお祈り申し上げます。
❷夏季休暇　八月○日（月）～○日（金）

平成○○年盛夏《せいか》

〒一五○ - ○○○一　東京都渋谷区恵比寿四 - 五
○沢企画株式会社
代表取締役社長　新井　通夫
電話○三（三八○○）一二三○（代）

❶お知らせを兼ねる場合は、まず日頃のお礼を記すことが大切。

❷大切なことがらは、はっきりわかるよう箇条書きにして明記する。

書き換え

A「暑さ厳しき折、皆様にはくれぐれもご自《じ》愛《あい》のほどお祈り申し上げます」

中元を贈る（品に添える場合）

拝啓❶盛夏《せいか》の候、ますますご清祥《せいしょう》のこととお慶び申し上げます。

平素は格別のご愛顧を賜り、厚くお礼申し上げます。❷弊社がつつがなく事業経営を続けられますのも、皆様のご指導とご支援の賜物でございます。

つきましては❸お中元のしるしに、心ばかりの品をお送りいたしました。Ａお納めいただければ幸いです。

暑さ厳しき折、皆様のご健勝をお祈りいたしております。

まずは、書中をもちましてごあいさつまで。

敬具

平成○○年七月○日

東京都杉並区○日町三‐二‐一

株式会社○日商事

営業部

❶中元・歳暮も、もともと「季節のあいさつ」。時候のあいさつは欠かせない。

❷日頃の感謝の気持ちを伝える言葉も必ず入れる。

❸なぜ贈るのかの表現は欠かせない。

書き換え

Ａ「ご受納ください」「ご笑味ください」（食べ物の場合）

歳暮を贈る（品と別の場合）

謹啓　厳寒の候、貴社におかれましては、ますますご清栄のこととお慶び申し上げます。また日頃は、ひとかたならぬご厚情《こうじょう》にあずかり、厚くお礼申し上げます。

Ａ○○○デパートより❶お歳暮のしるしに、❷粗菓をお送りいたしました。気持ちばかりの品ですが、ご笑納いただければ幸いと存じます。本来ならば、ごあいさつにうかがわねばならないところでございますが、略儀《りゃくぎ》のところはどうぞお許しください。

今後も変わらないご高配《こうはい》を賜りますようお願い申し上げ、ごあいさつに代えさせていただきます。

謹白

平成○○年十二月○日

愛知県名古屋市○○四‐五‐六

株式会社丸○興産

第一営業部

❶なぜ贈るのかの言葉。

❷菓子は粗菓《そか》、お酒は粗酒《そしゅ》。

書き換え

Ａ「別便にて」

※笑納《しょうのう》：贈り物を受け取ってもらうときのけんそんした言葉。

！ここに注意

・当然だが、中元・歳暮の送り状は、別便の場合なら品よりも前に届かないと意味がない。

新規開店のあいさつ

拝啓❶若葉が目にしみる季節となりましたが、皆様ますますご清栄《せいえい》のこととお喜び申し上げます。

さて、このたび下記のとおりインターネット・カフェ「LINK－〇ンク」を開店することになりました。

コーヒー、ハーブティー、柚子茶などのほか、毎日焼き上げるクッキーやケーキも用意してございます。広く明るい店内で、ごゆっくりインターネットをお楽しみください。

また、インターネットがはじめてという方も、どうぞご遠慮なくお声をおかけください。Ａ皆様のお立ち寄りを心よりお待ちしております。

平成〇年５月〇日

敬具

インターネット・カフェ「LINK－〇ンク」
店主　　松本　雄太
〒722-0045　広島県尾道市〇〇1－306
電話0848（XX）5515

❶一般客に呼びかける場合は、「～の候」より、柔らかい表現のほうが親しみやすくなる。

書き換え

Ａ「ぜひ、お出かけくださいますようご案内申し上げます」

ここに注意

・別記として開店日・営業時間をはっきり書き、地図を添える。

新会社設立のあいさつ

拝啓　梅花《ばいか》の候、いよいよご盛栄《せいえい》のこととお慶び申し上げます。

さて、かねてより準備を進めてまいりました新会社が、このたび「株式会社コー〇イ」として、❶二月十日より開業の運びとなりました。❷ひとえに皆様のご支援の賜物と、あらためて感謝申し上げます。

今後は、皆様のご要望にお応えできますよう、社員一同Ａ誠心誠意をもって努力いたす所存でございます。❸なにとぞ、ご指導とご鞭撻《べんたつ》を賜りますよう心からお願い申し上げます。

略儀ながら書中にてごあいさつ申し上げます。

敬具

平成〇〇年〇月吉日

株式会社コー〇イ
代表取締役社長　園部　忠幸

記（社名・業務内容・住所・電話番号を箇条書き）

❶開業はいつかを明記すること。

❷「感謝」の言葉は絶対に必要。

❸決意を述べたあとに、今後の支援を願う言葉でむすぶ。

書き換え

Ａ「全力を挙げてまいる」

関連新会社設立のあいさつ

拝啓　時下ますますご盛栄《せいえい》の趣《おもむき》、お慶び申し上げます。❶平素は格別のお引き立てを賜り、まことにありがたく厚くお礼申し上げます。

さて、弊社では、このたび❷業務の拡大に伴って販売部門を独立させ、左記のとおり、新会社を設立いたすことになりました。❸今後はさらに充実したサービスをご提供できるものと確信いたしております。なにとぞ今後も倍旧《ばいきゅう》のご支援ご指導をいただきますよう、よろしくお願い申し上げます。

まずは略儀《りゃくぎ》ながら書面にて、新会社設立のごあいさつを申し上げます。

敬具

平成○○年○月○日

金○薬品工業株式会社
代表取締役社長　松島　隆一郎

記

商号　金○薬品販売株式会社
代表取締役社長　新井　幸輔
取締役販売部長　荒川　義男
所在地　岩手県釜石市○○七番
電話○一九三（○○）○○○○

以上

❶まずこれまでお世話になったことへのお礼を述べる。

❷設立の理由と業務の概略を簡潔に説明しておく。

❸取引先のメリットをアピールしておこう。

ここに注意

・設立のあいさつは、既存の取引先だけでなく新たな取引先開拓にもつながる大事なもの。丁重な文書になるよう十分気をつけよう。

支店開設のあいさつ

拝啓　早春の候、貴社にはますますご隆盛《りゅうせい》のこととお慶び申し上げます。平素は格別のご高配《こうはい》を賜り、厚くお礼申し上げます。

さて、弊社ではかねてより○○地区に支店を開設するため準備を進めてまいりましたが、お陰様をもちまして❶来る四月一日より営業開始の運びとなりました。❷○○地区の皆様には、よりきめこまやかな支店での対応ができることと存じます。

またこれを機に、社員一同、心を新たに社業に邁《まい》進《しん》する所存でございます。どうか今後ともご指導ご援助を賜りますよう、宜しくお願い申し上げます。

敬具

平成○○年三月○日

株式会社　丸○不動産
代表取締役　黒木　明
○○支店長　安江秀和

❶営業開始の日付は、はっきり入れる。

❷支店開設による相手のメリットを記す。

ここに注意

・この後に別記として、支店の住所、連絡先などを明記すること。

社屋移転のあいさつ

拝啓　麦秋《ばくしゅう》の候、ますますご発展のこととお慶び申し上げます。

さて、❶当社はこれまで交通の便が悪く、皆様に何かとご迷惑をおかけいたしてまいりました。このたび左記のとおりJR○○駅前に社屋を移転することになり、皆様にも喜んでいただけるかと存じます。

つきましては今後も一層のご支援、ご鞭撻《べんたつ》を賜りますよう、お願い申し上げます。

略儀ながら書中をもってごあいさつ申し上げます。

敬具

平成○○年六月吉日

大○商事株式会社
代表取締役社長　河合　和正

一、新住所　岡山県岡山市○一-一
一、電話番号　○八六（○○○）○○○○
一、業務開始　平成○○年○月○日（月）より

❶移転の理由を記し、これまで不便だったことなどを詫びる。

ここに注意

・最寄り駅からの所要時間などを記した地図をつけると、よりていねいになる。

店舗改装に伴う一時移転のあいさつ

❶先方に迷惑をかけるお詫びの気持ちを込める。

❷工事終了予定日を入れておく。

❸変更のないものは、その旨明記する。

ここに注意

・さまざまな変更や移転のある場合、1か月前くらいには発信しておきたい。

拝啓　春暖の候、皆様にはますますご清祥《せいしょう》のこととお慶び申し上げます。常々、特別のお引き立てをいただき、お礼申し上げます。

　さて、当店では店舗改装のため、一時下記の場所にて仮営業することになりました。❶何かとご不便をおかけすることになりますが、なにとぞ事情ご賢察《けんさつ》のうえ、ご容赦《ようしゃ》くださるようお願い申し上げます。

　まずは略儀《りゃくぎ》ながら書面をもって、ごあいさつ方々ご案内申し上げます。

敬具

　平成〇年4月〇日

株式会社　〇ックス

取締役社長　安西　浩一郎

記

1. 仮店舗住所　　土佐市〇〇1－2－3
2. 移転日　　20XX年５月〇日（月）
3. 工事終了予定　20XX年〇月〇日❷

❸なお、電話番号は変更ございません。(以下に地図を入れる)

業務提携のあいさつ

❶提携相手についての特長を中心に紹介すること。

❷提携することでのメリットを強調する。

※高承《こうしょう》：「ご承知」よりさらに相手を尊敬した言葉。

業務提携に関するお知らせ

拝啓　時下いよいよご清祥の段お慶び申し上げます。平素より格別のお引き立てにあずかり、厚くお礼申し上げます。

　さて、弊社はこのたび、株式会社育〇社と業務提携を締結いたしましたので、お知らせいたします。

❶同社が持つ介護用品の企画・開発についての優れたノウハウを導入することで、❷より良質のサービスを皆様に提供させていただけるものと確信いたしております。

　今後は双方の特質を活かし、皆様のご期待にそえますよう、全力で努力いたす所存ですので、よろしくご高承の上ご愛顧、お引き立てのほど、切にお願い申し上げます。

　略儀ながら、書中にてお知らせ申し上げます。

敬具

社名変更のあいさつ

社名変更のごあいさつ

拝啓　初秋の候、ますますご健勝のこととお慶び申し上げます。平素はひとかたならぬご愛顧を賜り、まことにありがとうございます。

さて当社では、❶創立三十周年を契機とし、長い間ご愛顧をいただいてまいりました社名を、左記のように改称させていただくこととなりました。

❷なにとぞ今後も変わらぬご支援、ご指導を賜りますよう、よろしくお願い申し上げます。まずは、書中をもちましてご案内を申し上げます。

敬具

平成○○年九月○日

記

一、新社名　株式会社○○スター
（旧社名　株式会社星○商事）

一、改称年月日　平成○○年○月○日

なお、所在地、電話番号等に変更はございません。

❶変更の理由は、簡潔に記す。

❷先方への重要なメッセージなので、今後の愛顧へのお願いは欠かせない。

ここに注意

・社名変更は取引にもさまざまな変更をもたらす。表現には安心感が大切。

支店閉鎖のあいさつ

支店閉鎖のごあいさつ

拝啓　時下ますますご隆盛《りゅうせい》のこととお慶び申し上げます。❶平素は格別のお引き立てを賜り、心よりお礼を申し上げます。

さて、このたび諸般の事情により、○月○日をもちまして当社○○支店を閉鎖させていただくことになりました。長年にわたる格別のご愛顧に対し、衷心より感謝申し上げます。

なお、❷○○支店の業務は△△支店にて引き継ぎをいたしますので、皆様方には従前と同様のお引き立てを賜りますよう、心よりお願い申し上げます。

これまでのご高配《こうはい》に、あらためて感謝申し上げ、まずは、略儀ながら書中をもちまして、ごあいさつを申し上げます。

敬具

❶日頃お世話になっていることへのお礼から入る。

❷統合先の支店で営業することを強調し、今後のつきあいを願う。

ここに注意

・支店閉鎖は、経営合理化などが理由。細かく説明しないでよい。

廃業のあいさつ

❶廃業の理由は、くどくど説明する必要ない。

❷これまでの愛顧への感謝の気持ちを示す。

ここに注意

・廃業という重大決定。そのスケジュールをにらみながら、タイミングをはかって出すこと。

拝啓　時下いよいよご盛業《せいぎょう》のことと存じます。平素は格別のお引き立てを賜り、厚くお礼申し上げます。

　さて、当社は二十年にわたり、○○町で営業してまいりましたが、❶このたび諸般の事情により、左記のとおり廃業することに相成りました。❷これまでのご愛顧に、あらためて深く感謝申し上げます。

　つきましては何かとご迷惑をおかけすることもあるかと存じますが、なにとぞ事情ご賢察《けんさつ》の上、ご了承いただきますようお願い申し上げます。

　まずは書中をもちまして、略式ながらごあいさつとさせていただきます。

敬具

平成○○年○月○日

株式会社○糸製作所

代表取締役社長　児玉　正嗣

記

一、平成○○年○月○日をもって廃業いたします。

閉店のあいさつ

❶事務的な中にも、感謝の気持ちの伝わる表現を入れたい。

書き換え

Ａ「これまでのご厚情、ご愛顧に心より感謝申し上げます」

閉店のお知らせ

拝啓　平素はひとかたならぬお引き立てにあずかり、厚くお礼申し上げます。

　さて、当○亀商店は四十年の長きにわたって地元の皆様方のご愛顧をいただいてまいりましたが、店主高齢のため、本年○月○日をもちまして、閉店させていただくことになりました。

　Ａこれまで店を続けてこられましたのも、ひとえに皆様方の変わらぬご支援のおかげと、深く感謝いたしております。長い間のお引き立て、ほんとうにありがとうございました。

　❶皆様のご多幸を心からお祈り申し上げ、ごあいさつとさせていただきます。

敬具

平成○○年○月○日

社長就任のあいさつ

謹啓　陽春の候、ますますご隆盛《りゅうせい》の段お慶び申し上げます。

さて、❶私儀、このたび取締役会の決議により、○月○日をもって代表取締役社長に就任いたしましたので、ご通知申し上げます。専務取締役在任中には、ひとかたならぬご懇情《こんじょう》を賜り、心よりお礼申し上げます。微力ではございますが、誠心誠意社業に精励《せいれい》いたす所存でございます。

つきましては、Ⓐ今後とも尚一層のご支援ご鞭撻《べんたつ》を賜りますよう、心よりお願い申し上げます。

まずは右、略儀《りゃくぎ》ながら書中にてごあいさつ申し上げます。

謹白

平成○年○○月○日

○正株式会社

代表取締役社長　牧原　隆夫

❶より丁重にしたいときは「私」の字を小さくしたり、行末に書くなどで謙虚さを表す。

書き換え

Ⓐ「前任者同様の」（一般的な就任の場合）

ここに注意

・前任者が不祥事で辞任する場合もある。そのときは、辞任の経緯にふれる必要はない。

社長退任のあいさつ

謹啓　若葉の候、貴社ますますご隆盛の趣、大慶《たいけい》に存じます。平素は格別のご愛顧にあずかり厚くお礼申し上げます。

さて、私ことこのたび任期満了に伴い、○重工業株式会社代表取締役社長の職を辞すことになりました。前職在任中は、Ⓐ皆様より温かいご助力お引き立てを賜り、大過なく任を果たせましたこと、深く感謝いたしております。

なお後任には、前常務取締役の森山修一が就任いたしましたので、❶私と同様ご指導ご鞭撻を賜りますよう、お願い申し上げます。

右略儀ながら書中にてごあいさつ申し上げます。

謹白

平成○○年○月○日

○重工業株式会社

代表取締役会長　嶋田　敬一郎

❶後任者への今後の厚誼を願う言葉を入れたい。

書き換え

Ⓐ「ひとかたならぬご助力ご支援を賜り」

ここに注意

・円満な交代を表す場合、前社長と新社長のあいさつを二つ折りのカードに印刷して出すのが一般的。

役員就任のあいさつ

❶謙虚な姿勢を表す。へりくだりすぎは嫌味になるので注意。

❷新しい任務への協力をお願いする。

書き換え

A「定例株主総会におきまして皆様のご賛同を得て」

謹啓　初秋のみぎり、ますますご隆昌《りゅうしょう》のこととお慶び申し上げます。

さて、このたび私こと、A取締役会により選任され、富沢善隆の後任として、○和貿易株式会社の専務取締役に就任いたすことになりました。

常務取締役埼玉支社長在任中は格別のご芳情《ほうじょう》を賜り、厚くお礼申し上げます。❶至らぬ身ながら、今後はご期待にそうべく社業発展に最善を尽くす覚悟でございますので、❷なにとぞ今後も一層のご指導ご鞭撻《べんたつ》を賜りますようお願い申し上げます。

まずは略儀《りゃくぎ》ながら書中にて、お礼かたがたごあいさつ申し上げます。

謹白

平成○年八月○日

○和貿易株式会社

専務取締役　磯崎　隆一

支店長着任のあいさつ

❶前任地へのあいさつには、これまでの厚誼へのお礼を忘れずに。

❷前任地へのあいさつの場合、後任者を紹介し、これまで同様の厚情をお願いする。

ここに注意

・着任のあいさつはこれまでの任地と新任地との両方に出しておきたい。

謹啓　立夏の候、いよいよご清祥《せいしょう》の段お慶び申し上げます。

さて、私こと、五月○日付をもちまして川崎支店長を命ぜられ、同日着任いたしました。❶千葉支店在任中は公私にわたり、格別のご厚情《こうじょう》を賜り、深謝《しんしゃ》いたします。なお、❷後任には前支店次長の後藤和美があたりますので、変わらぬご支援を賜りますよう、お願い申し上げます。

新任地への赴任に先立ち、参上の上、お礼申し上げるべきところ、意を果たせないまま赴任いたしました。失礼の段、心よりおわび申し上げます。

新任地におきましては、心を新たに職務に精励してまいる所存ですので、なにとぞ倍旧《ばいきゅう》のご指導ご鞭撻を賜りますよう、お願い申し上げます。

まずは書中をもちましてごあいさつ申し上げます。

謹白

組織変更のあいさつ

謹啓　向寒《こうかん》の候、皆様にはますますご盛業《せいぎょう》のこととお慶び申し上げます。平素は身に余るご芳情《ほうじょう》を賜り、衷心よりお礼申し上げます。

さて、このたび弊社では、A業務能率の向上を図るため、下記のとおり組織の一部を変更、ならびに役職員の一部異動を決定し、❶平成○年○月○日より業務を開始することになりました。

つきましては、サービス内容をより充実させ、皆様のご要望にもきめ細かくお応えしていく所存でございますので、なにとぞ今後とも一層のご支援を賜りますよう、お願い申し上げます。

まずは略儀ながら書中をもちまして、ご通知かたがたごあいさつ申し上げます。

謹白

平成○年10月○日

北○工業株式会社

代表取締役社長　井上　晃一

記

1. 組織機構の変更廃止部課

（新組織）　（旧組織）

営業本部　営業部第1課

　営業部第2課

1. 役員の異動

営業本部長　若井雄二（営業部長）

営業本部次長　種田大輔（販売部長）

以上

❶新体制での業務開始時期をはっきり示す。

書き換え

A「経営活動のより一層の効率化を図るため」

ここに注意

・組織を変更する理由は、細かく書く必要はない。

担当者変更のあいさつ

書き換え

A「本人とももどもごあいさつにうかがう予定でございますので、その節はよろしくお願い申し上げます」

ここに注意

・担当者の急な転任などに際し、上司があいさつ状を出しておくと、その後の引継ぎがスムーズにいきやすい。

拝啓　時下、ますますご健勝のこととお慶び申し上げます。平素は多大なお力添えをいただき、深謝《しんしゃ》申し上げます。

さて、これまで貴社を担当させていただいておりました営業部の井上耕治は、○月末日をもって富士支店に転任いたすことになりました。長年にわたり賜りましたご厚情《こうじょう》に対し、本人ともども厚くお礼申し上げます。

後任といたしまして、○月より田口祐三があたらせていただくことになりました。至らぬ点もあるかとは思いますが、前任の井上同様、よろしくご指導ご鞭撻《べんたつ》を賜りますよう、お願い申し上げます。

さっそく**A**同人がごあいさつに参上いたす予定ですので、何なりとお申し付けください。

まずは取り急ぎ書中をもちまして、ごあいさつ申し上げます。

敬具

転勤のあいさつ

❶まず転任日と新任地、無事着任したことを知らせる。

❷次に前任地で受けた支援へのお礼を記す。

ここに注意

・着任後なるべく早く、前任地でお世話になった方々にあてて出す。

拝啓　薫風《くんぷう》の候、皆様にはいよいよご清祥《せいしょう》のこととお慶び申し上げます。

さて、私このたび社内の人事異動により、❶○月○日をもちまして大阪支社勤務を命ぜられ、本日無事着任いたしました。厚木支社勤務中は、❷公私にわたり皆様の心温まるご厚情をいただき、まことにありがとうございました。ここにあらためまして厚くお礼申し上げます。

はなはだ微力ではございますが、今後は新任地での職務に専心努力してまいりたいと存じますので、なにとぞ変わらぬご指導ご鞭撻を賜りますよう、お願い申し上げます。

末筆ではありますが、皆様のご健勝とご多幸を心よりお祈り申し上げます。

敬具

平成○○年五月○日

大石　和生

退職のあいさつ

拝啓　残暑厳しき折から、いよいよご清祥の段、お慶び申し上げます。

　さて私こと、❶一身上の都合により○月○日をもちまして、十二年間勤務してまいりました株式会社○沢を❷円満退社いたし、来る○月○日より○メディア株式会社に勤務いたすことになりました。○沢在職中は公私にわたり、格別のご厚情にあずかり、ありがたく厚くお礼申し上げます。

　今後は❸○沢での経験を活かし、新天地での職務に一層の努力をいたす所存でございます。なにとぞ、変わらぬご指導ご鞭撻をお願い申し上げます。

　本来なら参上のうえ、直接お礼を申し上げるべきではございますが、略儀《りゃくぎ》ながら書中をもちましてごあいさつ申し上げます。

敬具

❶中途退職の場合は、理由を書かないのが一般的。特に再就職を控えたときには「一身上の都合」とぼかす。

❷この言葉が重要。

❸新しい仕事に言及するなら、前向きな姿勢で。今後の厚誼をお願いする言葉も忘れずに。

定年退職のあいさつ

拝啓　新秋の風が心地よい季節となりましたが、いかがお過ごしでしょうか。

　さて私こと、❶八月三十一日をもちまして○並工業株式会社を定年退職いたしました。入社以来三十有余年もの長きにわたり、無事に勤務することができましたのも、ひとえに皆様のご指導お引き立てのおかげと、心より感謝申し上げております。

　❷今後は郷里の茨城に帰り、趣味で始めた無農薬野菜づくりを続けていきたいなどと考えております。体力が続きますかどうかわかりませんが、夫婦ともども楽天的でございますので、「どうにかなる」といった心境です。なにとぞ今後も変わらぬおつきあいの程、よろしくお願い申し上げます。

　末筆ですが、皆様のご健勝とご活躍をお祈り申し上げます。

敬具

❶退職した月日、在職した年数などを記す。

❷「今後」についてもふれておく。

ここに注意

・これまでの厚情・支援へのお礼が主になる。最後に変わらぬおつきあいを願う言葉も忘れずに。

祝う

会社設立／開店／新社屋落成／
支店／創立記念／社長就任／栄転など

ここがポイント

- あいさつ／祝いの言葉／今後の期待・厚誼のお願いが必須要素。
- 形式にのっとって、祝いの気持ちを表す文面にする。
- 祝う気持ちを伝えるのが主旨。礼を失することのないように注意する。
- 祝い金、祝いの品を贈る場合は、ひと言添える。

会社設立の祝い

❶会社設立あいさつを受け取った返事の場合は「拝復」になる。

❷今後の飛躍、発展を祈り、激励する気持ちを主にする。

書き換え

A「業界で培われたご経験と円満なお人柄」

❶拝復　向暑《こうしょ》の候、時下ますますご隆昌《りゅうしょう》の段、慶賀《けいが》に存じます。

さて、このたびは新会社「株式会社○能コーポレーション」を設立なされました由、丁重なごあいさつをいただき、恐縮いたすとともに、心からお祝いを申し上げます。

これまで長年の間、Aなみなみならぬ努力と実力で培ってこられた信用、そして誠意あふれる実直なお人柄をもってすれば、❷ますますのご繁栄は間違いないと信じております。

謹んで御社のご成功をお祈りいたしますとともに、弊社も御社の快挙におよばずながらご支援申し上げたいと存じます。

まずは右、略儀《りゃくぎ》ながら書中にてお祝いを申し上げます。

敬具

平成○○年六月○日

株式会社村○商会
代表取締役社長　津村和弘

株式会社○能コーポレーション
代表取締役社長　小島淳一様

開店の祝い

拝復　初秋の候、村上様におかれましては、ますますご清栄《せいえい》のこととお慶び申し上げます。

さて、このたびかねてからご念願のお店をご開店の由、まことにおめでとうございます。

❶大○ホテルで経験を積んだ後、パリの三つ星レストラン「アル○○○」で修行なさったという豊富なご経験、そして、よりおいしいものをと追及される貴兄の情熱をもってすれば、神戸という味にうるさい街においても、貴兄のご成功は間違いないものと、固く信じております。

なお、❷このたびは開店祝賀パーティーにお招きいただき、まことにありがとうございます。喜んでうかがい、あらためて祝辞を述べさせていただく所存です。

今後のご発展を祈りつつ、まずはご開店のお祝いまで。

敬具

❶これまでの労苦をねぎらい、これからの成功を願う言葉につなげる。

❷祝賀会に招待されていれば、そのお礼と出欠の返事をしておく。

ここに注意

・お祝い状はタイミングよく出すのがポイント。そのためにも日頃の情報収集に気を配ること。

新社屋落成の祝い

拝啓　仲秋《ちゅうしゅう》の候、貴社にはいよいよご隆盛《りゅうせい》の趣《おもむき》お慶び申し上げます。平素は格別のご厚誼《こうぎ》を賜り、まことにありがとうございます。

このたびは新社屋が完成された由《よし》、心からお祝い申し上げます。諸般の事情厳しき折、エコロジーに配慮したインテリジェンス・ビルディングを落成されたことは、貴社にとってだけでなく業界にとってもたいへん意義のあることと確信しております。

これを機に貴社のAさらなるご躍進を祈念《きねん》いたしますとともに、当社に対しましても変わらぬお引き立てを賜りますよう衷心《ちゅうしん》よりお願い申し上げます。

なお、ご成功を祈る気持ちを込めまして、❶ささやかながらお祝いの品を別送いたしました。お受け取りいただければ幸甚《こうじん》に存じます。

まずは略儀ながら書中をもちまして。

敬具

❶別送の品を贈る場合は、明記しておくと間違いが起きにくい。

書き換え

A「さらに一層のご発展を遂げられるよう、お祈り申し上げます」

支店開設の祝い

❶あいさつ状を受け取ったら、時機を失せずすぐ返事を出すことが大事。

拝復　秋冷《しゅうれい》の候、御社におかれましてはますますご繁栄のこととお慶び申し上げます。常々格別のご愛顧を賜り、厚くお礼申し上げます。

　さて、このたびは○井市への支店開設につきまして❶丁重なごあいさつ状をいただき、まことにありがとうございました。心よりお祝い申し上げます。

　ご当地は高速道路の開通も見込まれ、経済・交通の要衝となるものと私見いたしております。今回のご進出はまことに時宜を得たものと、大いに期待しており、私どもといたしましても、力の及ぶ限りのご協力をさせていただく所存でございます。

　まずは、略儀《りゃくぎ》ながら書中をもってお祝いのあいさつを申し上げます。

敬具

平成○○年十月○日

株式会社○ライズ

代表取締役社長　太田　敬文

ここに注意

・新会社設立や開店の場合と同じく、これまでの労苦をねぎらい、今後の発展を祈念する言葉を中心にする。

創立○周年記念の祝い

❶記念品をいただいたり、式典に招待を受けたら、まずそのお礼を述べること。

❷創業以来の労苦をねぎらったあと、将来のますますの発展を祈る言葉につなげる。

書き換え

A「これを機に一層のご躍進をされますよう」

拝復　陽春の候、御社におかれましては、ますますご隆盛《りゅうせい》の段、お慶び申し上げます。平素はひとかたならぬご懇情《こんじょう》を賜り、まことにありがとうございます。

　さて、このたびは御社創立二十周年の慶事をお迎えになられた由、まことに喜ばしく謹んでお祝いを申し上げます。また❶結構な記念品を拝受《はいじゅ》いたし、深く感謝申し上げます。

　経済状況が激しい変動を見せるなか、二十年の長きにわたって着実に躍進を続けてこられましたのも、❷ひとえに御社の皆様のご精進《しょうじん》の賜物と拝察《はいさつ》いたします。A二十年間の伝統を引き継がれ、今後いっそうのご繁栄を遂げられますよう、心よりお祈り申し上げます。

　まずは右、書中にてお礼とお祝いの言葉とさせていただきます。

敬白

社長就任の祝い

謹啓　霜降《そうこう》のみぎり、ますますご清栄《せいえい》のこととお慶び申し上げます。

　さて、このたびは○英商事株式会社代表取締役社長にご就任なされました由、謹んでお祝いを申し上げます。❶かねてから貴台の卓越したご見識、ご手腕には敬服いたしており、今後も遺憾なくそのご指導力を発揮していただくよう、願ってやみません。

　❷これからはますますご多忙のこととは存じますが、なにとぞご健康には十分ご留意の上、ご活躍くださるよう、お祈り申し上げます。

　まずは略儀ながら書中にてお祝いのごあいさつを申し上げます。

謹白

平成○○年十月○日

留○株式会社
代表取締役社長　牛島利和

❶相手の美点をあげるのは大事だが、過剰になりすぎないように注意しよう。

❷健康に留意する心づかいも入れたい。

※貴台《きだい》：相手を敬っていう言葉。

栄転の祝い

謹啓　晩夏のみぎり、ますますご清祥《せいしょう》のこととお慶び申し上げます。平素は過分なご芳情《ほうじょう》にあずかり、厚くお礼申し上げます。

　さて、このたび塩谷様におかれましては、○清株式会社本社営業部長にご栄転の由《よし》、心よりお祝い申し上げます。塩谷様の❶卓越した指導力と豊富なご経験とが実を結び、このたびのご栄転につながったと拝察《はいさつ》いたしております。

　○○支社長ご在職当時からそのご手腕には敬服いたしておりましたが、❷このうえは新たな職務でも持ち前のリーダーシップを大いに発揮されることを、期待申し上げております。

　今後はご自愛のうえ、なおいっそうのご活躍をされますよう、お願い申し上げます。

　先ずは右略儀ながら書中をもちまして、ご栄転のお祝いを申し上げます。

謹白

❶実力があっての栄転であることを強調するのがポイント。

❷今後の活躍に期待する言葉を欠かさずに入れること。

ここに注意

・新任地や役職などは間違えると、たいへんな失礼になるので注意して確認すること。

招待する

新会社設立パーティー／創立記念式典／新社屋落成披露／新店舗開店披露／ゴルフコンペなど

ここがポイント

- ■設立の趣旨、事業内容などを簡潔に説明する。
- ■ぜひ来ていただきたいという気持ちを示す。
- ■ていねいな文章で、きちんとした形式を守る。
- ■出欠を確認する返信用のはがきを同封するのが一般的。

新会社設立パーティーへの招待

謹啓　残寒《ざんかん》の候、貴社ますますご発展の段、謹んでお慶び申し上げます。常々、過分のご高配《こうはい》を賜り、厚くお礼申し上げます。

さて、かねてより❶皆様のご援助のもとに新会社設立準備を進めてまいりましたが、おかげをもちましてこのたび、設立の運びとなりました。これもひとえに皆様の温かいご支援ご指導の賜物と深く感謝申し上げます。

つきましては、左記により心ばかりの小宴を催したく、ご多忙中まことに恐縮ではございますが、ぜひⒶご来臨くださいますよう、謹んでお願い申し上げます。

まずは、右略儀《りゃくぎ》ながら書中をもちましてご案内申し上げます。

謹白

平成○○年二月○日

株式会社○ケイ・スタジオ
代表取締役社長　森永卓郎

記

一、日時　三月○日（金）　午後一時より
一、場所　天○ホテル　菊の間（同封の案内図をご参照ください）

なお、お手数ながら、❷二月○日までに同封のはがきにてご出欠のほどご一報賜りますようお願い申し上げます。

以上

❶皆さんのおかげで、という気持ちをはっきり示す。

❷返事の期日は、はっきり記しておく。

書き換え

Ⓐ「ご来臨の栄を賜りますよう」

※来臨《らいりん》：出席することを敬っていう言葉。

創立記念式典への招待

謹啓　白露《はくろ》の候　貴社いよいよご清祥《せいしょう》の段慶賀に存じ上げます。平素より格別のご高《こう》配《はい》にあずかり、まことにありがたく厚くお礼申し上げます。

さて、弊社儀

本年十月○日をもちまして創立二十周年を迎えることになりました。これもひとえに皆様方の変わらぬご支援ご鞭撻《べんたつ》の賜物と、深く感謝申し上げます。

つきましては、日頃のご芳情《ほうじょう》に対し、ささやかではありますがお礼のごあいさつを申し上げたく、左記のとおり創立二十周年記念の祝宴を催したいと存じます。皆様にはご多忙のところまことに恐縮ではございますが、なにとぞご来駕賜りますよう、ご案内申し上げます。

謹白

平成○○年九月吉日

吉○株式会社

代表取締役社長　安部祐一郎

記

一、日時　平成○○年十月○日（水）　午後四時～六時

一、場所　都○ホテル　鶴の間

（同封の地図をご参照ください）

❶なお、当日は平服でご出席ください。

以上

❶ある程度の基準は保ちたい、またあまり派手にしたくないのなら、あらかじめ服装コードを示すと招待側も安心。なお平服は男性がダークスーツ、女性はスーツやワンピース程度。

※来駕《らいが》：来訪を敬っていう言葉。

ここに注意

・来賓として出席いただけるようお願いする文書なので、謙虚な姿勢で丁重な文章にする。

新社屋落成披露への招待

謹啓　秋冷《しゅうれい》の候　ますますご健勝のこととお慶び申し上げます。平素はひとかたならぬご懇情《こんじょう》を賜り、心よりお礼申し上げます。

さて、❶社屋手狭のため、かねてから皆様にご迷惑をおかけしてまいりましたが、おかげをもちまして、このほど新社屋が落成の運びとなりました。これもひとえに皆さまのご愛顧の賜物と、心から感謝いたしております。

つきましては、新社屋落成の披露かたがた、心ばかりの小宴を、左記により開催したいと存じます。皆様にはご繁忙の折とは存じますが、ぜひともご出席くださいますよう、謹んでご案内申し上げます。

まずは、書中にてごあいさつかたがたご案内申し上げます。

謹白

記

日時　十月〇日（金）　午後三時～五時

場所　株式会社〇西物産　本社新社屋五階ホール

なお、お手数ながらご出欠のご意向を同封のはがきにて、九月〇日までにお知らせいただければ幸甚《こうじん》に存じます。また勝手ながら、Ａご出席の際に本状の封筒を受付にご提示ください。

以上

❶この機会にこれまで迷惑をかけてきたことをお詫びし、感謝の表現につなげる。

書き換え

Ａ「ご来《らい》駕《が》の折、本状封筒を受付にお示しくださいますようお願い申し上げます」

ここに注意

・招待文として、儀礼に徹してまちがいのないものにすること。それが大事。逆によけいな要素を入れると形式がくずれることに。

新店舗開店披露への招待

拝啓　日ざしもようやく春めいてまいりました。皆様にはますますご健勝のこととお喜び申し上げます。

　さて、このたび中野駅前に手づくりお惣菜《そうざい》の店「お○かせキッチン」を開店することになりました。豆腐や湯葉、ひじき、京野菜など、昔からの素材を豊富に使ったお惣菜の店です。❶無農薬野菜や、よい素材を使った惣菜を提供したいという長年の念願をようやく叶えることができましたのも、ご支援いただきました皆様のおかげと深く感謝しております。

　つきましては四月○日の開店に先立ち、左記によりささやかな小宴を催したいと存じます。お忙しいところ誠に申し訳ございませんが、なにとぞご出席くださいますよう、お願いいたします。

敬具

平成○○年三月吉日

「お○かせキッチン」店主　前原彰良

❶店への思い入れをアピールし、受け取る側の興味をひく。

ここに注意

・ていねいすぎると堅苦しくなることも。新店舗開店の喜びを招待の気持ちにつなげる。

ゴルフコンペへの招待

拝啓　新緑が目にも快い季節となりましたが、皆様にはますますご盛業《せいぎょう》のこととお喜び申し上げます。日頃は格別のお引き立てにあずかり、心から感謝申し上げます。

　さて、このたび❶皆様方からの多年のご愛顧に対する感謝のしるしといたしまして、下記のとおりゴルフコンペを開催することになりました。❷大空の下、気分爽快《そうかい》にプレイをお楽しみください。

　なお、競技終了後にささやかな懇親会を準備しております。なにとぞ、ふるってご参加くださいますようお願い申し上げます。

敬具

平成○○年五月○日

記

日　時　平成○○年五月○日（土）○時〜○時

場　所　○○カントリークラブ

　　　　長野県○○市○○

（以下略）

❶招待ではあるが、押しつけがましくないよう、日頃の愛顧にこたえるという気持ちを表す。

❷受け取った側が参加したくなるよう表現を工夫する。

ここに注意

・対象は取引先などが中心なので、ていねいな中にも親しみの感じられる文面に。

見舞う

火災見舞い／地震見舞い／風水害見舞い／事故見舞い／病気見舞い／交通事故見舞いなど

ここがポイント

- ■事故や災害を聞き知ったら早急に出す。
- ■悠長な季節のあいさつ文などは省く。
- ■相手を慰め、励ますことがいちばんのポイント。
- ■病状や負傷の状態などには、ふれないのが基本。

火災の見舞い

❶いつどうやって情報を得たのかをまず明記する。

❷助力を申し出る一文を入れると、誠意がより伝わる。

前略　❶今朝のニュースにて御地《おんち》に火災が発生し、事務所が半焼されたと知りました。たいへん驚いております。不測のご災難に遭われたこと、まことに残念と申すほかなく、謹んでお見舞い申し上げます。

　これまで聞き知った範囲では、人身事故はなかったということで、不幸中の幸いであったかと存じます。従業員の皆様方も、事後処理など、しばらくはたいへんだと思いますが、どうかお力落としなく、一日も早く復旧を果たされますよう、心よりお祈り申し上げます。

❷私どもでも、できる限りのご協力をさせていただきたいと思っております。何かお役に立てることがあれば、どうかご遠慮なくお申しつけください。

　いずれお見舞いにうかがう所存ですが、まずは取り急ぎ書中をもってお見舞い申し上げます。

草々

平成○○年三月○日

株式会社○洋物産
総務部長　梅垣芳郎

株式会社　武○商事
代表取締役社長　河津信好様

ここに注意

・火事の火元の可能性があるときは特に、出火原因についてはあえてふれない。

地震の見舞い

急啓　今朝ほどの臨時ニュースで、御地方一帯が激震に見舞われ、相当な被害が出ていると知り、たいへん驚きました。取るものも取りあえずお電話してみたのですが、不通になっていて連絡が取れず、こうしてお手紙をお送りした次第です。被害状況はいかがでしょうか。弊社一同、皆様のご無事を心からお祈りいたしております。

もし私どもで何かお力になれることがございましたら、何なりとお申しつけください。及ばずながらできる限りの力添えをさせていただくつもりでおります。❶復旧しだい御地に社員をさし向ける準備もいたしております。

返信用はがきを同封いたしましたので、❷お取り込み中とは思いますが、はがきかメールにて状況をお知らせくだされば幸甚です。

まずは取り急ぎ書面にてお見舞い申し上げます。

草々

平成○○年一月○日

株式会社　○通輸送
代表取締役社長　渡辺啓一郎

○竹倉庫株式会社
代表取締役社長　宇津木準様

❶援助の方法が具体的にわかっていれば、できる限り明記する。

❷状況を早く知りたい気持ちはいいが、先方の負担にならないような心づかいを。

ここに注意

・文面は簡単でもよいのでなるべく早く発信すること。タイミングを逃すと、意味がない。

風水害の見舞い

❶冠省、急啓はとりあえず急いで出す手紙の頭語。前略は前文のあいさつを省略するという意味。

ここに注意

・災難にあった場合、電話はかけにくくなるので、手紙やメールのほうが便利。助力を申し出て先方からの連絡を待つのが原則。

❶冠省　本日、当社青森支店営業部からの知らせで、御社の青森支店近辺が台風によって多大な被害を受けられた由、たいへん驚いております。

　聞けば、御社青森支店はご改装間もないとのこと。皆様さぞかしご心痛のことと拝察《はいさつ》いたします。このうえは一日も早いご復興をお祈り申し上げるばかりです。何かと大変なこととはお察しいたしますが、皆様どうかお体お大切に。

　些少ながらお見舞いのしるしをお送りいたしましたので、どうかお納めください。

　まずは取り急ぎお見舞いまで。

草々

平成○○年九月○日

株式会社　○スイ
総務部長　松永智次

○三興業株式会社
代表取締役社長　小泉惣一様

事故の見舞い

❶こちらの案ずる気持ちを、押しつけがましくないように伝える。

❷先方を励ます言葉はぜひ入れたい。

ここに注意

・先方にも事情があるので、事故の原因などにはふれずにすます。

前略　本日の新聞報道によりますと、御社宇都宮工場で事故が発生したとのこと、弊社一同、たいへん驚いております。

　さっそく❶お電話いたしましたが、なかなかつながらず、皆様のご様子がわからず案じております。❷日頃から御社の皆様が安全対策に細心の注意を払っていらっしゃったことはよく存じており、まさかの出来事に関係各位のご心痛はいかばかりかと、お察し申し上げます。お取り込みのこととは推察《すいさつ》いたしますが、ぜひご一報ください。弊社といたしましても微力ながらできる限りの力添えをさせていただきたく存じますので、当社でお役に立てることがあれば、どうかご遠慮なくお申しつけください。

　どうかご自愛のうえ、一刻も早いご復旧をお祈り申し上げます。まずはとりあえず書中をもってお見舞い申し上げます。

草々

病気の見舞い

❶前略　このたびのご入院のこと、知らぬこととはいえ、お見舞いにもうかがわず、たいへん失礼いたしました。

このところ新製品の開発などでお忙しくなさっていらっしゃいましたので、無理をされたのかと、案じております。ご家族の皆様もさぞご心痛のことと拝察申し上げます。

会社の方のお話では、手術後の経過も順調ということで、何よりと存じます。❷この機会を天の与えた充電期間と考え、ゆっくり養生なさって健康を回復されるのが得策かと愚考《ぐこう》いたします。

いずれお見舞いにうかがわせていただきますが、とりあえず心ばかりの品をお送りいたしました。どうぞご笑納《しょうのう》ください。

まずは取り急ぎ、書中をもってお見舞い申し上げます。

草々

❶急病のときは「前略」や「急啓」、長患いのときはふつうに「拝啓」とする。

❷ゆっくり休んでほしい気持ちを表すのはいいが、強調しすぎると失礼になるので注意すること。

ここに注意

・先方の病状を正確に把握することが大切。不確かな情報を元にすると不快感を与える可能性も。

交通事故の見舞い

前略　ただいま木村様が交通事故に遭われたということを❶御社からのお電話でうかがい、たいへん驚いております。まずはお見舞いを申し上げたく、筆を執った次第です。

❷幸いにもけがは軽症で済んだとうかがいましたが、御社の皆様、ご家族の皆様も、さぞご心配なされたことと拝察いたします。

ご多忙とは存じますが、今は治療に専念されますよう、一日も早くご全快のうえ、現場に復帰なさいますようお祈り申し上げます。

近くお見舞いにうかがいたいと存じますが、まずは取り急ぎお見舞いにて。

草々

平成○○年七月○日

有限会社　オ○シマ食品
総務部長　小沢大輔

❶事故をどこから聞いたのかは、はじめに明記しておく。

❷軽症なときはそれを知って安心したと伝えてよいが、委細不明や重症の場合は経過などにあまりふれないこと。

ここに注意

・見舞い状に忌み言葉は禁物。「また」「再び」「重ね重ね」などくり返す言葉もタブーなので注意すること。

礼をする

会社設立祝い／社長就任祝い／栄転祝い／地震見舞い／新規取引先紹介／訪問・面会／工場見学／融資受諾／イベント協力など

ここがポイント

- ■タイミングをはずさず、すぐに出す。
- ■別の用件は書かず、お礼をいうことだけにしぼる。
- ■大げさな表現より、素直なお礼の気持ちを表すように。
- ■とりあえずのお礼ははがき、改まったお礼は封書がマナー。

会社設立祝いへの礼

❶お祝い状を受け取ったお礼の場合、返事の意味で「拝復」を使う。

❷今後のおつきあいをお願いする言葉を必ず加える。

書き換え

Ａ「今後も弊社一同、皆様のご芳情《ほうじょう》にお応えすべくいっそう業務に励む所存です」

❶拝復　向寒《こうかん》の候、貴社いよいよご盛栄《せいえい》の趣、お喜び申し上げます。

さて、このたびの弊社設立に際し、さっそく身に余るご祝辞、またお祝いの品を賜り、まことにありがたく、厚くお礼申し上げます。順調な門出を迎えることができましたのも、ひとえに皆様のご支援ご助力のおかげと深く感謝しております。

まだまだ未熟な私どもではございますが、Ａ今後は賜りましたお言葉を胸に刻み、誠心誠意業務に励んでいく所存です。❷なにとぞ今後も、よろしくお導きくださいますようお願い申し上げます。

末筆ながら貴社のますますのご繁栄を心からお祈り申し上げ、まずは略儀《りゃくぎ》ながら書中をもちましてお礼を申し上げます。

敬具

平成○○年十一月五日

有限会社　○大企画
代表取締役社長　海野　和生
社員一同

株式会社　宝○社
代表取締役社長　大塚　克明様

開店祝いへの礼

拝啓　水ぬるむ季節となりました。○○の皆様にはますますご清祥《せいしょう》のこととお喜び申し上げます。また、日頃はひとかたならぬお引き立てをいただき、厚くお礼申し上げます。

さて、先日は美容室メ○シュ開店に際しまして、温かい励ましのお言葉をいただき、一同たいへん感謝いたしております。また❶お贈りくださいましたお花もたいそう見事で、店の雰囲気が一気に華やぐようでございました。お心づかい本当にありがとうございます。

おかげさまで、開店以来業績も上がっております。これもひとえに皆様のご助力の賜物と、感謝に堪えません。

このうえは一同心を一つにして、❷皆様に喜んでいただけるような店づくりに全力を尽くす所存でございます。つきましては、どうか今後も末長いご指導ご鞭撻《べんたつ》をお願いいたします。

まずは略儀ながら、書中にてお礼申し上げます。

敬具

平成○○年三月十日

美容室　メ○シュ
店長　戸田　弘明

❶祝いの品について具体的に書き添えると、喜びの気持ちがより伝わる。

❷先方の祝う気持ちに応える決意を示し、今後のつきあいを願う言葉に続ける。

ここに注意

・格式ばった決まり文句に終わらず、素直な喜びの気持ちを表すことで厚意に応える。

社長就任祝いへの礼

拝啓　浅春《せんしゅん》のみぎり、ますますご清栄《せいえい》のこととお喜び申し上げます。

平素は並々ならぬご懇情《こんじょう》を賜り、謹んでお礼申し上げます。

さて、このたび❶私こと代表取締役社長に就任するにつきましては、❷さっそくご丁重なご祝辞を賜り、そのうえ結構なお祝い品までご恵贈《けいそう》に預かり、心より厚くお礼申し上げます。

当業界も多事多難の時期を迎えております。そんな折にはからずも大役をおおせつかり、まことに身の引き締まる思いでございます。

Ａ今後は微力ながら、皆様のご期待にそうべく、よりいっそう職務に精励《せいれい》いたす所存でございますので、なにとぞ倍旧《ばいきゅう》のご指導ご厚誼《こうぎ》を賜りますよう、切にお願い申し上げます。

まずは略儀《りゃくぎ》ながら、書中をもってお礼申し上げます。

敬具

平成○○年三月五日

東○株式会社
代表取締役社長　中田　晃一

○下産業株式会社
代表取締役社長　杉下　豊様

❶小さく書くことで謙遜の意味を表す。私儀ともいう。

❷お祝いの言葉や品へのお礼の言葉を述べる。

書き換え

Ａ「社長就任を機に、社業発展にいっそうの努力をいたす所存でございます」

ここに注意

・お祝いへのお礼が主になるので、あくまで丁重な文面に。これまでお世話になった感謝、今後の抱負も書き添えたい。

行事に出席した来賓への礼

謹啓　清秋《せいしゅう》の候、貴社いよいよご隆盛《りゅうせい》のこととお喜び申し上げます。

さて、このたび弊社創立○周年記念式典に際しまして、Ａご多用中にもかかわらずご来臨《らいりん》を賜り、そのうえごていねいなご芳志ご祝辞をいただきまして、まことにありがたく厚くお礼申し上げます。

皆様のおかげをもちまして記念式典も滞りなく執り行うことができました。❶小社が無事に創立○年を迎えられましたのも、ひとえに皆様のご指導ご鞭《べん》撻《たつ》の賜物と改めて深く感謝いたします。❷この機を新たなスタートと考え、社員一同いっそう社業に邁《まい》進《しん》いたす所存でございますので、今後とも末永くお引き立て賜りますよう、衷心《ちゅうしん》よりお願い申し上げる次第でございます。

まずは略儀ながら、書中をもちましてお礼のごあいさつを申し上げます。

謹白

❶お礼のあとには、これまでの感謝の気持ちを表す言葉を。

❷社員一同のこれからの抱負を述べる。

書き換え

Ａ「お忙しいなか、ご臨席くださり」

栄転祝いへの礼

拝啓　盛夏《せいか》の候、皆様にはますますご健勝のこととお喜び申し上げます。

さてこのたび私儀、神戸支社長転任にあたりましては、温かいご祝辞と激励のお言葉をお寄せくださいまして、まことにありがとうございました。

また大阪支社在職中は身に余るご愛顧をいただき、改めて厚くお礼申し上げます。お陰様で❶○月○日をもちまして、無事に新職に着任いたしました。

このうえは、微力ながらも頂戴《ちょうだい》したご教示の数々を胸に刻み、社業発展のためにいっそうの努力を重ねてまいる所存でございますので、どうか従来同様のご指導ご支援のほどお願い申し上げます。

本来なら参上してお礼を申し上げるところ、略儀ではございますが書中をもってお礼とさせていただきます。

敬具

❶無事に着任したこと、また着任した月日を知らせておく。

ここに注意

・お祝いへのお礼に加え、前任地でお世話になったお礼やこれからの抱負についても述べる。

地震見舞いへの礼

拝復　このたびは弊社の地震被災に際し、❶さっそくご丁重なお見舞いを賜り、まことにありがたく厚くお礼申し上げます。皆様の温かい激励のお言葉が社員一同どれほど励みになりましたことか、言葉に尽くせないほどです。

当地の被災の概要はニュース等でご存じの通りでございますが、幸いにして弊社の被害は当初思ったより軽く、社屋の損害もごく一部にとどめられました。また、従業員およびその家族も全員無事でございました。

皆様にはたいへんご心配をおかけいたしましたが、❷お陰様で近日中には平常業務に戻れると存じます。

さっそく参上のうえ、お礼申し上げるべきところではございますが、まずは取り急ぎ書中にてお礼かたがたごあいさつまで。

敬具

平成〇〇年六月二日

八千〇物産株式会社
代表取締役社長　太田　啓吾

株式会社友〇商事
代表取締役社長　菊沢　公雄様

❶お見舞い状を受け取った場合も、品物をいただいた場合も使える言い回し。

❷取引先に迷惑がかからないよう、業務再開のめどが立ちそうならそれも書いておく。

ここに注意

・台風や地震などの災害では、まず被害の実情と今後の見通しが心配される。必ず書き添えること。

火災見舞いへの礼

拝復　このたび○月○日の当社川崎事務所の火災に関しまして、さっそくごていねいなお見舞いを賜り、心よりお礼申し上げます。

火災原因につきましては目下調査中でございますが、在庫の少ない月末ということもあり、❶被害は些少にすみました。また負傷者も出さずにすみましたのが、不幸中の幸いでございました。

今後コンピューターシステムに支障がないか調査をすませ次第、業務を再開できる見通しでございます。Ａなにとぞご休心ください。

まずは取り急ぎ書中をもって、お礼かたがたご報告申し上げます。

敬具

平成○○年九月二日

○クス株式会社
管理部長　吉田　昭彦

❶受け取り側が安心できるよう、被害が少ないときはそれを強調し、被害が大きい場合でも大げさに書き立てないこと。

書き換え

Ａ「ご安心のほどお願い申し上げます。」

交通事故見舞いへの礼

前略　先般の自動車事故で入院中のところ、ご多用中にもかかわらずお見舞いいただき、加えて結構なお見舞いの品を賜り、ご厚情《こうじょう》のほど深くお礼申し上げます。

右の大腿部骨折という事態にはなりましたが、お陰様で手術後の経過は良好で、あと一週間ほどで退院できる見込みです。❶入院中は皆様にいろいろご迷惑をおかけしまして、まことに申し訳ございませんでした。復職後は、仕事に奮励努力する覚悟でございます。

❷いずれあらためてごあいさつにおうかがいいたしますが、まずは近況報告とお礼を申し上げます。

草々

平成○○年十月二十日

近○株式会社
営業部長　河原田　善

❶お見舞いのお礼のほかにも、迷惑をかけたお詫びも書き添える。

❷後にうかがう予定があれば、それも明記しておく。

※奮励《ふんれい》：気力をふるい起こし、がんばること。

ここに注意

・見舞いへの礼状はできるかぎり早く出すのが礼儀。

新規取引先紹介への礼（こちらからの依頼）

❶紹介してもらったお礼のあと、その結果をまず報告する。

❷紹介先に対する今後の積極的な姿勢を述べることも大切。

ここに注意

・成立しなかった場合も、お世話になった方には、なるべく早く礼状を出すようにするのが礼儀。

拝啓　晩秋の候、ますますご清祥《せいしょう》のこととお喜び申し上げます。平素は格別のご懇情《こんじょう》に預かり、心よりお礼申し上げます。

さて、このたびは○信産業株式会社小泉営業部長をご紹介いただき、まことにありがとうございました。❶さっそくお訪ねしましたところ、快くご引見いただき、そのうえ、来月からお取引をさせていただく運びとなりました。

これもひとえに、小沢様のお力添えのおかげと、厚くお礼申し上げます。❷今後は貴社にご迷惑のかからぬよう、誠意をもってお取引をさせていただく所存でございます。どうか今後もいっそうのお引き立てを賜りますよう、お願い申し上げます。

まずはとり急ぎ書中をもちまして、お礼かたがたご報告申し上げます。

敬具

新規取引先紹介への礼（先方からの話）

❶先方の「紹介のおかげ」で、メリットがあったことを知らせるのがマナー。

❷重ねて紹介に対する感謝の気持ちを示す。

拝啓　早春の候、ますますご清栄《せいえい》の段、謹んでお慶び申し上げます。

さて、先日は○トサービス株式会社をご紹介いただきまして、まことにありがとうございます。さっそくお会いして検討させていただきました結果、❶当社にとりましてもまことに好条件であるとの結論に至り、新規のお取引を始めさせていただくことになりました。

❷ご紹介にあらためて感謝を申し上げますとともに、今後も引き続きご高配《こうはい》を賜りますようお願い申し上げます。

まずは取り急ぎ書中をもって、お礼かたがたご報告申し上げます。

敬具

平成○○年二月八日

サン○イ株式会社
総務部長　柴田　一輝

新規取引への礼

20XX年7月17日

株式会社第○電工
営業部長　坂下直樹殿

○住工業株式会社
営業部長　角田祐一郎

拝啓　時下いよいよご隆盛《りゅうせい》のこととお慶び申し上げます。

さて、このたびは貴社より当社半導体製品「TRR123」の発注をいただき、まことにありがとうございます。

ご注文いただきました製品は❶弊社の技術部が総力を上げて開発したもので、さいわい取引関係の皆様方からもご好評を頂戴《ちょうだい》しております。貴社におかれましても新製品の性能に大きく貢献するものと信じております。

ご注文の「TRR123」は、❷ご指定の日時には間違いなく納入させていただきますので、よろしくお願い申し上げます。

なお、今回ご用命の件につきましては❸弊社営業部の藤原が担当させていただきますので、どうか何なりとお申しつけください。

今後ともご期待に応えられますよう品質の向上、およびサービスの充実に努めてまいりますので、なにとぞ末永くお取引くださいますよう、お願い申し上げます。

まずは取り急ぎ、お礼申し上げます。　敬具

記

同封書類　　注文請書　　1通

以上

❶製品の優秀さをアピールする。

❷初取引なので、納入日時などはあらためて確約する。

❸担当者の名をあげるなどして、今後の取引に万全なことを示し、信頼感を与えるように。

ここに注意

・新規取引への礼状は、今後のつきあいにつなげるためにも、礼儀に気を配ったていねいな文面にすること。

訪問・面会への礼

❶先方の希望に応える姿勢をはっきりと示す。

書き換え

Ａ「お忙しいなか、お時間を割いてくださり」

ここに注意

・すぐに成立しなかったとしても後のフォローが大事。次につなげるために、面会の礼状を送っておく。

拝啓　酷暑《こくしょ》の候、ますますご清祥《せいしょう》のこととお慶び申し上げます。平素はひとかたならぬご高配《こうはい》を賜り、まことにありがたく厚くお礼申し上げます。

さて、先日貴社を訪問させていただきました折は、Ａご多用中にもかかわらず、快くご引見くださり、まことにありがとうございました。

ご指導ご指摘いただきました点につきましては、弊社でも検討いたし、❶ご要望にお応えできるよう、さらに努力いたしたいと存じます。近いうちにまたご連絡の上、参上いたしたいと存じますので、なにとぞよろしくお願い申し上げます。

まずは書中をもって、お礼かたがたお願い申し上げます。

敬具

平成○○年七月六日

○興印刷株式会社
営業部　西久保　達郎

工場見学の礼

❶世話になった担当者の名前をあげても、直接担当者に礼状を出してもいい。

❷見学が今後の役に立つことをなるべく具体的に述べて感謝を表す。

ここに注意

・見学は先方の好意によることになるので、感謝の気持ちを十分伝えること。

拝啓　余寒《よかん》の候、貴社いよいよご盛栄《せいえい》のこととお喜び申し上げます。

さて、このたびはご多忙中にもかかわらず、貴社工場をご案内いただきまして、まことにありがとうございます。特に❶担当してくださった山木様にはたいへんごていねいに説明をいただき、おかげさまで❷製品生産の工程をつぶさに知ることができました。また多くの皆様とのご懇談の機会を設けていただき、これからの業務に有意義であったと、社員一同たいそう喜んでおります。温かいご配慮に、心より感謝申し上げます。

なにとぞ今後も変わらぬご高配《こうはい》のほど、よろしくお願い申し上げます。

まずは取り急ぎ書中にてお礼まで。

敬具

平成○○年二月二十日

信用状況照会への回答の礼

拝啓　陽春の候、ますますご清栄《せいえい》のこととお喜び申し上げます。

　さて、先般はまことに勝手なお願いにもかかわらず、快くご返答いただき、厚くお礼申し上げます。❶おかげさまで、弊社としましても十分に検討し、結論を出すことができました。❷貴重な情報をご提供いただきましたこと、重ねてお礼申し上げます。

　つきましては、はなはだ失礼ながら、気持ちばかりの品を別送させていただきました。どうぞご笑納《しょうのう》ください。

　まずはご報告とお礼まで。

敬具

平成〇〇年四月七日

株式会社松〇興業

代表取締役社長　川渕　俊之

金〇商事株式会社

営業部長　東　充弘様

❶出した結論の内容については知らせる必要はない。

❷情報提供のおかげで助かったこと、感謝していることを強調する。

ここに注意

・先方は好意で手間をかけていることを念頭に置き、感謝の気持ちを込めてすみやかに礼状を出す。

融資受諾への礼

拝啓　時下いよいよご盛栄の段、お喜び申し上げます。日頃は格別のご懇情《こんじょう》に預かり、厚くお礼申し上げます。

　さて、先日お願い申し上げた融資の件につきましては、たいへんA不しつけなお願いにもかかわらず、快くお引き受けいただき、まことにありがとうございます。おかげさまで、月末の支払いも支障なく行うことができ、弊社の信用も失わずにすみました。これもひとえに貴社のご厚情《こうじょう》によるものと、謹んで感謝申し上げます。❶さいわい十月の営業成績が順調に推移しており、資金繰りもめどが立っております。申し上げた期日までには、必ず返済させていただきますので、どうかご安心ください。

　本来ならば参上の上、ごあいさつ申し上げるところではございますが、まずは略儀《りゃくぎ》ながら書中をもちまして、お礼申し上げます。

敬具

❶返済のあてや経営状態について、先方が不安をもたないようなるべく具体的に述べる。

書き換え

A「身勝手なお願いにもかかわらず、快くご受諾いただき」

イベント協力への礼

❶イベントの成功、反響について具体的に述べ、協力してもらったことへの感謝につなげる。

❷予定があれば、次のイベント開催にもふれておく

ここに注意

・協力への感謝の気持ちを素直に表現する。できればイベントの意義にも言及しておきたい。

拝啓　春暖の候、貴社におかれましては、ますますご隆盛《りゅうせい》のこととお喜び申し上げます。常々、多大なご厚志《こうし》をいただき、心より感謝を申し上げます。

　さて、先日の「ヒーリング・フェア」におきまして、多大なご協力を賜り、まことにありがとうございました。おかげさまで、❶二日間で約二万人の入場者を数え、好評のうちに幕を閉じることができました。これもひとえに、ご協力いただきました皆様方のお力によるものと、深く感謝いたしております。

　ヒーリングについての関心はこれからいよいよ高まっていくと思われます。❷来年度は今年度の反響に応え、さらに興味深いイベントにしていきたいと考えておりますので、どうか今後も倍旧《ばいきゅう》のお引き立てをお願いいたします。

　まずは略儀《りゃくぎ》ながら、書中をもちましてお礼申し上げます。

敬具

キャンペーン参加への礼

❶協力のおかげでどれだけ成果があがったかを述べて感謝したい。

❷今後もおつきあいを願う気持ちを示す。

ここに注意

・まずお世話になったお礼の気持ちを示すのがいちばんのポイント。ていねいな文面を心がけること。

拝啓　清秋《せいしゅう》の候、貴社一段とご隆昌《りゅうしょう》の趣《おもむき》、お喜び申し上げます。平素はなにかとご支援をいただき、ありがたく厚くお礼申し上げます。

　さて、先般は、ごみ減量化を推し進め、レジ袋を受け取らないという、「持ち帰り袋キャンペーン」にご協力いただき、まことにありがとうございます。

　環境の悪化を防ぐためにできることから始めようという今回の試みは市町村、企業、ほかにも多くの方々から賛同を得ることができました。❶このように大きな反響を呼べましたのも、ご協力いただいた皆様方のおかげと、深謝《しんしゃ》いたしております。これからも環境問題に取り組んでいきたいと存じますので、❷どうか今後とも引き続きご交誼《こうぎ》ご鞭撻《べんたつ》のほど、よろしくお願い申し上げます。

　右略儀ながら、書中にてお礼申し上げます。

敬具

セミナー講師への礼

拝啓　時下ますますご清栄《せいえい》のことと存じます。平素は格別のご高配《こうはい》を賜り、厚くお礼申し上げます。

さて、先日は弊社の主催いたします「オンライン・ショップセミナー」に際しまして、Aご多忙中にもかかわらずご講演いただき、まことにありがとうございます。

オンラインショップでの経営のノウハウ、顧客をつかむ方法などについての先生のお話は、❶具体的でたいへんわかりやすく、参加者たちから、目から鱗が落ちた、今後の経営に活かしていきたいなどの感想が、多数寄せられております。

❷有意義なお話を聞かせていただきましたことに、あらためて感謝申し上げますとともに、今後もなにとぞご指導のほど、よろしくお願い申し上げます。

本日はまことに略儀ながら、書中をもってお礼申し上げます。

敬具

❶好評の場合、できるだけ具体的に書くことが先方に対する礼儀にもなる。

❷感謝の気持ちを強調し、今後のおつきあいへとつなげる。

書き換え

A「お忙しいなか、講師を快くお引き受けくださり」

取材・インタビューへの礼（掲載誌送付）

20XX年1月15日

富○薬科大学

戸田　幸吉先生

東○出版社第一編集部

小沢　昭彦

拝啓　厳寒《げんかん》の候、先生にはますますご壮健のこととお慶び申し上げます。

さて、先日はご多忙中にもかかわらず、「特集・漢方」の取材に時間をお割きいただきましてありがとうございます。❶おかげさまで、読み応えのある記事となりました。心よりお礼申し上げます。

掲載誌ができあがってまいりましたので、さっそく送付させていただきます。❷ご高覧《こうらん》のうえ、ご意見ご教示をいただければ幸いです。

Aどうか今後も変わらぬご懇情《こんじょう》を賜りますよう、よろしくお願い申し上げます。

まずは略儀ながら、書中にてお礼まで。　敬具

❶取材の結果、いい記事になったことに言及している。

❷送付を知らせるだけでなく、教示を願う言葉で先方への敬意を示す。

書き換え

A「今後も何かとご助力をお願いすることがあるかと存じますが」

お悔やみ

取引先社長逝去へのお悔やみ／
取引先部長逝去へのお悔やみ／
弔電の例など

ここがポイント

- ■手書き・縦書きが基本。
- ■訃報を知り急いで出すものなので、頭語・時候のあいさつは省く。
- ■忌み言葉は使わないよう注意。追伸も使わない。
- ■別送品がある場合はその旨を明記する。

取引先社長逝去へのお悔やみ

❶まず訃報《ふほう》を知った驚きを示す。

❷頭語は省いても、結語は入れたほうがていねいになる。

書き換え

Ａ「ご一同様がお心をひとつにされ」

このたびは、貴社代表取締役社長宇部　謙一様ご逝去《せいきょ》の報に接し、❶まことに驚《きょう》愕《がく》いたしております。ご遺族はもとより、社員ご一同のご悲嘆《ひたん》はいかばかりかと拝《はい》察《さつ》いたします。謹んでご冥福《めいふく》をお祈り申し上げます。

ご生前はひとかたならぬご懇情《こんじょう》を賜り、弊社が今日ありますのもひとえに宇部社長様のご指導ご支援の賜物と、深く感謝いたしております。その恩もお返しできず、まことに残念でなりません。

社員ご一同におかれましてもお力落としのこととは存じますが、このうえはＡ故人のご遺志《いし》をお継ぎになり、社業のいっそうのご発展にご尽力なさいますよう、心よりお祈り申し上げます。

本来ならさっそくお悔やみに参上すべきところではございますが、なにぶんにも遠隔のこととて思うにまかせず、失礼ながら書中をもちまして、お悔やみを申し上げます。

❷敬具

平成○○年○月○日

西○株式会社
代表取締役　藤原　修司

○村商事株式会社　御中

ここに注意

・故人にお世話になったこと、業績を述べ、死を悼む気持ちを表す。

取引先部長逝去へのお悔やみ

このたび竹村雅一営業部長様のご訃報に接し、驚き、ただ呆然といたしております。心からお悔やみを申し上げます。

つい先日も弊社にお見えになり、お話させていただいたばかりで、お知らせにも実感がわかずに戸惑っているというのが、今のいつわらない気持ちでございます。ご家族の皆様のご心痛さぞやとお察し申し上げます。

さっそくうかがってお悔やみを申し上げるべきところ、❶よんどころない事情で参上できず、申し訳ございません。不本意ながら書中にて謹んでご冥福をお祈り申し上げます。

なお、心ばかりのものを別送いたしましたので、ご霊前《れいぜん》にお供《そな》えくださいますよう、お願い申し上げます。

合掌《がっしょう》

❶参列できない場合は、その理由を詳しく述べる必要はない。特に、結婚式などのおめでたが重なったときには、あえて説明しない。

ここに注意

・個人的につきあいがあった場合は決まりきった表現より、素直な悲しみの気持ちを表す。

弔電の例

・ご訃報に接し謹んでご逝去をお悼《いた》み申し上げます。

・突然のご逝去を悼み、謹んで哀悼《あいとう》の意を表します。

・ご生前のご功績を偲び、心からご冥福をお祈りいたします。（七五〇五）※指定する番号

・〇〇様のご逝去を悼み、謹んでお悔やみ申し上げます。（七五一一）

・御社社長様のご訃報に接し、ご生前のご功績を偲び、心からご冥福をお祈りいたします。（七六二〇）

・社長様のご訃報に、当社社員一同、謹んで哀悼の意を表します。ご遺族の皆様ならびに社員ご一同様に、心からお悔やみ申しあげます。（七六二三）

ここに注意

・電話で申し込め、手紙より早く届き、手元に残すことのできる電報の利用価値は大きい。

・申込は電話（局番なしの115番）、NTTのホームページなどから。電話受付は8時～22時まで。iモード、FAX、一部のコンビニからも受付。

・番号を指定すれば簡単に打てるお悔やみの電報は123ほど。HPの「お急ぎ作成」では12例から選べる。

葬儀関係

社葬の通知／
新聞広告による死亡通知／
社葬の会葬礼状など

ここがポイント

- 頭語や時候のあいさつは省略する。
- 死亡の事実のみを書き、感情的なことは一切書かない。
- 葬儀・告別式の日時、場所を箇条書きにして別記する。
- 句読点はつけず、空白にするのが一般的。

社葬の通知

❶死因は特別公表しなくてもかまわない。

❷享年《きょうねん》を必ずしも入れなくともよい。

ここに注意

・密葬を先にすませた場合、「密葬は近親者のみにて相済ませました」という一文を入れる。

弊社専務取締役青木卓義　❶かねてより病気療養中のところ　○月○日午後○時○分　❷享年七十五をもって永眠いたしました　生前のご厚誼《こうぎ》に深謝《しんしゃ》し　謹んでご通知申し上げます

　追って左記のとおり社葬を執《と》り行います
なお誠に勝手ながらご供花《きょうか》お供物《くもつ》の儀は固くご辞退申し上げます

記

一、葬　儀　○月○日（土）午後一時～二時
　　告別式　○月○日（土）午後二時～三時
一、場所　○○斎場（JR○○駅下車　地図参照）

平成○○年○月○日

○神信販株式会社
葬儀委員長　代表取締役社長　村上　修一
喪　主　青木　達子

新聞広告による死亡通知

弊社代表取締役原田義勝儀　○月○日午前○時○分
心筋梗塞のため○○病院にて急逝《きゅうせい》いたしました
Aここに生前のご厚誼《こうぎ》に深謝いたしますとともに
謹んでご通知申し上げます
　葬儀ならびに告別式は　仏式をもって左記のとお
り執り行います

記

一、日　時　○月○日　葬　儀　午後一時～二時
　　　　　　　　　　　告別式　午後二時～三時
一、場　所　○○山○○寺　千葉県○○市二‐三

平成○○年○月○日

千葉県○○市○○一‐二
上○株式会社
葬儀委員長　代表取締役社長　友部　明憲
葬儀副委員長　神沼　健治

書き換え

A「生前のご厚情《こうじょう》に厚くお礼申し上げます」

ここに注意

・翌日の朝刊に載せるには、前日の夕方までに申し込むこと。内容は一般の通知状を簡潔にしたもの。

社葬の会葬礼状

弊社取締役社長渡辺雄介儀　社葬に際しましては、
Aご多用中にもかかわらずご会葬いただき、ご丁重
な❶ご厚志を賜りまして、まことにありがたく厚く
お礼申し上げます。
　当日は取り込み中のこととて、不行き届きの点も
あったことと存じますが、なにとぞご寛容のほどお
願い申し上げます。
　さっそく拝眉のうえ、お礼申し上げるべきところ
ではございますが、まずは略儀《りゃくぎ》ながら書中にてごあ
いさつ申し上げます。

平成○○年○月○日

大阪府○○市○○三‐四‐五
川○物産株式会社
葬儀委員長　野村　忠志
喪　主　渡辺　美和

❶「ご厚志《こうし》」「ご芳志《ほうし》」なら、香典《こうでん》や供花、また何も持参しない場合にも当てはまるので広く使える。

書き換え

A「お忙しいなか、遠路ご会葬《かいそう》くださり」

ここに注意

・本来、後日に発送するものだったが、会葬の帰りに渡すことが増えている。

●ビジネス文書マナー研究会
21世紀にふさわしいコミュニケーションのマナーを考え、活動するグループ。テーマは、文書をはじめビジネス全般のマナーにおよぶ。

●編集担当　原　智宏（ナツメ出版企画株式会社）
●編集協力　（有）耕企画
●本文デザイン　石川妙子

すぐに使えるビジネス文書実例集

2006年8月8日発行

著　者　**ビジネス文書マナー研究会** ©Business Bunsyo-manner Kenkyūkai,2006
発行者　**田村正隆**

発行所　**株式会社ナツメ社**
東京都千代田区神田神保町1-52加州ビル2F（〒101-0051）
電話　03(3291)1257(代表)　FAX　03(3291)5761
振替　00130-1-58661
制　作　**ナツメ出版企画株式会社**
東京都千代田区神田神保町1-52加州ビル3F（〒101-0051）
電話　03(3295)3921(代表)
印刷所　**東京書籍印刷株式会社**

ISBN4-8163-4159-5　Printed in Japan